U0947960

浙江
画像砖
品鉴

李国新
杨絮飞 著

浙江省社会科学界联合会研究课题

浙江画像砖艺术抢救挖掘与研究成果

中原出版传媒集团
大地传媒

大象出版社
·郑州·

图书在版编目(CIP)数据

浙江画像砖品鉴 / 李国新，杨絮飞著.— 郑州 ：
大象出版社，2015. 12
ISBN 978-7-5347-8724-9

Ⅰ. ①浙… Ⅱ. ①李… ②杨… Ⅲ. ①画像砖—鉴赏
—浙江省 Ⅳ. ①K879. 44

中国版本图书馆 CIP 数据核字(2015)第 317865 号

浙江画像砖品鉴

李国新　杨絮飞　著

出 版 人　王刘纯
责任编辑　石更新
责任校对　毛　路
封面设计　张　帆
内文版式　王晶晶

出版发行　大象出版社(郑州市开元路 16 号　邮政编码 450044)
发行科　0371-63863551　总编室　0371-65597936
网　　址　www.daxiang.cn
印　　刷　河南新华印刷集团有限公司
经　　销　全国新华书店经销
开　　本　787mm×1092mm　1/16
印　　张　21.5
字　　数　327 千字
版　　次　2015 年 12 月第 1 版　2015 年 12 月第 1 次印刷
定　　价　56.00 元
若发现印、装质量问题，影响阅读，请与承印厂联系调换。
印厂地址　郑州市经五路 12 号
邮政编码　450002　　电话　0371-65957865

前言

画像砖，顾名思义，就是刻画着图像的砖体。就砖的功能而言，主要是用于构筑建筑的材料。历史上，中外皆有辉煌的砖材发展史。学者一般认为中国砖起源于殷商时期的版筑，自周代起砖已得到普遍使用，出土于陕西扶风西周晚期灰坑中的一块残砖是中国迄今发现的年代最早的砖。画像砖艺术肇始于春秋，汉代为盛，是极富生命力的中国传统艺术形式。

在一般学者的观念中，汉画像砖主要分布在河南南阳、郑州、洛阳及山东、陕西、川渝等地区，对于浙江汉画像砖和汉代以后的画像砖关注甚少，几乎可以忽略不计。而浙江画像砖艺术不仅在汉代成绩斐然，魏晋南北朝时代至盛，隋唐仍遗趣盎然，乃至现今的建筑上依然会常常出现。

浙江画像砖分布广泛，几乎遍布全省，湖州、绍兴、杭州、嘉兴、宁波、台州、温州、金华、衢州、舟山等数十个县市均有相对集中的发现。浙江画像砖藏量丰富，有数十万方之巨，蔚为大观。浙江画像砖具有久长的历史跨度，向上甚至有可能追溯到距今约7000年的河姆渡文化中刻画着纹饰的陶块。浙江画像砖内容丰富，造型精湛，艺术面貌丰富多彩，引人入胜。早在三国时期，浙江墓室画像砖中就蕴含着丰富的佛教文化，在中国汉画艺术中属于特例；魏晋南北朝时期正是中国佛教石窟艺术的大发展时期，然而佛教形象却是浙江墓室画像砖中的重要题材，其造型并不逊色于敦煌形象，的确是一个奇迹。对浙江画像砖中的佛教艺术进行研究，对于探索中国佛教发展史特别是佛教在江南的传播具有重要的意义。相比而言，其他地方的画像砖往往重于图像弱于书法，而浙江画像砖却是图像艺术与书法艺术并重，且书法艺术高超，其纪年砖、记名记事砖及吉语砖数量众多，书法造型多彩多姿，正、草、隶、篆俱备，严整、写意并存，几乎囊括了中国书法艺术的所有种类，是中国书法艺术的宝库。书圣王羲之成长于浙江，于浙江兰亭创作出天下第一行书应非偶然，可以说是浙江汉晋时期书法艺术昌明的象征！浙江画像砖上承河姆渡文化、良渚文化独特而富有营养的遗传基因，融合吴越文化的温润典雅，最终形成鲜明、独特的浙江文化特色，非常值得人们关注和研究。

对于浙江汉画的研究，杭州师范大学汉画研究所曾有“浙江汉画艺术”研究课题，重点研究的是海宁长安镇汉墓画像石艺术，对于浙江汉画像砖艺术仅有数页概括提及，太过简单。2006年，《中国画像砖全集·全国其他地区画像砖》中介绍浙江临安、黄岩等地汉画像砖十余方，在全国范围内首次展示了浙江画像砖艺术的风采，可惜篇幅甚少，挂一漏万。

有人说：“画像砖特别是汉画像砖重点还要看川渝地区的！”其实，人们对于川渝地区画像砖的重视主要是源于政治因素：抗战时期，政治、文化的重地转移到四川盆地，郭沫若等大批学者、专家因地利的原因自然产生了对川渝地区画像砖的关注，延续下来，川渝地区的画像砖就享誉九州了。事实上，对于画像砖的专题研究，浙江是走在最前面的，堪称国内领先。早在清代乾嘉时期，浙江画像砖就一直为学界、收藏界所重视，浙江画像砖研究成果丰硕。陆心源曾苦苦寻觅，得画像砖千余方，建“千甓亭”，并编撰《千甓亭古砖图释》；邹安作《广仓专录》，冯登府著《浙江砖录》，张燕昌著《三吴古砖录》，周中孚著《杭嘉湖道古砖目》，黄瑞著《台州砖录》，孙诒让著《温州古甓记》，罗振玉有《高昌砖录》，鲁迅编著《俟堂专文杂集》。此后，几乎默默无闻地走过了一个世纪，浙江画像砖的研究兴致才再次被唤醒：2007 年，安吉文化工作者金翔编著《故鄣砖录》，基本上延续了陆心源《千甓亭古砖图释》研究思路，潜心整理出了安吉地区的画像砖资料。2010 年 6 月，经 30 余年的努力，嵊州文物工作者张恒、陈锡林编撰出版了《古剡汉六朝画像砖》，较为系统地整理了嵊州地区的画像砖资料。2011 年，浙江农林大学的李国新老师开始“汉画艺术元素在现代设计教学中的推广和运用”的课题研究，其中有大量篇幅涉及浙江的画像砖艺术。2013 年 8 月，李国新的专著《浙江省汉晋画像经典图像赏析》出版，标志着对浙江汉晋画像的研究进入一个新的阶段。这些都是极为难得的关于浙江画像砖的研究成果。2011 年，绍兴永和甓社成立，这是中国第一个民间画像砖收藏、研究组织，对于浙江画像砖的收藏、整理及研究工作是大有裨益的。2014 年，余杭塘溪古镇永和甓社画像砖博物馆正式挂牌成立，浙江省拥有了第一个画像砖专业博物馆。

“路曼曼其修远兮”，浙江画像砖的研究道路依然漫长而艰辛：一是人们对于浙江画像砖在认识上还缺乏足够的重视。二是浙江画像砖分布散乱、保存欠佳的现状决定了抢救挖掘与研究工作的必要性、紧迫性和艰难性。浙江画像砖的分布呈现出地点多、分布散的实际状况，对其进行收集、整理显然是比较困难的。再加上各地对画像砖的关注度不足，浙江画像砖多处于散在荒坡无人识的境遇，相对而言，珍藏于博物馆中的浙江画像砖非常稀少。随着基础建设的飞速发展，画像砖墓室或早期出土的画像砖往往在钢铁履带的隆隆声中粉身碎骨。抢救、挖掘与研究浙江画像砖的必要性和紧迫性已经凸显出来，机不可失，时不再来。抢救、挖掘浙江画像砖资源，整理、研究浙江画像砖艺术特征，探索浙江画像砖中蕴含着的丰富的浙江特色文化，对于浙江历史文化的研究及现代文化建设都是非常必要的。三是对于浙江画像砖的科学化、综合化研究有待加强；要从全国画像砖艺术的宏观视野来研究探索浙江画像砖的艺术特色，从普遍规律中探索研究浙江画像砖的独特造型规律；不仅仅要从历史学研究方面下功夫，还要从艺术学、文化学诸方面综合探索浙江画像砖的艺术特色和文化内涵；要避免一叶障目的狭隘眼光，全方位、多角度研究浙江画像砖的历史文化特征。

基于此，我们对浙江画像砖艺术进行专题的课题研究，申请浙江省社会科学界联合会研究课题“浙江画像砖艺术抢救挖掘与研究”。该课题的研究重点有二：一是系统总结浙江画像砖的发展规律和造型法则。由汉代至今，浙江画像砖具有悠久而辉煌的发展历程。然而，该历程并非是平铺直叙，而是曲折而富有起伏的。系统总结浙江画像砖的发展规律，不仅是对浙江画像砖造型艺术发展规律的系统归纳，同时也是对中国画像砖艺术发展规律的有益探索和充实。画像砖的造型手法丰富多彩：或模印，或直接刻绘，或直接塑造，或多种技法综合运用，处于中国画像砖艺术大环境中的浙江画像砖同样拥有这些造型手法，同时也有创新之处，需要我们进行科学、客观的总结。二是探索浙江画像砖中浙江特色的文化特征。因为不同时代的造型艺术有着不同的造型风貌，特定文化环境下的艺术作品会存在自身的独到风采。从精致工整的河姆渡文化、良渚文化，润泽灵动的南宋艺术到今天容纳百川、宽博相济的大钱塘文化，浙江的艺术特征日趋明朗。那么，汉代、魏晋南北朝、隋唐等时期的浙江艺术特色又是如何逐渐形成的？对浙江画像砖艺术的研究正好能够弥补、充实、完善浙江特色渐渐形成的足迹。

笔者希望通过本课题的研究，实现充实、完善浙江历史文化脉络之目的。谈及浙江文化的历史面貌，人们自然会联想到

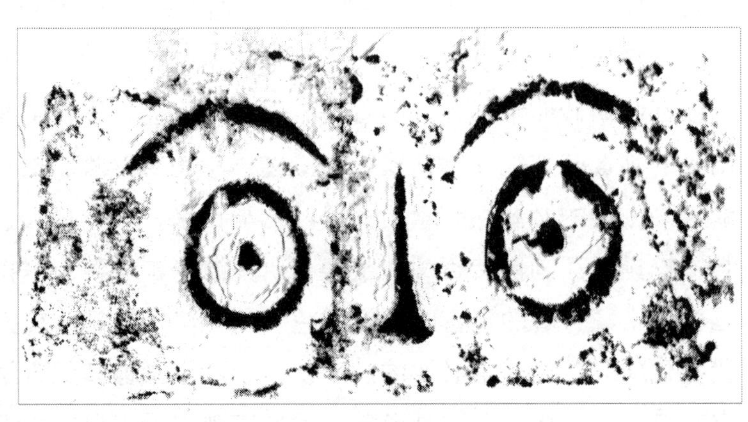

良渚文化、吴越文化、宋（主要是南宋）文化的三位一体特征。然而，从吴越文化至宋文化之间的一大段浙江历史文化似乎不够清晰。浙江画像砖特别是汉至六朝隋唐的画像砖正是这一大段时间内清晰、客观、真实、可信的第一手浙江历史文化史料。笔者希望该研究具有较强的实际价值：有效开发和利用浙江画像砖资源，有利于提升浙江文化品位，充实旅游资源；同时该研究具有独特的浙江特色和江南风韵，是浙江历史文化研究的重要素材，也是浙江现代文化建设的重要素材。

李国新　杨絮飞

2015 年 3 月

目录

第一章　浙地遗韵——浙江画像砖的分布及演变

第二章　钱塘大风——浙江汉、三国画像砖艺术

第一节　浙江汉、三国画像砖艺术简介

第二节　浙江汉、三国画像砖的内容

第三章　兰亭流彩——浙江两晋画像砖艺术

第一节　浙江晋朝画像砖艺术

第二节　两晋文字砖的书法艺术

第六章　文茂质丰——浙江画像砖艺术文化特征

第一节　浙江画像砖艺术文化特征

第二节　浙江画像砖的艺术价值

第一章　浙地遗韵

——浙江画像砖的分布及演变

第一节 浙江画像砖的分布

正如浙江发达的先古文明所在地——河姆渡和良渚一样，浙江的画像砖也主要集中分布在宁绍平原地区和杭嘉湖平原地区。就历史资料、考古信息及现存的画像砖实物来看，画像砖几乎在浙江省全境范围内均有出现，并且数量众多，可以说，浙江省是盛产画像砖的，在全国范围内浙江省的画像砖是独树一帜的。具体说来，浙江省画像砖大体分布如下：

一、宁绍平原地区

鬼脸砖 汉代 绍兴 画像砖

或许是受河姆渡文化的影响和“眷顾”，宁绍平原地区是浙江省画像砖特别是汉晋画像砖的重要产地。该地区的画像砖不仅数量众多，而且质地精美、特色鲜明。

绍兴地区的绍兴市区（含原绍兴县、上虞市）、嵊州及新昌、诸暨都是浙江画像砖的重要出产地，宁波的余姚、奉化、慈溪、东钱湖、北仑等地也出土过大量的画像砖。从 20 世纪五六十年代以来，在绍兴的漓渚、凤凰山、周家山、牛头山、小越羊山、驮山、后头山、蒿坝镇，嵊州市市郊及甘霖镇、石璜镇、长乐镇、崇仁镇、三界镇发现众多的汉—六朝画像砖。余姚出土的汉、晋画像砖数量也很多。宁波的东钱湖出土有汉—宋代的画像砖，特别是南宋画像砖特色分明，造型精美。沿海的象山、临海也有发现画像砖。

双凤　汉代　绍兴　画像砖

龙纹　汉代　上虞周家山　拓本

二、杭嘉湖平原地区

在良渚文化的核心所在地杭嘉湖平原地区也发现了大量精美的画像砖。杭州地区画像砖出土众多：铁佛寺、半山、老和山、古荡、九里松有两汉画像砖出土；余杭的义桥发现大量的汉—六朝的画像砖，小横山六朝画像砖精美异常，不逊色于同时期江苏南京、河南邓州、湖北襄樊等地的经典南朝画像砖，临平、瓶窑、塘栖等地有汉晋画像砖出土；临安市锦城镇的平山村、东湖村、小山弄、公路段、浙皖农贸城、吴越山庄、东普寺，以及潜川、青山湖、於潜、河桥、昌化、清凉峰等镇均有汉—隋朝时期大量精美画像砖出土；淳安也有少量汉画像砖出土。湖州市郊的杨家埠、方家山，德清的秋山、凤凰山、莫干山、三合山，安吉的上马山均有画像砖汉墓出现；长兴的西峰坝村发现有价值不俗的画像石墓，其中伴随有部分汉画像砖。闻名全国的海宁长安镇汉墓不仅画像石卓尔不凡，而且还出土了大量精美的文字砖和花纹砖。

该地区不仅仅拥有浙江省所有的汉画像石墓，而且是中国画像砖的主要产地：湖州、德清、临安、安吉是汉画像砖的核心主产区，余杭区则是精美的南朝画像砖的集中出土区，因此，把该地区称作画像砖的重地是名副其实的。

柿蒂鱼吻回纹　汉代　长兴西峰坝　画像砖

三、金衢盆地

这一地区画像砖出土于盆地中心地带衢州的龙游县，仪冢山、东华山等地有集中的汉墓群出土，发现汉画像砖众多。金华的义乌、武义、东阳也发现有一定数量的画像砖。

四、其他地区

除了宁绍平原地区、杭嘉湖平原地区、金衢盆地这三个画像砖主要出土区域，台州黄岩、路桥出土有汉—宋代的画像砖，温州也发现有一定数量的画像砖。

通过这些画像砖的出土地点可以发现，浙江画像砖主要集中在湖州与绍兴两大中心区域。对于这种分布规律的产生原因，我们完全可以从以下角度理解：

第一，绍兴是浙江历史文化重镇，是春秋时期越国的首都所在，是五代以前浙江的政治、经济、文化中心，这为画像砖的集中分布奠定了重要的政治、经济、文化基础。

第二，湖州北接太湖，南连杭州湾，具有独特的地理优势，也是浙江重要的政治、文化中心。

第二节　浙江画像砖的艺术演变

一、远古文明的孕育

在一般人的意识中，中国最早用作建材的砖起源于殷商时期的版筑，并且产生在盛产黄土的中国西北黄土高原地区。作为模印或刻画有画像和花纹的砖，学界公认最早出现的画像砖当属1907年陕西凤翔彪角镇出土的三十余方战国时期秦国的画像砖。这似乎与遥远的江南毫无关系，然而，浙江余姚河姆渡遗址出土的一块刻画着五叶纹的陶块应该使人们惊醒，足以改变人们对于最早画像砖的认识：它形体方正，薄厚均匀，与现代建筑用砖非常接近，上面有用利器刻画出来的精美的五叶植物纹饰。很多学者并不认为它是“华夏第一画像砖”，主要原因是无法证明它是那个时代的建筑用材，因为现在在河姆渡遗址中还没有发现用砖材构筑的建筑体。不过，我们从河姆渡发达的制陶业的状况来看，这块五叶纹陶块的产生理所当然。它的用途未必是建材，但我们现在也无法证明它的具体用途，也就是说，它并不一定不是建筑用材！无论是从材质还是形态上看，它都应该是一块“标准”的画像砖，尽管它的生产距今已有7000余年！

五叶纹　新石器时代　余姚河姆渡　陶块

河姆渡文化主要分布于杭州湾南岸的宁绍平原，但其影响范围到达浙东、浙西南、皖南、华南、山东、苏北等广大地区。年代约为公元前4360—前3360年的新石器文化，因最早发掘地在浙江余姚河姆渡村遗址，故称作河姆渡文化。河姆渡文化区域叠交的宁绍平原也是浙江本土文化的重要发祥地，同时又是浙江画像砖的重要产区。毫无疑问，浙江画像砖打上了河姆渡文化深深的烙印。如河姆渡文化遗址出土的陶钵上装饰有以阴线造型的猪纹，在画像砖中也出现许多以线造型的动物形象。再如，河姆渡文化遗址里出现的双鸟朝阳纹样，在画像砖纹样中也有所体现。从河姆渡遗址出土的这块五叶纹陶块上我们不难发现，早期的浙江就已经具备创造、生产画像砖的所有条件。因此，我们不妨有这么一个假设：浙江才是画像砖的发源地！也正因如此，从汉代连绵发展到现今，生生不息的浙江画像砖艺术有了远古的画像砖“种子”基因和技术依据！

良渚文化是我国长江下游太湖流域一支重要的远古文明，是距今约5250—4150年的铜石并用时代文化，因发现于浙江余杭良渚镇而得名。良渚文化遗址的范围是：西起茅山和天目山，东到上海，北达长江南岸，南至钱塘江北岸。良渚文化区域正好与杭嘉湖区域交会和重叠，这一地区既是浙江本土文化的重要发祥地之一，也是浙江画像艺术的主要出产地之一。许多在良渚文化里出现过的纹样如八角星纹和“良渚眼睛”等在临安、安吉等处的画像砖中也都以相似的形式得到传承。良渚文化也有着发达的制陶技术，不仅如此，那精美绝伦、细致工巧的玉雕艺术空前绝后，堪称奇迹。这些技术、工艺，均有可能成为精美细腻的画像砖模具的制作、成熟的画像砖烧制技术的雄厚技术储备。因此，我们可以说，产生于浙江的河姆渡文化和良渚文化交相辉映，共同对浙江画像砖艺术施加影响。更确切地说，正是河姆渡文化、良渚文化两大远古文明才孕育出辉煌壮丽的浙江画像砖艺术。

二、发达的吴越文化积淀

历史的脚步步入到政治上诸侯争霸、文化上异彩纷呈的春秋战国时代，现代的浙江区域当时是越国政治文化的核心所在地，北面则是吴国文明的重地。巧合的是，浙江画像砖的两大集中产地宁绍平原地区与杭嘉湖平原地区正好与吴越文化核心区相重叠。

在吴越文化的发展过程中，不仅以兵器为主的金属工艺举世闻名，制陶业和陶瓷业同样领先全国，原始瓷器发展迅速，模制压印技术飞速发展。以精雕细刻为主要特色的吴越玉雕也发展迅猛。值得关注的是：吴越两地的青铜兵器或礼制玉器上往往有鸟篆文铭刻，不仅美化和装饰着器物，而且是重要的历史信息记录。无独有偶，在浙江也只有在浙江的画像砖上，以纪年、记名记事及吉祥语言为主要内容的文字砖数量众多，质地精美，无论在美学还是文字学上都堪称书法艺术精品。我们不得不说，正是发达的吴越文化为浙江画像砖的发展积聚了可贵的文化积淀。

三、秦汉两晋行政区划对浙江文化的影响

1.始皇临浙与文化交流

就江河而言，所谓浙江即是今天的钱塘江。秦初在今浙江设立会稽、鄣两郡，浙江大部分地区进入秦帝国控制的范围。早在秦始皇三十七年，浙江流域就随着秦始皇的到来而进入到中央朝廷和史家的视域。秦始皇过钱塘（今杭州），渡浙江，经诸暨而登临会稽山，祭拜治水英雄大禹，南望大海，刻石以颂德。当时一些风水达人发现，会稽郡多处有旺盛的天子之气，再加上此地物产富饶、民风剽悍，遂成始皇之心患。而处于太湖西南缘的安徽东南和浙西丘陵地区的楚人势力又相对较强，同样不可小觑。始皇计上心来，一箭双雕，迁会稽郡的越人到苕溪和新安江流域之丘陵地区，设置余杭、故鄣、於潜等县，又迁天下有罪之人填充于越。如此一来，在客观上便形成了浙江地区楚、吴、越和北方南迁汉人的各

个不同民族的大融合。民族的交融，也势必会促进文化交流、融合和升华，这就为秦汉时期浙江文明的发展奠定了良好的基础。

2. 汉纳入郡县，级别攀升

西汉初，汉王朝因承秦制把会稽郡、鄣郡纳入汉朝国土，汉武帝时把鄣郡更名为丹扬郡，治宛陵，管辖安徽长江以南、江苏的大茅山和浙江的天目山以西、浙江省新安江支流武强溪以北地区；又把东瓯（今温州、台州地区）、闽越（今浙南闽北地区）纳入会稽郡中。以后，会稽郡又归属扬州刺史部。东汉永建四年，会稽郡成为浙江南岸第一个郡级行政中心，浙地与朝廷和位于长江流域的上级行政中心的交流也逐渐增多，很好地促进了汉代浙地与黄河流域、长江流域的文化交流。

楔形砖　汉代　绍兴　画像砖

汉代初年，浙江就是数任同姓诸侯王的封地，刘邦封刘贾为荆王，拥有三郡五十三县，浙江大部归属荆国。荆灭后，刘邦又改封刘濞为吴王，管辖此地。刘濞因叛乱被除，汉景帝改吴国为江都国，封刘非为江都王。在同姓诸侯统治期间，浙地郡县的行政权归诸侯管理。如此一来，西汉初期的浙江成为一个相对封闭的地区，其文化也自然呈现出相对独立的区域化特征。

进入东汉时期，会稽郡被拆分，浙江的行政区划更细。汉顺帝分会稽郡的浙江以北为吴郡，治吴县（今苏州）；浙江以南为会稽郡，治山阴（今绍兴）；分章安县东瓯乡建立永宁县，这是瓯江流域建立县治的开端。行政区域的细化，有利于区域文化的纵深发展。东汉末年开始，北人大量南渡，浙江在人口迅速增加的同时，也在实现着对于中原文化的汲取、融合和升华。会稽郡逐步成为全国铜镜铸造业中心，会稽镜中的画像镜和神兽镜在中国铜镜发展史上独具一格。铜镜主要以模印为主要生产技术，其发达的模印技术和精美的模印纹饰，大大刺激了浙江汉画像砖的发展，提升了浙江汉画像砖的发展水平。我们从这一时期的画像砖上甚至可以看到较为清晰的铜镜的精美纹饰和构成形式。也正因此，尽管陆心源的《千甓亭古砖图释》涉及了汉武帝、汉昭帝时期的文字砖，但浙江汉画像砖的真正兴起多从东汉永平年间算起。

3. 三国至两晋行政区域变化与浙江画像砖的鼎盛

东汉末年，诸侯争雄，吴国的形成和建立为浙江的发展提供了一个重要的契机。黄武五年，分丹扬、吴、会稽三郡地置东安郡，治设富春，讨伐山越。黄武七年，罢东安郡。太平二年分会稽东部置临海郡，治设章安。永安三年分会稽南部置建安郡，治设建安（今福建建安）。宝鼎元年分丹扬、吴郡置吴兴郡，治设乌程；分会稽西部置东阳郡，治设长山。该时期，行政区域设置更加充盈饱满，也折射出人口与文化发展的速度。东吴虽然“偏安” 江南，却给浙江的经济、文化发展带来福音，浙江三国吴时期的画像砖出土众多，也就不足为怪了。

太康元年，浙江被纳入西晋版图，并改新都郡为新安郡。317 年，晋朝宗室司马睿在南方重建晋王朝，占有今长江、珠江及淮河流域，建都于建康，史称东晋。420 年，刘裕代晋，改国号为宋，东晋亡，共历十一帝、104 年。东晋伊始的建武元年浙江境便为东晋管辖。在此期间，政权更替，社会动荡，人口迁徙频繁，形成民族大融合的文化格局，东西南北文化大交融，各地民风民俗大荟萃，儒、释、道并存，神、玄、巫交互，客观上促进了浙江文化的大发展。在此期间，书圣王羲之书写出天下第一行书《兰亭序》，画像砖艺术发展到鼎盛时期。耐人寻味的是，在全国其他画像砖主产区均处于画像砖艺术衰弱的时期，浙江画像砖艺术却如日中天！此时期的浙江画像砖数量众多、制作精美，而且具有丰富多变的形制。与天下第一行书诞生相辉映，该时期文字砖的艺术成就也达到顶峰。

四、南朝及其以后的浙江画像砖艺术演变

1. 南朝浙江画像砖的再辉煌

南朝共分为宋、齐、梁、陈四个朝代。四个朝代你方唱罢我登场，战火硝烟时不时燃起，南北朝隔江对峙了近200年。好在与处于战乱之中的北方相比，这四个王朝还算太平，使得江南的经济社会文化能够持续发展和延续。

在中国历史上，南北朝是画像砖艺术的最后辉煌时期，甚至不妨说是“回光返照”时期，从此以后，中国的画像砖艺术就日趋衰败。该时期的浙江画像砖艺术重点在余杭地区，出现了不亚于同时期的江苏南京、常州，河南邓州，湖北襄樊等地的南北朝经典画像砖。

2. 隋唐及其以后时期的浙江画像砖艺术流变

隋唐时期国家一统，京杭大运河的开通大大促进了南北方经济、文化的交流和融合。自南北朝以后，中国其他地区的画像砖相继进入衰败期，浙江画像砖却能延续存在，堪称奇迹。

建筑用砖　五代　临安　画像砖

五代十国期间，国家动荡，浙江地区的经济文化却在吴越国的控制、维护下得到发展。后来吴越国主动降宋，未遭战乱之苦，民众免于涂炭，浙江的经济文化发展得以延续。进入南宋时期，杭州凭借首都优势，经济、文化极度繁荣。此时的画像砖艺术以宁波这个南宋高官集聚地最盛，并在沿海地区得以发展。

南宋以后，浙江画像砖几乎凋零，仅有些许存在，难能可贵。明清至今，一个有意思的现象是与浙江相邻的皖南徽州的建筑以砖雕、木雕、石雕闻名于世，而浙派建筑与徽派建筑极为相似，一样的粉墙黛瓦，一样的四水归堂，一样的雕梁画栋，木雕、石雕精彩，却罕见砖雕。这并不说明浙江画像砖已经消亡，相反，明清至今，浙江建筑的屋脊上仍然装饰着纯正的画像砖，它们的纹饰与浙江汉晋的画像砖几乎一模一样，只不过已由九泉下的墓穴“飞升”到林立楼阁的顶端而已。

建筑用砖　现代　临安河桥　画像砖

第三节 浙江画像砖艺术多元化发展的影响因素

一、画像砖主产区对浙江画像砖艺术的影响

对于人类创造出的艺术而言，人的因素是第一位的。就画像砖艺术来说，首先，是人口的迁移促进了画像砖艺术的传播。黄巾起义后，原本在东汉王朝统治下较为先进和发达的黄淮流域的广大地区纷纷沦为军阀混战的战场，为躲避战乱，人们被迫背井离乡，大量迁移到相对比较安定的江南地区。资源丰富和较为富庶的浙江，成为避乱的北方人的上选之地。其次，东汉“归旧茔”（回归家乡安葬）的习俗也影响着画像砖艺术的传播。在朝廷和各地方任职的浙江籍人士，晚年一般会回到家乡安葬，自然就将较为主流的埋葬方式引进到家乡。一些高官还由朝廷派员安排丧事，一般多用朝中流行的模式，洛阳等中原地区的丧葬习俗自然会影响到浙江地区。如在浙江临安平山村出土的数款画像砖，在远隔千山万水的河南方城县也有出土，纹样几乎一样。这说明中原和浙江在丧葬文化方面是有所交流的。

二、经济与民风民俗对浙江画像砖艺术的影响

东汉中叶以后，江南地区得到进一步开发，来自中原等经济发达区域的移民带来了先进的劳动生产技术，促进了生产力的提高，经济得到了长足发展，表现在墓葬上，东汉晚期以前，浙江地区的贫富差异并不太大。进入东汉晚期，该地区的大型墓葬显著增多，随葬品的档次也显著提高，反映地主庄园经济发展成果的成套模型明器大量出现。画像砖墓的相对普及也是在东汉以后。

自古以来，中华民族就有着独到的民俗意识和民俗心态，每个地域的民俗意识、心态又有着自己相对独立的地域特色，往往能反映出这个地域独特的审美意识和审美内涵。浙江的画像砖艺术也客观地反映出了这个地域不同时期民众的追求和风尚。

鱼纹　汉代　绍兴　画像砖

首先，赚取金钱、追求富贵往往是大多数人的向往。汉晋时期，人们对货币的认识已经很成熟，人们清楚地意识到有了金钱就可以换来许多东西。中原地域的人们对金钱的追求相对是含蓄的、遮遮掩掩的，往往用较为委婉的方式表现出来，反映在画像砖艺术中，人们多用鱼图案来表示吉庆有余，暗示财富；用蝙蝠来代表有福，隐喻富贵。在浙江汉画像砖里面，人们对金钱的追求是坦诚、大方的，甚至是赤裸裸的。在东汉时期的浙江画像砖中，几乎无砖不带钱，如钱纹和鱼纹在一起代表家有余钱，钱纹和梳子纹在一起代表数钱，钱纹和网纹在一起代表网钱、捞钱，植物和钱纹组合在一起代表摇钱树等。如此大胆的金钱观，想来真的是无可非议的，既然大家内心都想发财，为何不能坦诚地体现出来呢？

其次，求爱情永恒、子孙繁衍、家族昌盛同样是大多数人的向往。如用鱼和鸟的结合来表示阴阳和谐、子孙兴盛，多用鱼吻纹、五字纹来表示阴阳交泰、生命繁衍，用回字纹来表示富贵不断头、子孙万代昌盛等。值得说明的是，无论在汉代的简单纹样里还是魏晋较为成熟的线描艺术里，都不乏人们对爱情的大胆表述和赞美。

第三，对现实生产、生活资料的追求也是不可或缺的。浙江地处水乡、海国，鱼类自然是人们日常生活的必需品，浙江人对鱼类有着特殊的感情。晋代的画像砖上，有的直接塑造一条大鱼，旁边注明“鳇鱼”二字，以示意鱼的名贵与美味。浙江各地还出土不少表现嘉禾等植物、表现田地的井田式网格纹和捕捞的网纹等的画像砖。这些都是与日常生活息息相关的物质和生产、生活资料，体现出古代浙江人民热爱生活的务实精神。

第四，趋利避害是人们的主动精神趋向。浙江人对坟墓安全相当重视，许多地方都出土方相氏的头像和龙虎画像，它们都是用来“看守和保护”坟墓的安全的。有些画像砖中还有类似傩戏或巫师的面具图像，这可能与越人迷鬼信巫的习俗有关。

浙江的画像砖绝大多数都是小型实心砖，目前还未见到大型空心砖，其图案和画像大多数处在较为狭窄的侧面和端面，浙江艺人却能利用这有限的小小空间，创造出一片灿烂的艺术天地，本身就体现了浙江人独特的聪明才智和利用有限资源创造美好生活自强不息的优良民风。

三、意识形态对浙江画像砖艺术的影响

1. 儒教文化对浙江画像砖艺术的影响

尽管在汉代浙江远离政治文化中心，但作为社会主流的儒教对浙江的影响依然是深远的。

首先，如果没有儒教对孝道的提倡，特别是举孝廉制度的推广，就不可能有画像石墓和画像砖墓，也就没有浙江的汉画像砖艺术。

其次，在海宁画像中有宣传儒教忠君思想的“荆轲刺秦王”等历史故事。在绍兴的画像砖内有忠贞勇敢的武士形象，也与儒教保家卫国思想的影响分不开。

另外，许多浙江画像砖的构成多采用对称的构成方式，这也与儒教所提倡的中和之美是一致的。

可见儒教对浙江画像砖的影响虽不如主产区那么直接、明显，但几乎是无处不在的，也直接和间接地影响着画像砖艺术的内容和形式。

进入三国东吴、东晋一直到南朝时期，浙江大地与国家的政治中心

更加接近，甚至可以说浙江就位于政治中心，儒教的直接影响更加显而易见。

2. 道教文化对浙江画像砖艺术的影响

自画像砖艺术在春秋时期诞生以来，它就和源自中国本土的神仙文化道教形成前的意识形态相伴相生四百多年，汉画像砖的很大一部分都是表现道教形成前的内容的。但是，道教清净无为的思想在客观上又抑制了道教的形成和发展，东汉永平年间佛教传入中国，道教才在其竞争和启发下正式成教。浙江画像砖中有许多道教元素，四神和其他灵异、西王母及其佩戴的胜、羽人、原始太极八卦、八卦九宫、蚩尤和九黎之族、黄帝发明的用来测日和作图腾的羊角形兽头立杆等，都在浙江画像砖中有所表现。这些既可以说成是被神化的远古的文明，也可以归到道教神话的范畴中，神秘而发人深思。最典型的道教文化符号——西王母所佩戴的胜和胜的衍生纹样，是浙江画像砖艺术最经典的代表性纹样之一。

3. 佛教文化对浙江画像砖艺术的影响

汉晋时期，人们对长期以来信奉的神仙学说和道教产生动摇，再加上东汉末年战乱不断，人们迫切需要一片使精神得到安宁的净土乐园。东汉中平年间（184—189），安息国（今伊朗）高僧安世高来会稽开始弘传佛教。

而在当时，佛教刚刚进入中国，根基不稳，为了在中国生存和发展下去，传播者致力于适合中国国情和地方民俗的变通和改革，积极地融入到人们的生活中。佛教抓住了这个机会，顺利地被中国各阶层所接受，那些寻找精神归宿的人们也从佛

莲纹　南朝　余杭　画像砖

教里得到安慰。再加上统治者的支持，如三国时吴主孙权对佛教持较为宽容的扶持态度，梁武帝更是笃信佛教。统治者的支持无疑会对吴越荆楚之地的佛教传播产生一定影响。资料显示，现今发现的我国最早的纪年佛像砖是三国时期建衡二年（270）画像砖，该砖出土于绍兴。同时我们也可以看到，佛教的传播也与浙北和苏南当时的经济发展分不开。作为沿海地区，浙江是佛教最先进入的地区之一，有着与其他地方截然不同的做法，即把佛像和供养人的形象直接模印在用来修建墓室的画像砖上，这在全国是绝无仅有的。在晋代和南朝时期，浙江也出现不少表现佛教的画像砖，可以说佛教的传入对浙江的画像砖艺术产生了深远的影响。

四、海上丝路对浙江画像砖艺术的影响

浙江晋代的画像砖里，有一些高鼻子的西洋人形象，和中原汉画像中常见的胡奴非常相似，笔者最初认为这些胡人是随主人一起从政治文化中心地区到浙江避难的。但观察这些胡人形象，往往衣着华丽，所表现出的精神状态也与所谓的胡奴景象截然不同，笔者推测这些人也可能是从海上丝绸之路来浙江做生意的商人。聪明而善于经商的古代浙江人自然充分认识到这些外来商人的价值，希望死后也能够有这样的商人前来交易，因此，这些西洋人的形象就被装饰在晋代浙人的墓室内。当然，这些胡人也有可能是前来传播佛教的僧人，这些僧人同样可能由海上丝绸之路而来。以后经过与文史资料的对照研究，或许还会有更为准确、科学的推断，但浙江晋代画像砖里出现胡人的确是一个值得研究和思考的有趣现象。

第二章　钱塘大风

——浙江汉、三国画像砖艺术

第一节 浙江汉、三国画像砖艺术简介

中国汉画资源在全国的分布并非是平均或处于散乱状态的，而是和中华文化的总体脉络布局相一致，往往是沿着河流、水域而孕育、成长、兴盛和流传的。早在春秋时期，画像艺术就诞生于中华民族的母亲河黄河流域的陕西和豫中地区，然后沿河而下，进一步延伸到黄淮平原的豫东地区、山东、皖北地区及苏北地区。

中国的汉画资源又往往与政治、经济的发展相辅相成，政治、经济发达地区常常又是汉画艺术的繁荣区域。在西汉时期，都城长安、洛阳及儒教起源地的山东地区就是汉画艺术发展最为活跃的地区。

另一个值得人们关注的问题是地理位置的作用，如广西的合浦地区尽管远离政治中心，但因其很早就是海上丝绸之路起源地，活跃的商业交流大大刺激了合浦地区汉画艺术的发展。

东汉时期，汉画艺术兴盛区域随着政治、经济的发展向南逐渐迁移至隶属于长江汉水流域的南阳地区，再随汉水南下辗转到达长江流域，进而向西上溯到天府之国的巴蜀地区。直到东汉中晚期才向东扩展至太湖流域的苏南地区、浙北地区，以及钱塘江流域的宁绍平原。也正是在这一时期，浙江地区的汉画艺术才正式登场，并逐渐步入辉煌。让学者感到诧异的是，本不是汉画像石主产区的浙江省却出土数量众多、质量精良的画像石。至今浙江共发现从东汉到三国时期的画像石墓四处，分布于海宁、德清和长兴三地。浙江的汉画资源还体现在东汉中晚期盛行的大量的小型实心画像砖。另外，浙江汉代青铜镜数量众多，品质优良，闻名于世。总之，浙江的汉画资源远非一般人心目中“远离政治中心、经济落后、文化落后”的印象，浙江的汉画艺术不仅品种丰富，而且具有较高的艺术价值，甚至可以肯定地说，浙江也是中国汉画资源分布的

重要地区，不可小觑！

作为三国时期东吴政权的后方和开国君主孙权的故土，浙江在三国时期经济发达，商业兴盛，海上贸易繁荣，为浙江画像砖的发展奠定了重要的经济基础。因此，三国时期的浙江画像砖分布十分广泛，几乎遍布全省。

一、浙江各地汉代遗址和汉墓的分布

在以往对浙江史的研究中，对于汉代历史的研究相对显得比较薄弱，文献缺乏是一方面的原因，而以往对浙江地域内存在的汉代文明重视程度和挖掘的深度不足也是一个重要原因。其实，浙江各地分布着众多的汉代遗迹和汉代墓葬，稍加归纳整理，就会有所收获。浙江各地的汉墓大多是以砖为主要建筑材料来构建的，只有少数是砖石混合墓，像长兴西峰坝村那样几乎纯粹的石构汉墓尤为稀少。大多数的汉代墓砖都是带画像、文字和花纹的实心砖，大小、薄厚、形制甚为丰富；画像砖上面装饰着的画像、书法和图案更是蔚为壮观，其中之精品足以使人有丰富多彩之感。砖石混合的汉墓葬目前发现的只有海宁长安镇和德清凤凰山、秋山及长兴的西峰坝汉墓四座，其中的画像石也具有一定的学术价值和艺术价值。

杭嘉湖平原位于浙江省北部，是浙江最大的冲积平原。杭嘉湖平原处于太湖以南、钱塘江和杭州湾以北、天目山以东，包括嘉兴市全部、湖州市大部及杭州市的北部，面积约 7620 平方千米。这里地势低平，河网密布，京杭大运河穿境而过，又属长江三角洲，是浙江省著名的桑蚕、鱼米之乡。这里更有着灿烂辉煌的远古文明：在该地区现已发现的就有马家浜文化、裕泽文化、良渚文化和马桥文化。其地理位置既属于环太湖流域又处在“吴根越角”、荆土楚韵的文化交会之地，也是浙地汉文明繁盛之地。

汉代时，杭嘉湖平原地区，设有钱唐（今杭州）、余杭（今余杭、临安）、乌程（今湖州）、由拳（今嘉兴）、富春（今富阳）、海盐（今上海至海盐）、於潜（今临安西）、故鄣（今安吉）等八个县。这一地区的两汉墓葬，以杭州、余杭、临安、湖州、安吉、德清、长兴及海宁等地分布比较集中，在今杭州市区多处都发现汉墓遗址，以半山和老和山最为密集。杭州市区及市郊的老和山、古荡、半山、九里松，余杭的临平、小横山，湖州市郊的杨家埠、方家山等地，共发现汉代墓葬200座以上。仅在临安市境内就发现平山村汉墓群、青山湖汉墓群、潜川镇汉墓、河桥汉墓和小山弄汉晋代墓群等多处。今萧山境内，仅在城南就清理汉墓92座。另外，安吉境内有上马山汉墓、良朋汉墓群、竹根汉墓群、桃李山汉墓和孝丰大邑墓群等。在长兴县境内，发现有画溪桥遗址、长岭山陶窑址、小浦镇蝴蝶村东汉九女冢等。德清县境内的九个乡镇也发现汉到六朝墓葬多处，其中较为奇特的是凤凰山和秋山各有一座画像石和画像砖混合墓，其中砖石画像相得益彰。长兴市郊的西峰坝发现汉画像石墓。在余杭的南湖发现了汉代兴建的东苕溪分流工程遗址。在富阳镇东郊狮子山发现汉墓两座，建德市寿昌镇山峰村也发现汉墓两座。嘉兴所属市县汉代遗址和墓葬分布相对较少，也显得较为零散，其中比较重要的墓葬有嘉兴九里汇、海宁长安镇、海盐龙潭港等处。位于海宁长安镇的东汉晚期画像石墓是浙江省目前发现的最具代表性的画像石墓。

宁绍平原区属亚热带季风气候，土地肥沃，植被茂密，河网密布，是典型的江南鱼米之乡。该地区西起萧山，东至东海海滨，北起钱塘江南岸，南接四明和会稽山地，总面积4824平方千米。古老的跨湖桥文化、河姆渡文化和神奇的古越国文化都客观地体现出斯地文明的悠久、文化的灿烂。

发展到汉代，该地区共设置余暨（今萧山）、山阴（今绍兴）、上虞、余姚、句章（今宁波）、鄞（今鄞州区）、奉化7个县，经济上已相当繁盛、富庶，人口密度也相当大。宁绍平原地区是浙江发掘两汉墓葬数量最多、汉墓分布最为密集的地区。绍兴市区发现有禹岭村汉墓群、狮子山西汉墓群、漓渚镇西汉墓群、兰亭镇东汉墓群等多处，下辖之地发现的汉墓更为可观：在上虞区曹娥江流域分布着近百座汉墓和不少东汉古窑址，百官镇凤凰山发现汉墓50座，小越镇发现汉墓3座，驿亭镇牛头山发现汉墓39座，谢家岸后头山发现东汉墓27座，驿亭镇周家山发现东汉墓17座。今嵊州境内城区、石璜镇、甘霖镇、长乐镇，新昌县七星街道凤凰村等地都发现有汉墓。今宁波市发现东钱湖等汉墓15座、东汉青瓷窑3处。余姚市城南老虎山发现有战国和汉代墓葬群，又在低塘镇九缸岭发现了东汉青瓷古窑址。无独有偶，在慈溪的上林湖、溪山麓发现东汉青瓷窑址多处，在客星山发现东汉严光之墓和其他汉墓多座。

若把诸多汉墓出土的画像砖资源汇集一处，有谁能说这不是一个浸染汉代雄强大气之风的关于图像、图案和书法的宝藏呢！

位于浙江省中西部的金衢盆地是钱塘江流域最大的走廊式盆地和浙江省最大盆地。盆地介于千里岗、仙霞岭、金华山和大盘山四座山脉之间。这里风景秀美，层峦叠嶂，林木参天，岩洞奇特，以水石、风雾和洞天奇观而闻名。秦时，今衢州属会稽郡之太末（或大末）县。西汉高祖六年，该地为荆王国封地；高祖十二年，该地是吴国地；景帝四年，复归会稽郡。东汉初平三年，分太末县，置新安县（今衢江区、柯城区），仍属会稽郡。建安二十三年，拆新安县，置定阳县（今常山县）。 三国吴宝鼎元年，新安县改属东阳郡。

这一地区的汉代墓葬以位于盆地中心的龙游县城郊地区分布最为集中，仅仪冢山、东华山两处墓地，墓葬数量就接近100座。义乌城北、武义的熟溪街道、金华的马铺岭和常山盆地，也都曾挖掘出汉墓。在这一地区还发现了一处浙江目前规模最大的汉或六朝古墓，墓长14.1米，最宽处7.7米。该墓的出土文物中有一枚方桥形铜印纽，上刻篆书“新安长印”，证明此为新安县长之墓，但其规格超过当时的封疆大吏。笔者推测原因有三：（1）山高林密、地域偏僻，中央政权鞭长莫及。(2) 当时社会动荡，上级政权无力顾及边远之地的丧葬秩序礼法。(3) 县长威高财厚，民众畏而缄默。总之，如此越制之举在政治文化中心地区绝不会出现。

除这三个大的浙江画像砖主要产区外，在新安江上游的淳安（汉时属丹阳郡歙县）、今新安江水库库区、由宁绍平原向金衢盆地过渡的地区、浙中、浙南的沿海地区，也都发现有汉墓，但数量和密集程度远不及宁绍、杭嘉湖、金衢三个大区。宏观看来，现代浙江全境几乎都有汉墓分布，其画像砖拥有量之巨可想而知。

二、浙江汉画像砖的年代演变与形制变化

（一）浙江汉画像砖起源年代的历史追问

按照现代汉画研究惯例，本节的汉画像砖年代下限至三国东吴时期。

从现今存在的浙江汉代纪年画像砖来看，其所记录的年代多属于东汉中后期。大部分浙江画像砖的研究者、收藏者认为 89 年以后浙江才产生汉画像砖，因为他们认为无论是宁绍平原还是杭嘉湖平原，浙江汉画像砖主产区现在发现最早的纪年砖为永元元年。这种观念流传很广，不过不够准确。笔者曾在临安锦城镇发现建初、元和年间的纪年砖，新近也有人发现一些建武、永平等永元元年以前的汉代纪年砖，也就是说，画像砖的实物足以证明最迟在汉章帝时期浙江就已经拥有汉画像砖。当然，把浙江汉画像砖的起源定位于东汉年间似乎较为合理，因为这样就基本证明了中国汉画像砖的传播、发展和流变规律。也就是说，浙江汉画像砖较全国其他汉画像砖主产区来说，应该是后来者，浙江是汉画像砖发展路线都城长安—中原—长江流域—浙江的最后环节。从浙江近邻江西、安徽汉画像砖的纪年来看，永初年间的年代最早，晚于浙江。如此看来，浙江汉画像砖应该是通过长江环太湖流域传播而来的。

然而，清代名家陆心源的《千甓亭古砖图释》给出了一个与众不同的论点：浙江汉画像砖起源于西汉。《千甓亭古砖图释》记载了出土于湖州的建元元年砖，因为晋代康帝、南朝齐高帝等朝代均有建元年号，陆心源先生撰书释解："与刘聪苻坚远不相及，且书法古拙，非汉以后书，当属汉。"所以，该砖被定为汉武帝登基的第一年即公元前 140 年。书中接着展示了征和元年、元凤元年、元平元年、元康元年至元寿元年出土于湖州地区的西汉纪年砖 12 方。从公元前 140 年到公元前 2 年，这些出土于西汉年间的湖州砖应该可以说明在西汉浙江就有汉画像砖出现了。很多学者对《千甓亭古砖图释》记载的这些砖表示怀疑：一是书

中的画像砖实物很多已经散失，二是陆心源的画像砖采集、鉴定是否专业、科学还有待探讨。笔者认为这些西汉纪年砖在浙江出土是有可能的，但是，浙江汉画像砖的起源有可能是在汉武帝中后期，因为在汉武帝初期，浙江还处于地方割据不服从中央领导的局面，正是汉武帝运用政治、军事等手段才实现了中央政府对浙江的有效管辖。也正是中央政府对浙江的统一领导和管辖，才使得汉画像砖在浙江得以传播。

（二）浙江汉画像砖的形制

从汉画像砖实物来看，浙江汉画像砖均为实心砖，并且绝大多数属于小型砖。德清凤凰山汉画像石墓出土了一批类铺首图像的中型正方形实心砖，大小与河南新野的中型正方形实心砖相似，是浙江省现今发现体量最大的画像砖，堪称孤例。除此之外，体量稍大的画像砖就数临安平山村出土的一批铺地砖了，其长度近 60 厘米，宽度 40 多厘米。

组合铺首　汉代　德清　画像砖

浙江小型实心画像砖种类丰富多彩，形制变化多端，堪称中国小型汉画像砖的“基因库”。

1. 从使用功能上划分，浙江汉画像砖大体可以分为三大类：

（1）砌墙类砖

砌墓室墙壁的砖一般为长方体形状，大小规格一致。该类砖一般可分成两类：一是与现代砖类似的标准的长方体砖。二是两头带有榫卯结构，一头凸起、一头凹陷的砖。汉代的砖体墓室垒砌墙壁时，往往不用沙泥做黏合剂，而是用“标准”的砖垒砌数层后，再用榫卯砖直接紧密地卡扣在一起，垒砌一层或数层，如此一来墓室墙体往往牢固无比。

（2）砌拱券类砖

拱券类砖一般专门用于墓室的拱券垒砌，常见有两种，一种是楔形砖，一种是刀形砖。楔形砖往往一头大一头小，如楔子的形状，故称作楔形砖，较小的一面往往是展现于墓室的，故而多装饰着画像。因为拱券内外边缘的弧长是不一样的，若用长短一致的砖垒砌，则需要在砖的上部用碎砖石填塞，才能使之稳固。而楔形砖则可以直接构筑拱券，坚固而美观。在一些楔形砖上有时会发现“上二”一类关于数字和方位的文字，它实际上代表这块砖在拱券上的准确、具体位置。这类砖规格很多，较小的上底不足10厘米，下底不到20厘米，腰长10多厘米，小巧玲珑，堪称一个可爱玩具；大的上底近20厘米，下底20多厘米，腰长30多厘米。如果用来构筑拱形墓顶，这些楔形砖又显得太小了，且因上下底宽度有别，很难构筑出平整的大弧面。这时便使用一种独特的刀形砖。刀形砖刀背厚（垒砌墓顶外圈）、刀刃薄（垒砌墓顶内圈），大小与一般砌墙砖大小、形状近似，只不过一面厚、一面薄而已，薄面上往往装饰图像。这种数量众多、专门用于砌拱券的画像砖在全国其他地方很少见到，算得上是浙江汉画像砖的一大特色，从中我们可以体会到汉代浙江的拱券技术多么成熟和专业。

（3）铺地砖

一般规格的汉墓中，铺地砖往往用砌墙砖代替，也有专门用于铺建墓地的砖，形状比墙砖稍大，以规则的长方体多见。

2. 从形态上划分，浙江汉画像砖可分为五类：

（1）方形砖（仅见于德清凤凰山汉墓）

（2）长方形砖（即长条砖）

（3）刀形砖

（4）楔形砖

（5）榫卯结构砖

除方形砖外，其他各形砖的长度一般在20—50厘米，宽一般在10—20厘米，厚度一般在4—10厘米范围。

第二节　浙江汉、三国画像砖的内容

一、浙江汉、三国图像类画像砖

可能是因为很长时期远离国家政治、文化中心，浙江汉、三国画像砖并没有像陕西、河南南阳等地的画像砖那样连篇累牍地表现系统的神仙祥瑞、具有政治教化功能的历史人物、反映官宦豪强奢靡生活的歌舞宴饮及声势浩大的车马出行等形象，倒是对身边的现实生活给予极大的关注，如大量描写鱼、鸟及树木，不厌其烦地表现块块田地。这些不正是汉代、三国时期浙江人赖以生存的重要物资吗?

趋利避害、向往祥瑞、渴望富裕的生活是中国古代人乃至现代人共同的追求。汉代、三国时期的浙江人在这方面表现得更为突出。如浙江汉画像砖几乎完整地展现了汉代各种钱币，在“花钱”（有学者称之为压胜钱）的表现上更是丰富多彩，我们甚至发现有与现代中国银行标志一模一样的钱的造型。把钱纹与其他纹饰结合在一起，产生带有美好愿景寓意的画面是浙江画像砖最擅长的表现方法。如大量的“鱼钱”“梳子钱”“渔网钱”组合起来的画像砖画面就蕴含着“家有余钱”“数钱数到手发酸”“把金钱一网打尽”的寓意。很多学者认为中国的吉祥图案运用汉字音同字不同的特点，用一定的事物表现出相应的祥瑞意义源于明清时代，这是不科学、不符合史实的。在汉代，中国的吉祥图案就已经形成，浙江汉画像砖中突出的吉祥图案不就是典型代表吗 ?!

还有一个值得我们关注的发现，那就是：最迟在三国东吴时期，浙江就有典型的佛像画像砖。目前浙江发现的年代最早的佛像画像砖是建衡二年（270）纪年砖，发现于绍兴，它同样称得上我国现今发现的年代最早的佛像画像砖。其实，综观全国，汉晋时期的佛像画像砖并不多见，用于墓葬的佛像画像砖更是稀少，其中多数在浙江。一方面，我们可以借此机会来探索研究浙江汉晋时期墓葬文化环境和宗教信仰状况；另一方面，研究此类画像砖对我们探究佛教在中国的传播、发展有着重要的意义。比如多数学者认为，佛教在中国的传播主要是沿丝绸之路，由西域经西北地区到达长安和洛阳，因为中国境内佛像塑（建）造的年代发展规律似乎能证明这一切。随着时代的发展，又有学者认为佛教有可能通过西藏地区直接进入四川，然后再传播于全国，因为在四川汉代的遗迹上发现了一定数量的佛教形象。那么，浙江这么早出现佛像画像砖能证明什么呢？是否能说明佛教是沿着海上丝绸之路而来？还有，全国各地的佛像往往多以石刻、泥塑形式表现，或置于高高的山崖，或束之高阁，受人匍匐膜拜，浙江汉晋时期的佛像为什么与众不同，伴逝者于九泉？

依据内容来分，浙江汉、三国画像砖的图像类题材主要包括人物佛神类画像砖、动物类画像砖、植物类画像砖、几何纹饰类画像砖。

附图

（1）人物佛神类画像砖

①　　②　　③　　④

①夫妇和谐　汉代　临安平山　拓本
②夫妇和谐　汉代　临安平山　拓本
③人物　汉代　临安平山　拓本
④人物　三国　上虞　拓本

①　②　③　④　⑤

①人物　三国　上虞　拓本
②人物　三国　上虞　拓本
③人物　三国　上虞　拓本
④人物　三国　嵊州金庭　拓本
⑤双武士　汉代　绍兴　拓本

①人物　三国　湖州　拓本
②人物（残）　汉代　湖州　拓本
③佛像　吴建衡二年　绍兴　拓本
④佛像　吴建衡二年　绍兴　拓本
⑤佛像　三国　绍兴　拓本
⑥佛像　吴天纪四年　嵊州　拓本

①　②　③　④　⑤

①佛像　吴天纪四年　嵊州　拓本
②羽人　汉代　绍兴　拓本
③九尾神人　汉代　临安平山　拓本
④钱童　汉代　余姚　拓本
⑤神人　汉代　临安平山　拓本

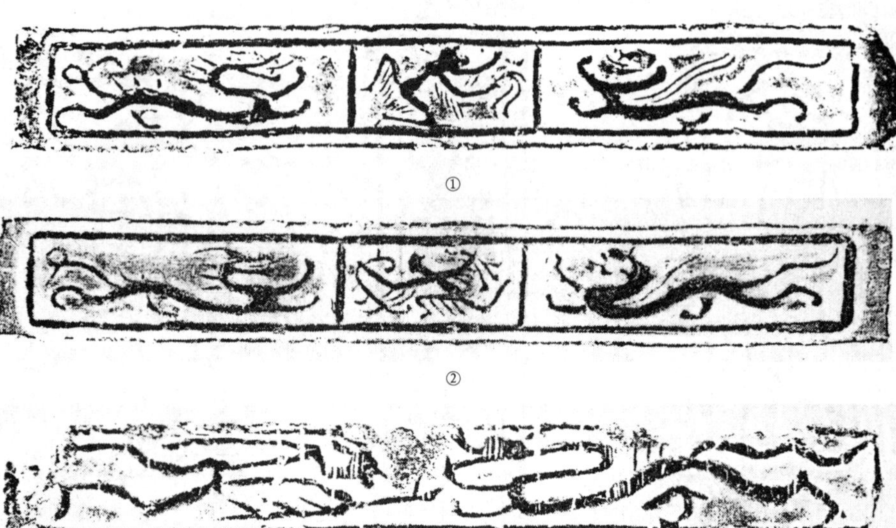

①

②

③

④

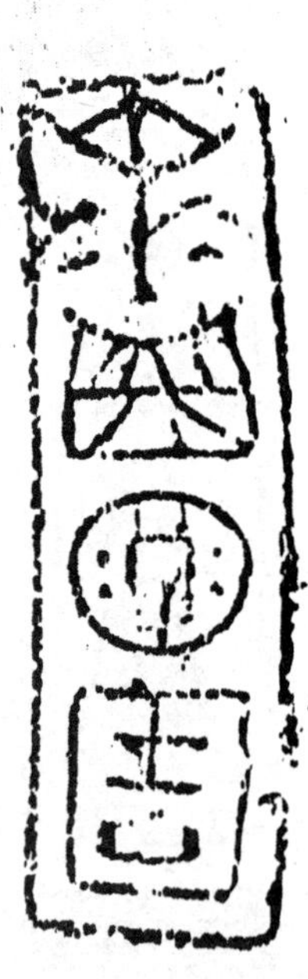

⑤

①羽人戏龙　汉代　余姚　拓本
②羽人戏龙　汉代　余姚　拓本
③羽人戏龙　汉代　德清　拓本
④组合人面铺首纹　汉代　德清　拓本
⑤人面纹　汉代　安吉　拓本

①

②

③

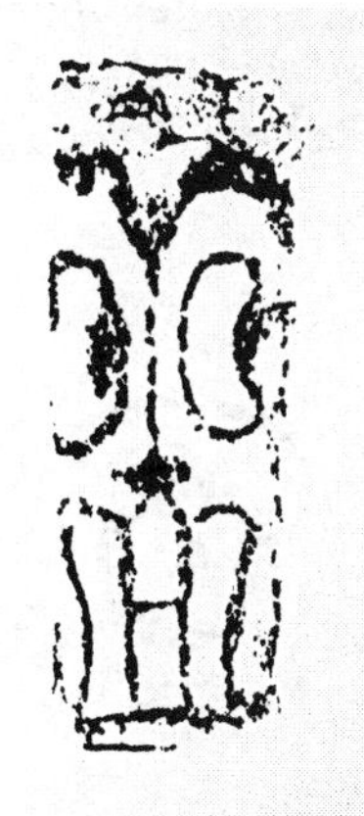
④

⑤

⑥

⑦

⑧

⑨

①人面铺首纹　汉代　安吉　拓本
②人面铺首纹　汉代　安吉　拓本
③人面铺首纹　汉代　安吉　拓本
④人面铺首纹　汉代　安吉　拓本
⑤人面铺首纹　汉代　安吉　拓本
⑥人面铺首纹　汉代　绍兴　拓本
⑦人面铺首纹　汉代　绍兴　拓本
⑧人面铺首纹　三国　湖州　拓本
⑨人面铺首纹　汉代　安吉　拓本

①

②

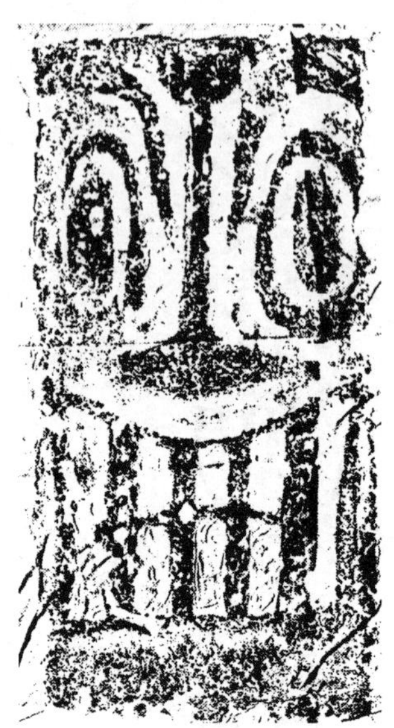
③

④

⑤

⑥

①人面铺首纹　汉代　安吉　拓本
②人面铺首纹　汉代　安吉　拓本
③人面铺首纹　汉代　湖州　拓本
④人面铺首纹　汉代　湖州　拓本
⑤人面纹　汉代　临安青山湖　拓本
⑥双人面铺首纹　汉代　湖州　拓本

①

②

（2）动物类画像砖

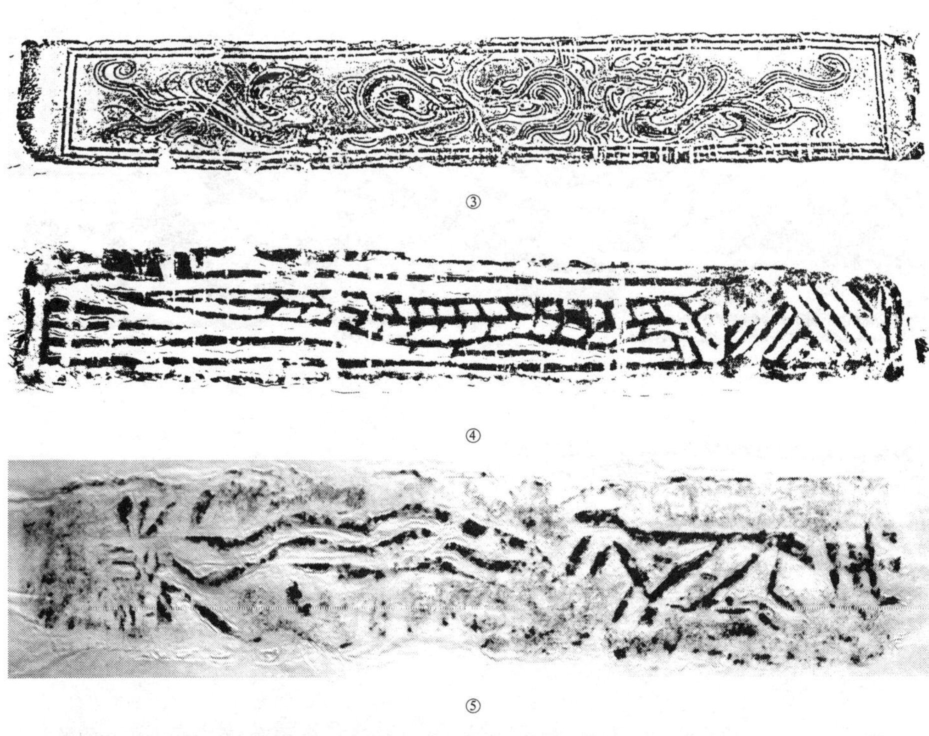

③

④

⑤

⑥

①人面铺首纹　汉代　湖州　拓本
②双人面铺首纹　汉代　湖州　拓本
③四龙　三国　嵊州　拓本
④龙　汉代　临安　拓本
⑤龙马精神　汉代　临安　拓本
⑥双龙　汉代　湖州　拓本

①

②

③

④

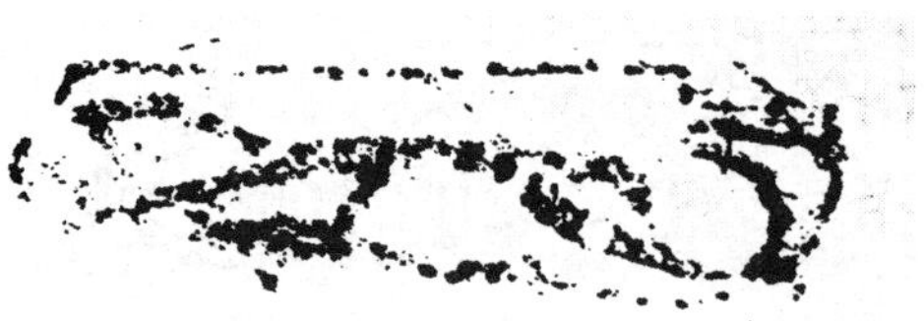

⑤

⑥

①龙　三国　嵊州　　拓本
②龙　汉代　上虞周家山　拓本
③龙　三国　嵊州　拓本
④龙　三国　湖州　拓本
⑤龙　三国　湖州　拓本
⑥龙　三国　湖州　拓本

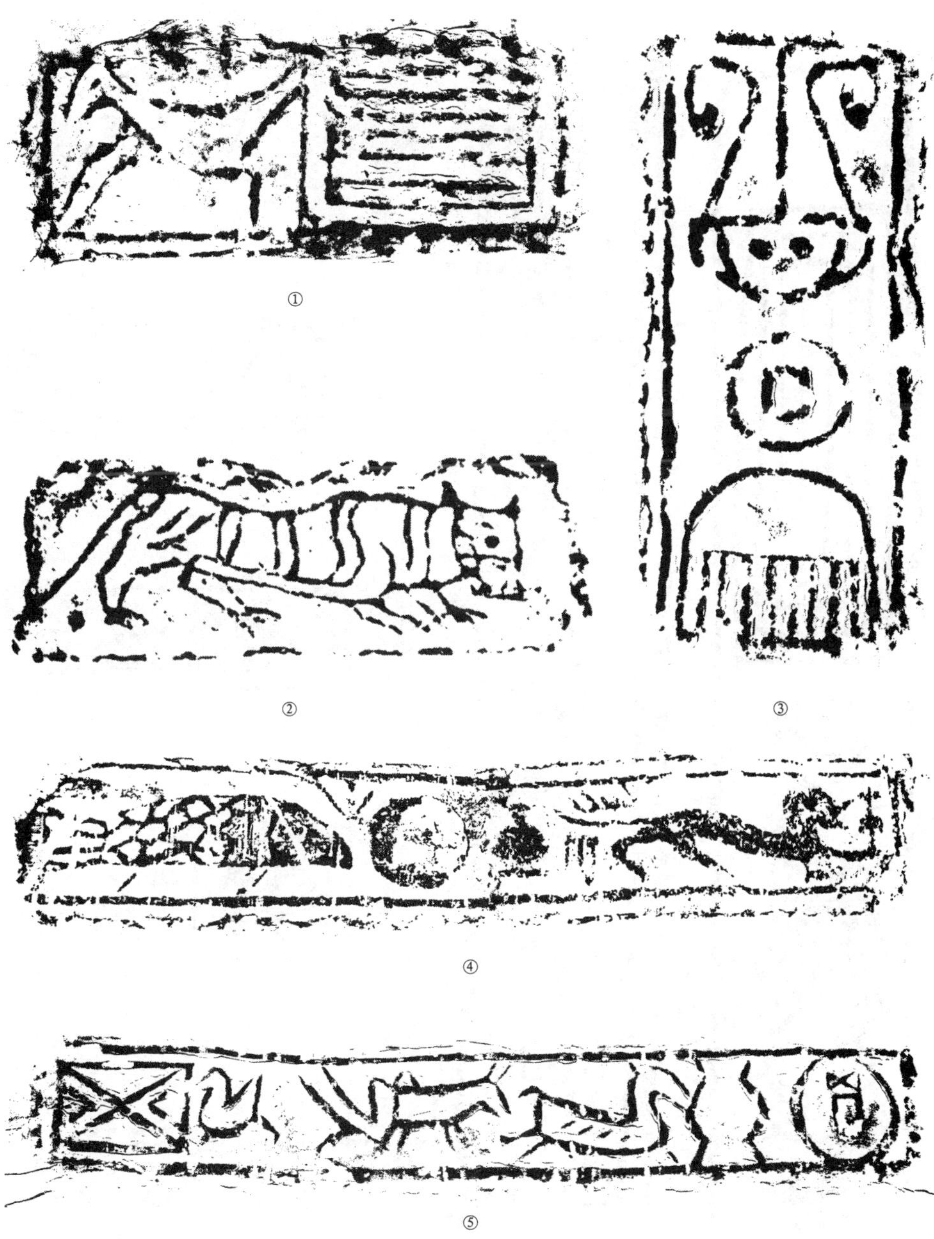

①马　汉代　临安平山　拓本
②虎　汉代　湖州　拓本
③兽面纹　汉代　临安平山　拓本
④虎鱼钱　汉代　安吉　拓本
⑤动物　汉代　临安平山　拓本

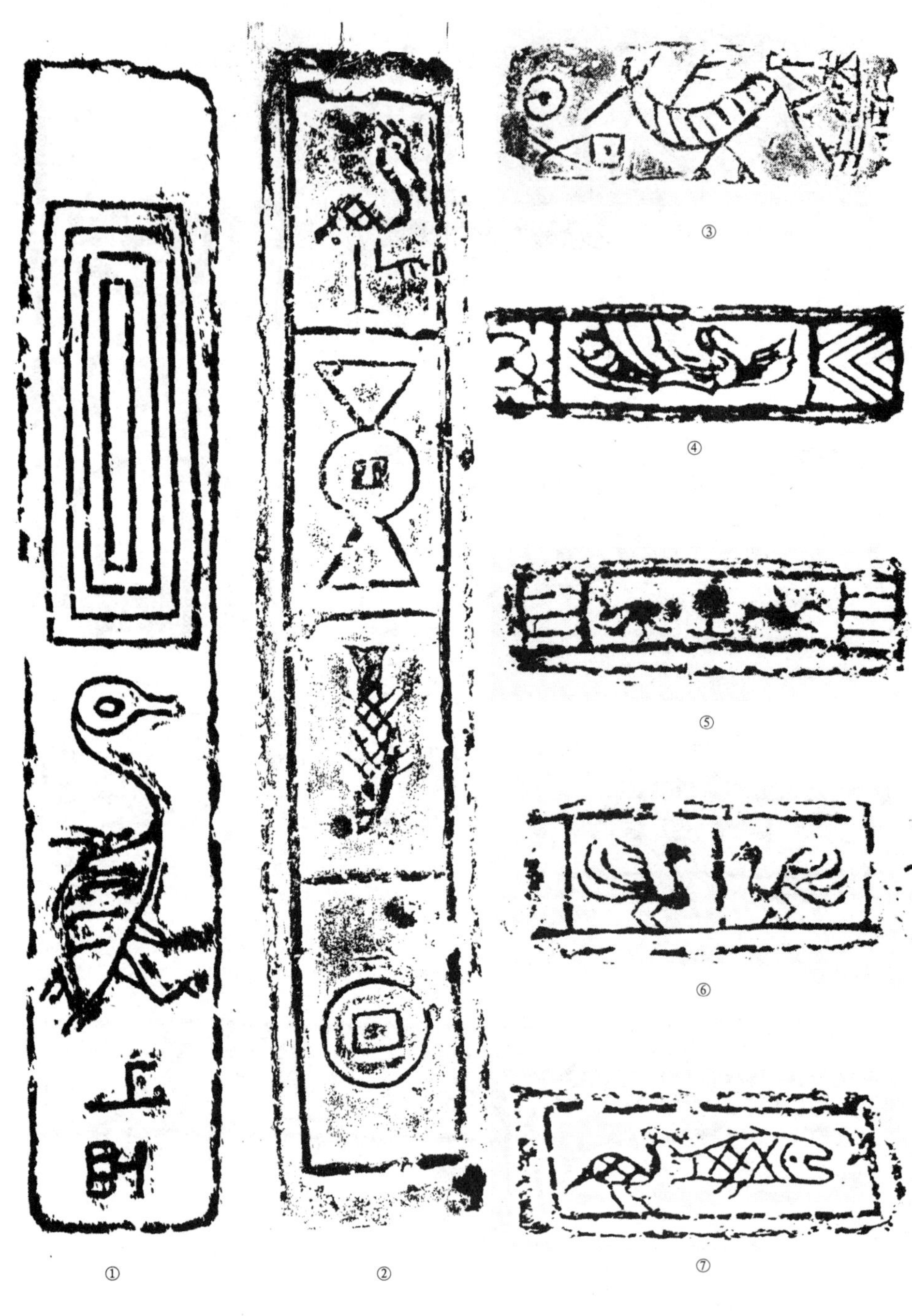

①凤鸟　汉代　临安河桥　拓本
②鸟鱼纹　汉代　临安　拓本
③鸟鱼纹　汉代　临安　拓本
④凤鸟　汉代　上虞　拓本
⑤双凤　汉代　湖州　拓本
⑥双凤　汉代　湖州　拓本
⑦鸟鱼纹　汉代　临安　拓本

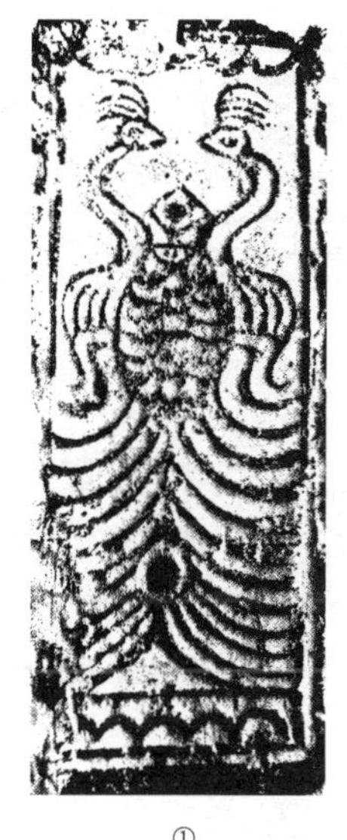
①

②

③

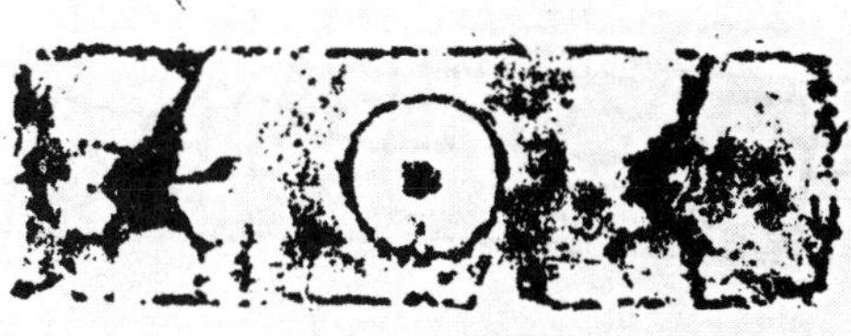
④

⑤

①双头凤　三国　嵊州甘霖　拓本
②双头凤　三国　嵊州甘霖　拓本
③双凤　汉代　临安　拓本
④双凤　汉代　湖州　拓本
⑤凤鸟　汉代　临安　拓本

①

②

③

④

⑤

①凤鸟　汉代　临安潜川　拓本
②凤鸟　汉代　临安潜川　拓本
③鱼钱纹　汉代　临安　拓本
④五鱼纹　汉代　临安　拓本
⑤鱼壶纹　汉代　临安　拓本

①

②

③

④

⑤

①鱼钱纹　汉代　临安　拓本
②鱼钱纹　汉代　安吉　拓本
③双鱼纹　汉代　临安　拓本
④鱼化龙　汉代　临安　拓本
⑤鱼纹　三国　嵊州　拓本

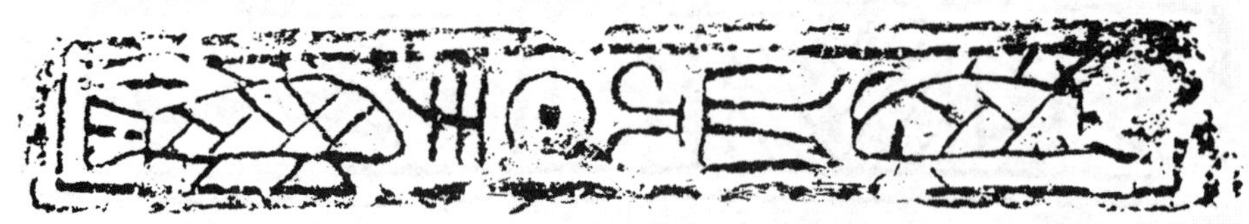

①

②

③

④

⑤

①鱼钱纹　汉代　湖州 拓本
②鱼纹　汉代　湖州　拓本
③鱼钱纹　汉代　安吉 拓本
④鱼钱纹　汉代　湖州 拓本
⑤双鱼龙凤　三国　嵊州　拓本

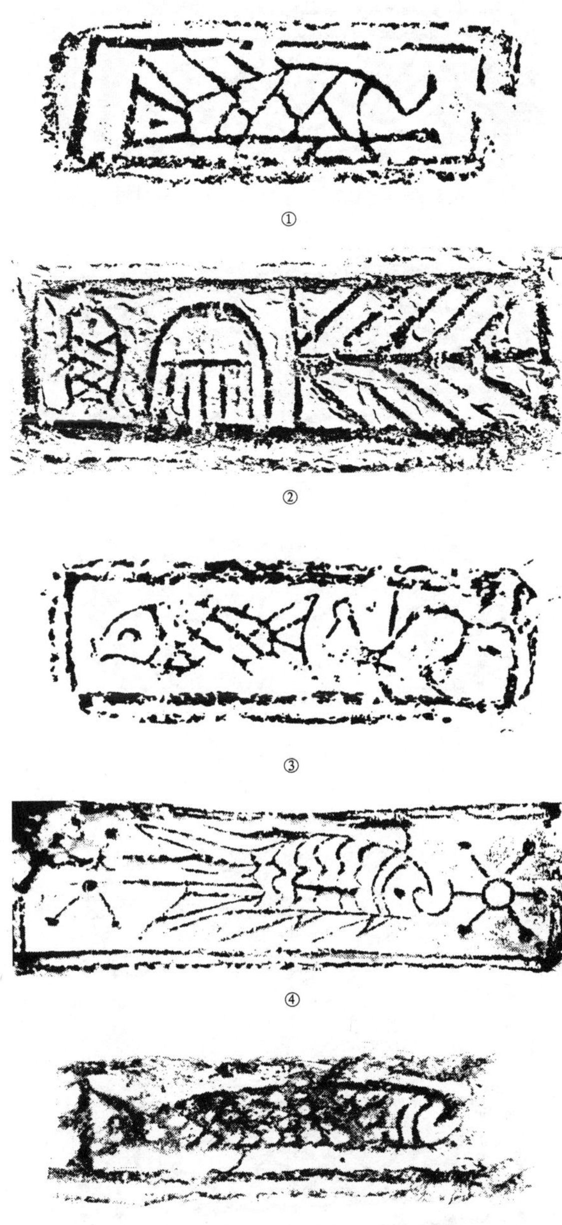

①鱼纹　汉代　湖州　拓本
②梳鱼纹　汉代　临安青山湖　拓本
③鱼鸟纹　汉代　安吉　拓本
④鱼纹　汉代　嵊州长乐　拓本
⑤鱼纹　汉代　临安　拓本

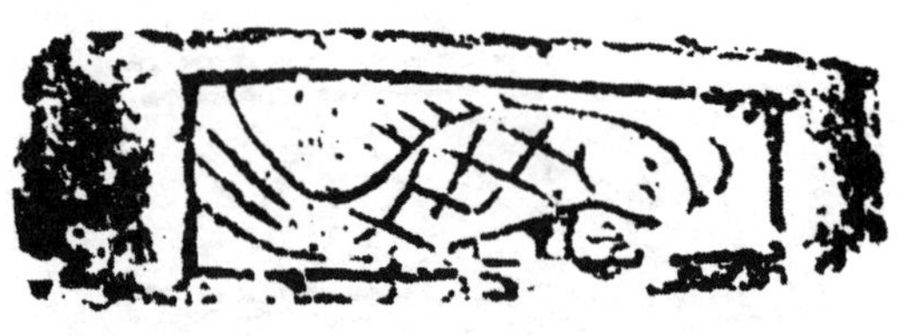

①

②

③

④

⑤

①鱼纹　汉代　杭州　拓本
②鱼纹　汉代　湖州　拓本
③梳鱼纹　汉代　临安青山湖　拓本
④鱼纹　汉代　湖州　拓本
⑤鱼纹　汉代　安吉　拓本

（3）植物类画像砖

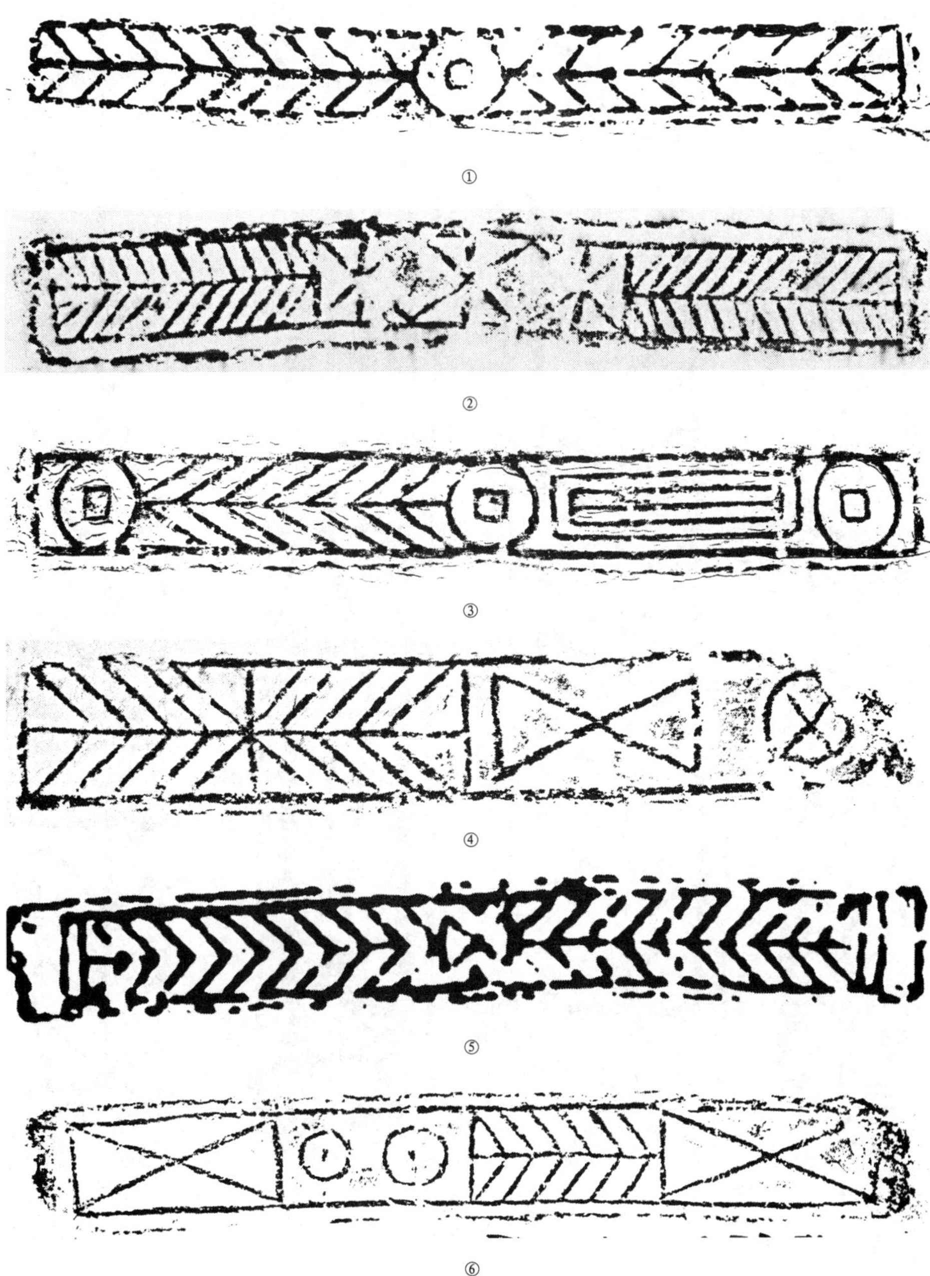

①摇钱树　汉代　临安　拓本
②植物五字纹　汉代　临安於潜　拓本
③摇钱树　汉代　临安　拓本
④摇钱树　汉代　临安　拓本
⑤植物钱纹　汉代　德清　拓本
⑥摇钱树　汉代　临安　拓本

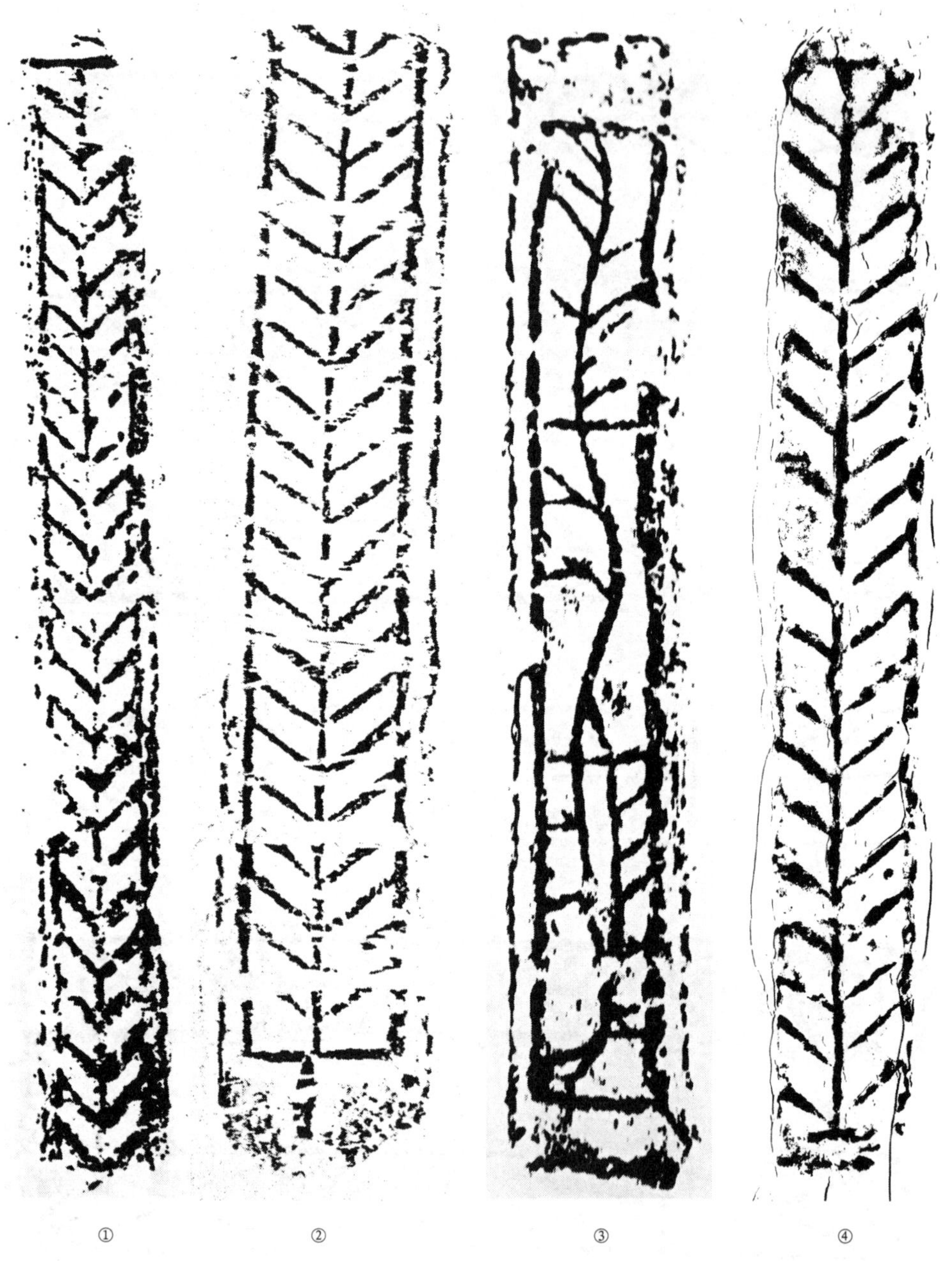

①树木　三国　湖州　拓本
②树木　汉代　临安平山　拓本
③树木　三国　湖州　拓本
④树木　汉代　临安平山　拓本

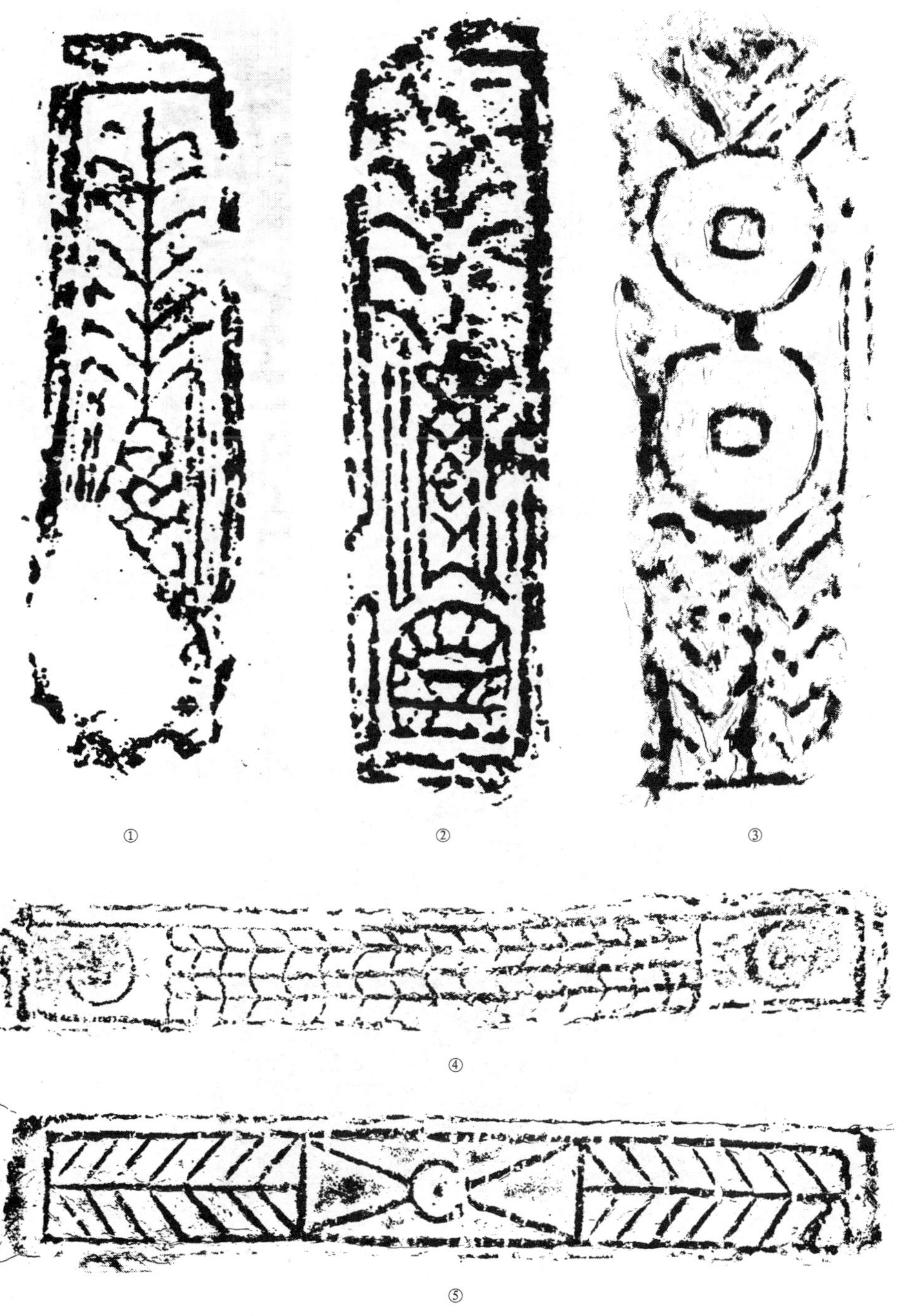

①植物纹　三国　湖州　拓本
②植物纹　三国　湖州　拓本
③摇钱树　汉代　临安　拓本
④摇钱树　汉代　临安　拓本
⑤植物胜钱纹　汉代　临安　拓本

①

②

③

④

①花卉旋轮纹　三国　嵊州　拓本
②花卉胜钱纹　三国　嵊州　拓本
③植物钱纹　汉代　安吉　拓本
④植物钱纹　汉代　湖州　拓本

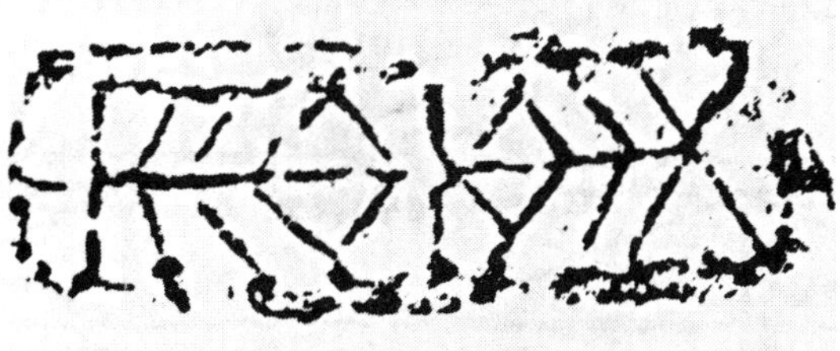

①

②

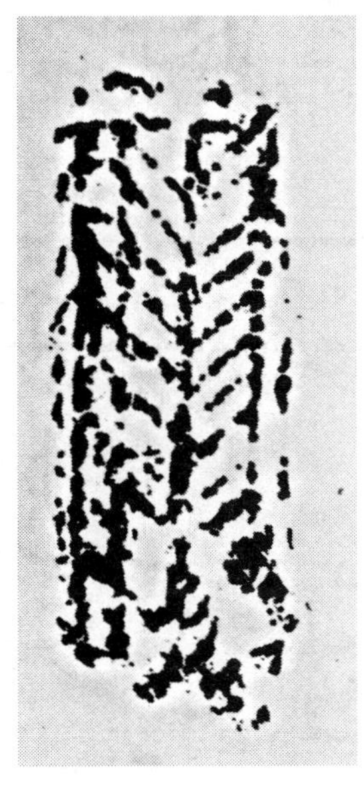

③

④

①植物纹　汉代　湖州　拓本
②花卉纹　汉代　湖州　拓本
③植物纹　汉代　湖州　拓本
④花卉文字　三国　湖州　拓本

（4）几何纹饰类画像砖

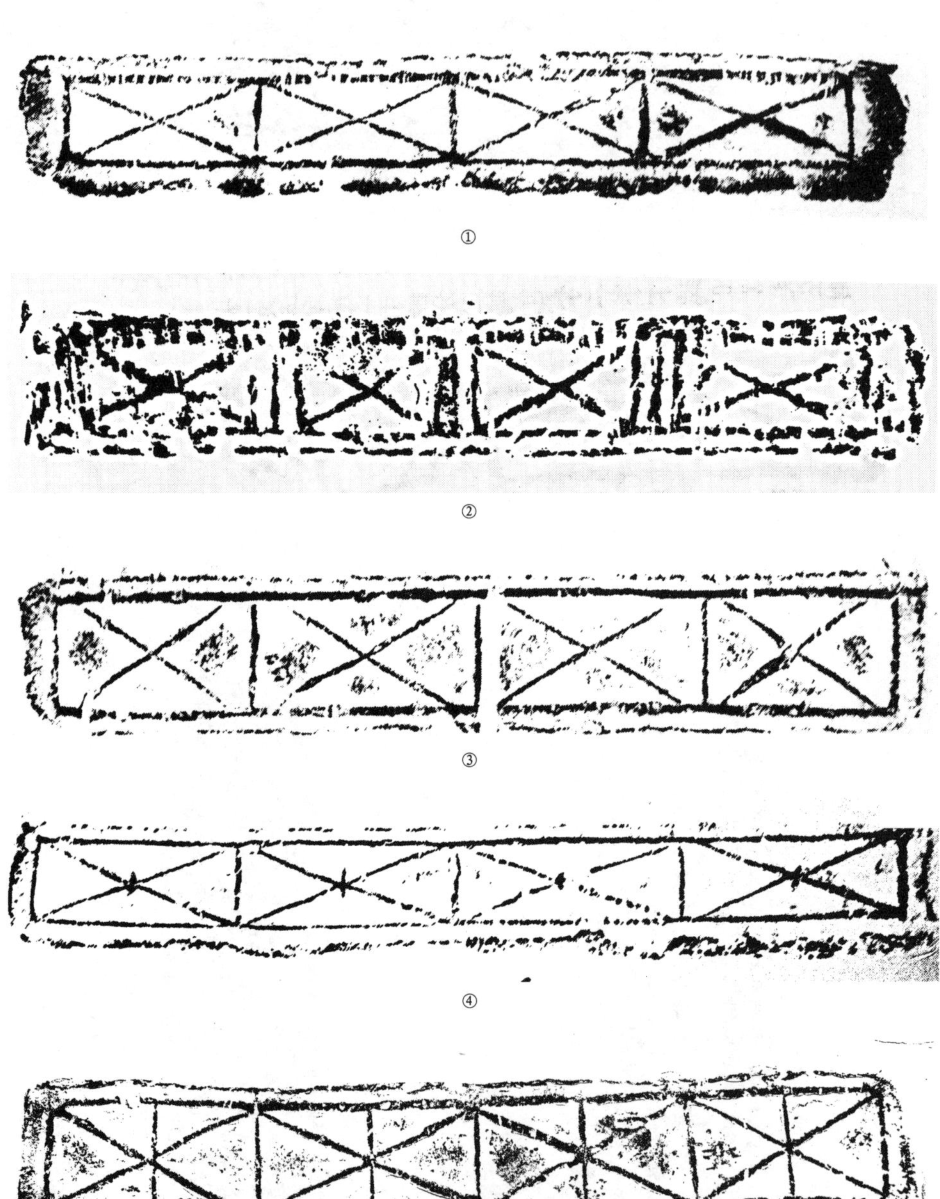

①五字联纹　汉代　临安　拓本
②五字联纹　汉代　湖州　拓本
③五字联纹　汉代　临安　拓本
④五字联纹　汉代　临安　拓本
⑤五字联胜纹　汉代　临安　拓本

①

②

③

④

⑤

①五字联纹　汉代　临安　拓本
②五字联纹　汉代　临安　拓本
③五字联纹梳纹　汉代　临安　拓本
④双五字纹　汉代　临安　拓本
⑤双五字纹　汉代　余杭　拓本

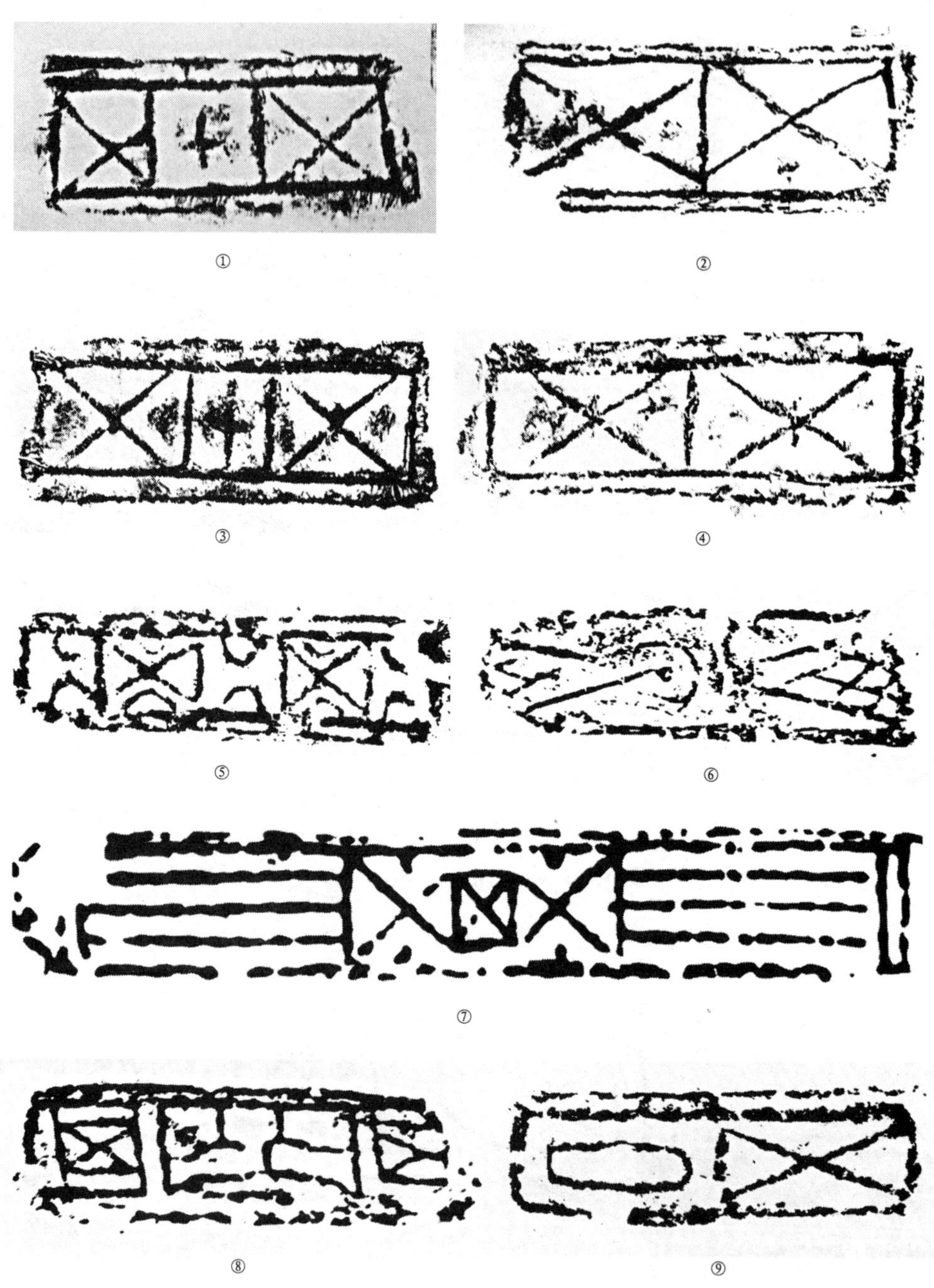

①五十五　汉代　临安　拓本
②双五字纹　汉代　临安　拓本
③五十五　汉代　临安　拓本
④双五字纹　汉代　临安　拓本
⑤组合五字纹　三国　湖州　拓本
⑥花五字纹　三国　长兴　拓本
⑦五字纹弦纹　汉代　德清凤凰山　拓本
⑧组合五字纹　汉代　湖州　拓本
⑨五字纹口字纹　汉代　湖州　拓本

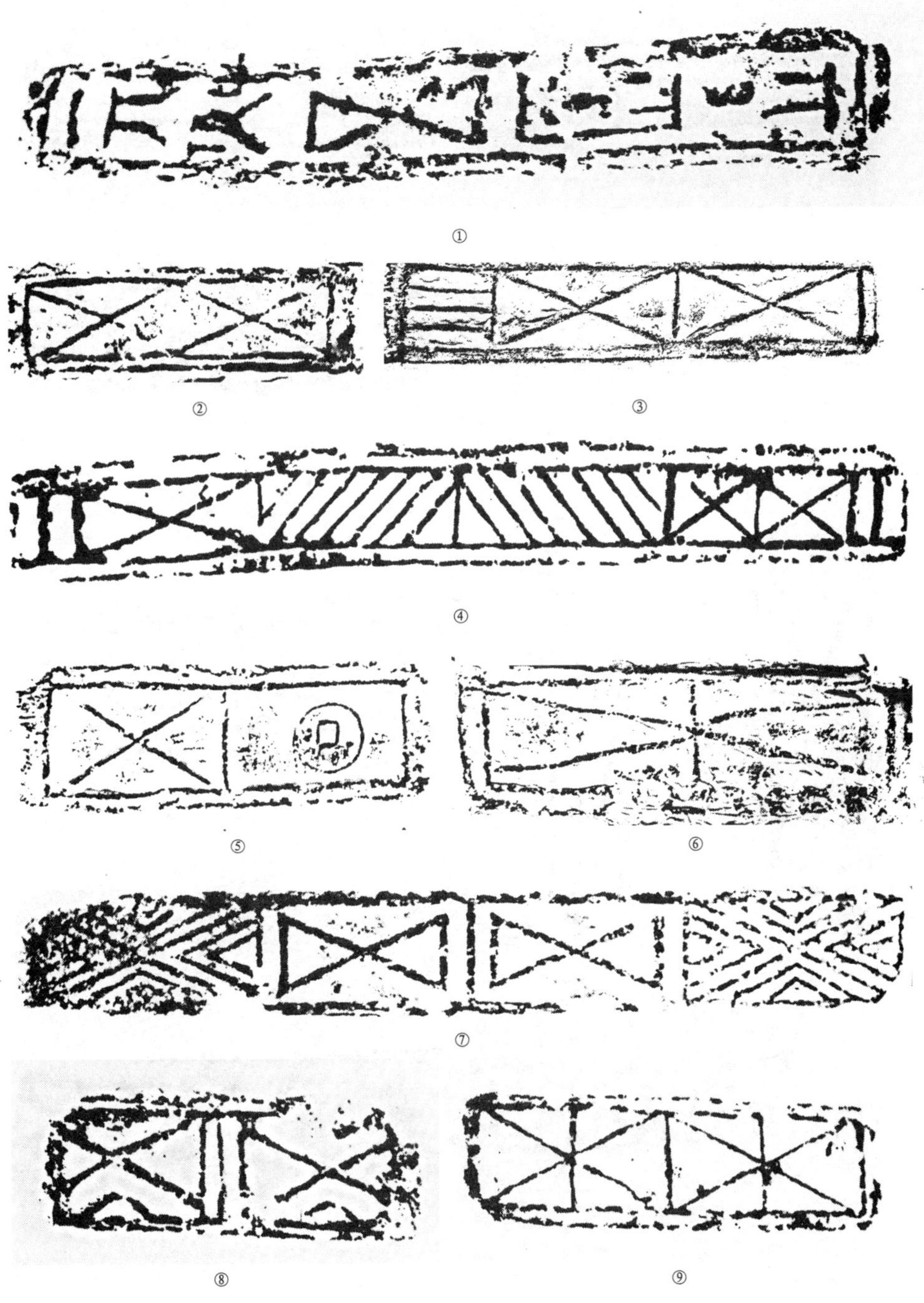

①五字纹文字 汉代 湖州 拓本
②五字联纹 汉代 临安 拓本
③五字联纹弦纹 汉代 临安 拓本
④五字纹折线纹 汉代 杭州 拓本
⑤五字纹钱纹 汉代 临安 拓本
⑥胜纹 汉代 湖州 拓本
⑦双五字纹鱼吻纹 三国 余姚 拓本
⑧变体联胜纹 三国 湖州 拓本
⑨联胜纹 三国 湖州 拓本

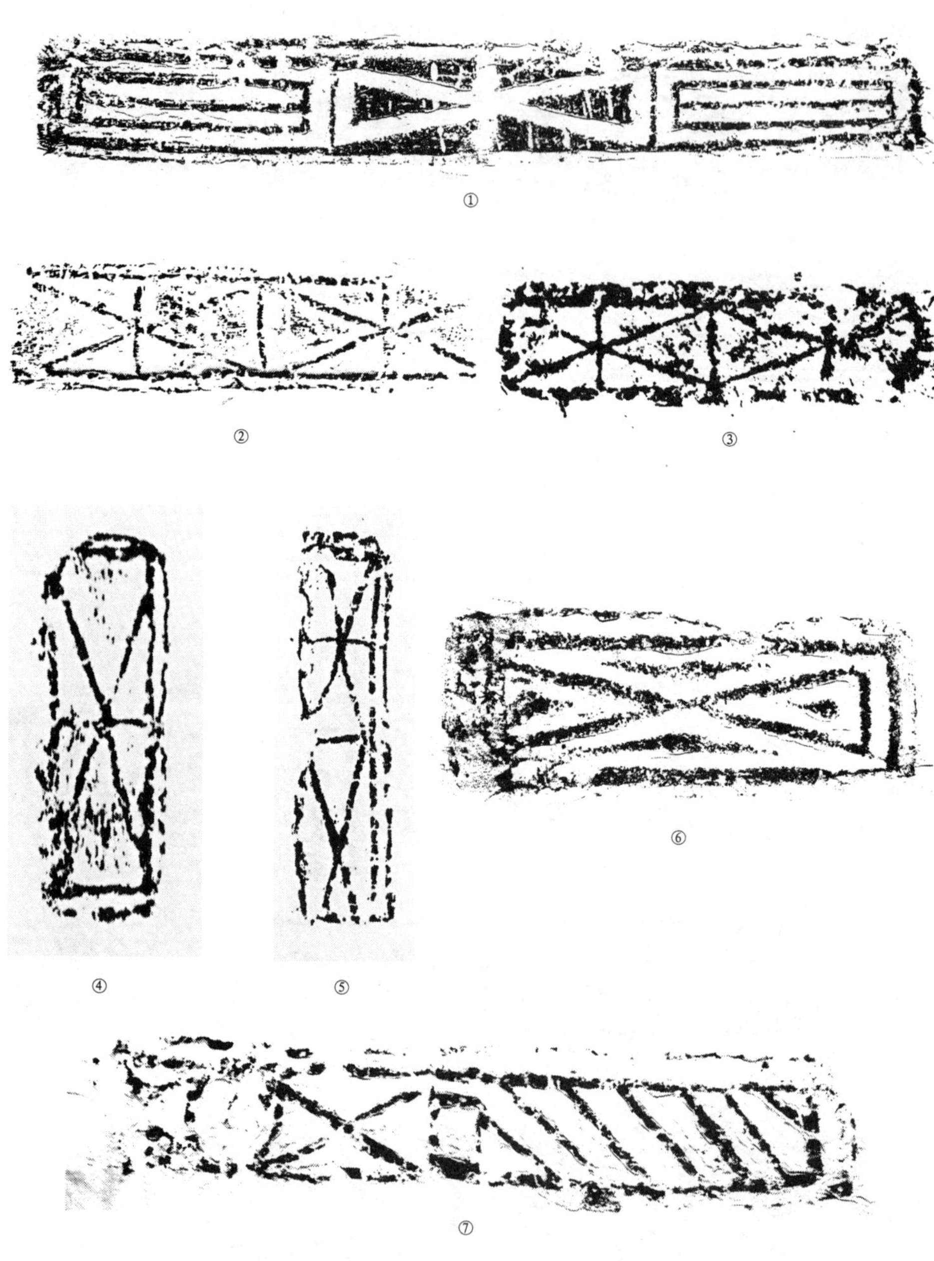

①

②

③

④

⑤

⑥

⑦

①胜日纹　汉代　临安　拓本
②联胜纹　汉代　临安　拓本
③联胜纹　三国　湖州　拓本
④胜纹　汉代　湖州　拓本
⑤联胜纹　汉代　临安　拓本
⑥五字变体纹　汉代　临安　拓本
⑦五字斜线纹　汉代　临安　拓本

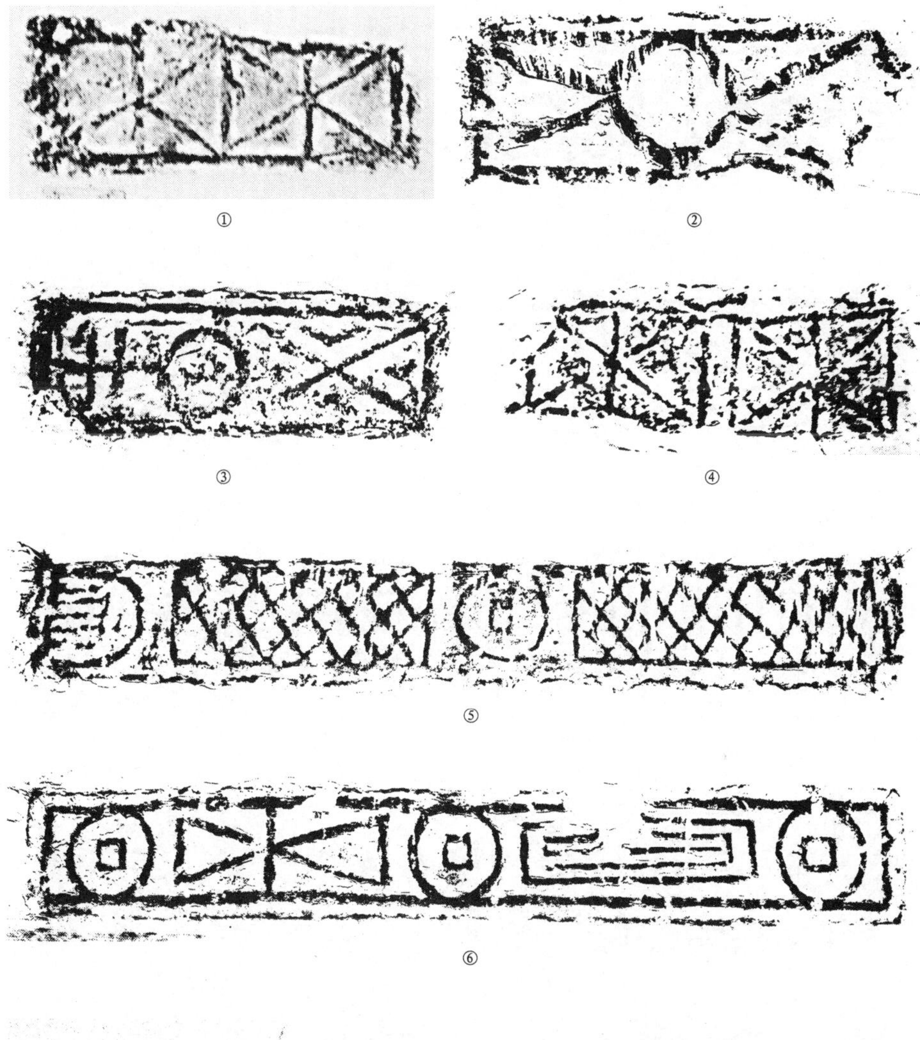

①联胜纹　汉代　临安　拓本
②胜纹　汉代　临安　拓本
③组合五字纹　汉代　临安　拓本
④联胜纹　汉代　临安　拓本
⑤网钱纹　汉代　临安　拓本
⑥胜钱纹　汉代　临安　拓本
⑦钱纹　汉代　临安　拓本

①

②

③

④

⑤

①梳钱纹　汉代　临安　拓本
②折线钱回纹　汉代　临安　拓本
③梳钱纹　汉代　临安　拓本
④梳钱纹　汉代　临安　拓本
⑤胜钱纹　汉代　临安　拓本

①

②

③

④

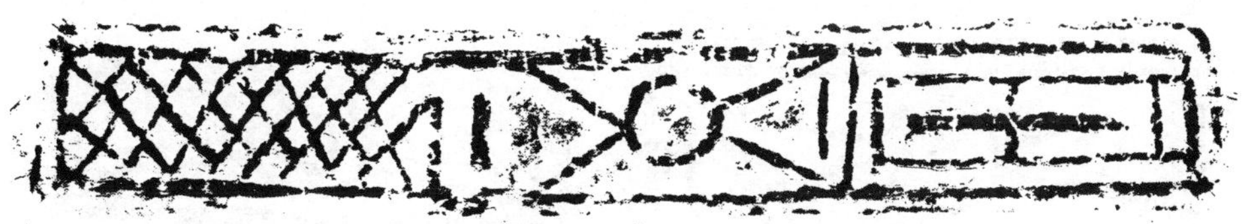

⑤

①梳钱纹 汉代 临安 拓本
②钱回纹 汉代 临安 拓本
③胜钱纹 汉代 临安 拓本
④胜钱纹 汉代 临安 拓本
⑤胜钱纹 汉代 临安 拓本

①

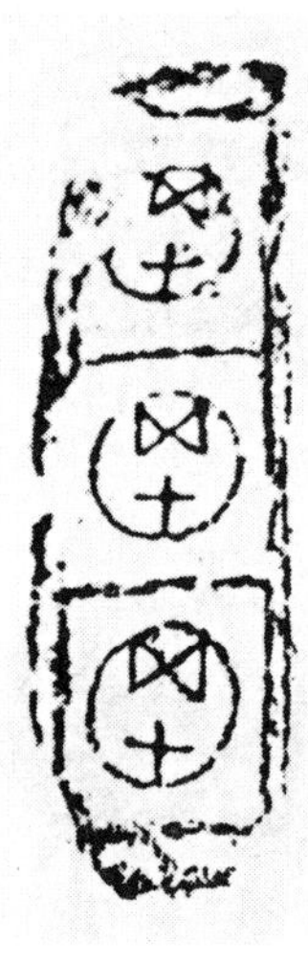

②

③

④

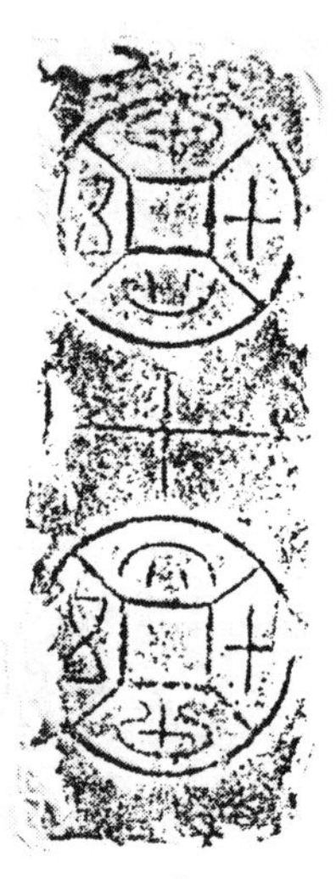

⑤

⑥

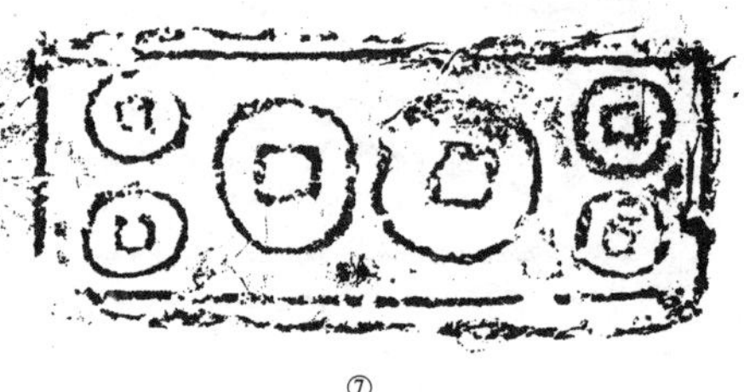

⑦

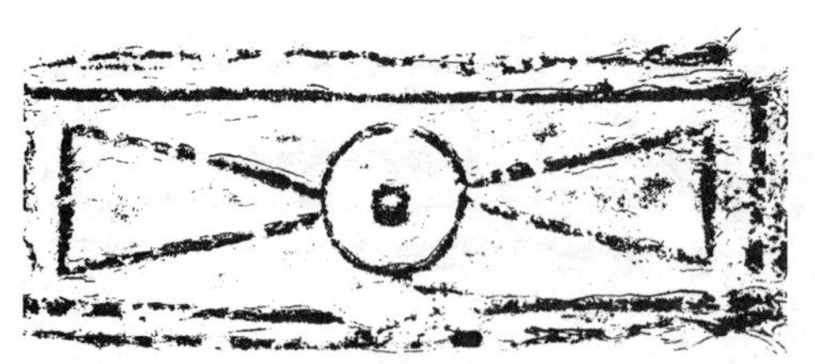

⑧

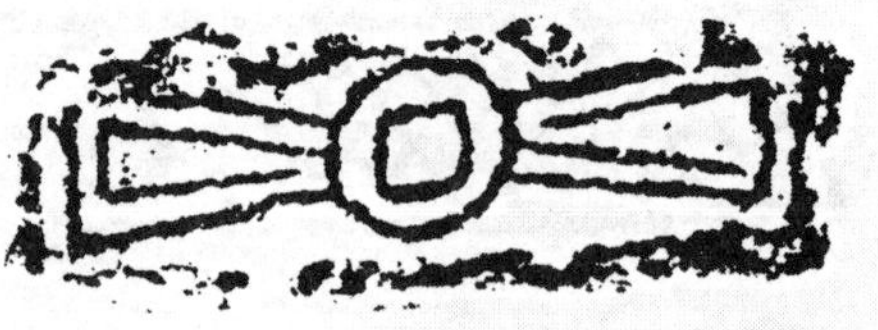

⑨

①钱纹　汉代　湖州　拓本
②钱纹　汉代　湖州　拓本
③五铢钱纹　汉代　湖州　拓本
④大泉五十　汉代　余杭塘栖　拓本
⑤大泉五十　汉代　余杭塘栖　拓本
⑥双钱纹　汉代　临安　拓本
⑦六钱纹　汉代　临安　拓本
⑧胜钱纹　汉代　临安　拓本
⑨胜钱纹　汉代　长兴　拓本

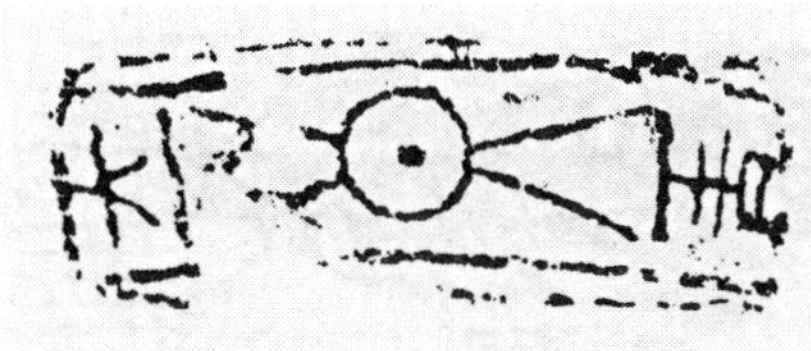

①

②

③

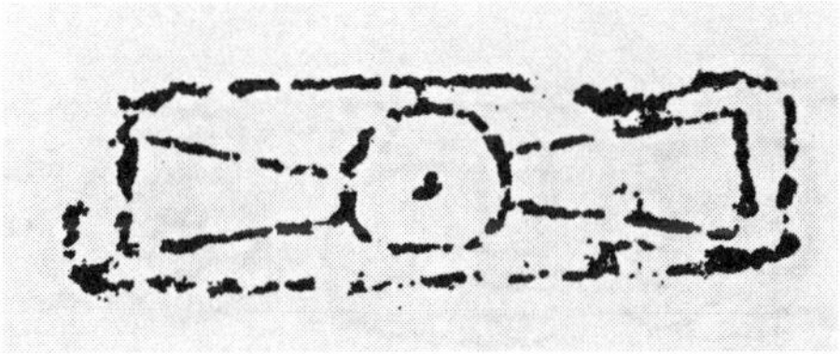

④

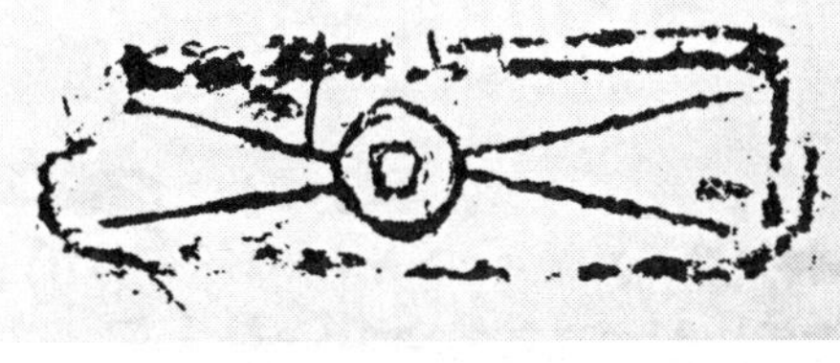

⑤

⑥

⑦

⑧

⑨

①胜钱纹 汉代 长兴 拓本
②胜钱纹 三国 长兴 拓本
③胜钱纹 汉代 湖州 拓本
④胜钱纹 汉代 湖州 拓本
⑤胜钱纹 汉代 湖州 拓本
⑥胜钱纹 三国 湖州 拓本
⑦胜钱纹 汉代 临安 拓本
⑧胜钱纹 汉代 临安 拓本
⑨胜梳纹 汉代 临安 拓本

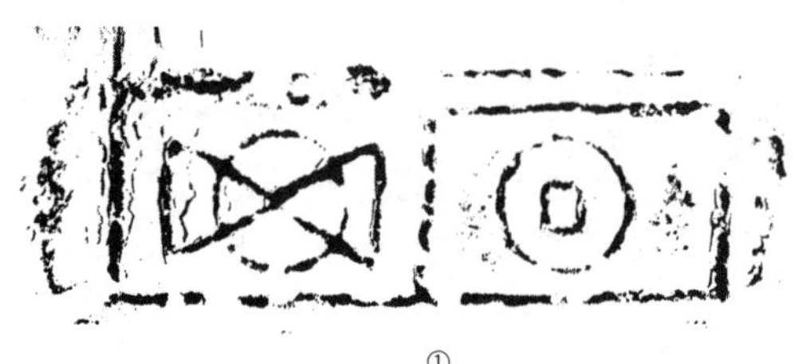
①

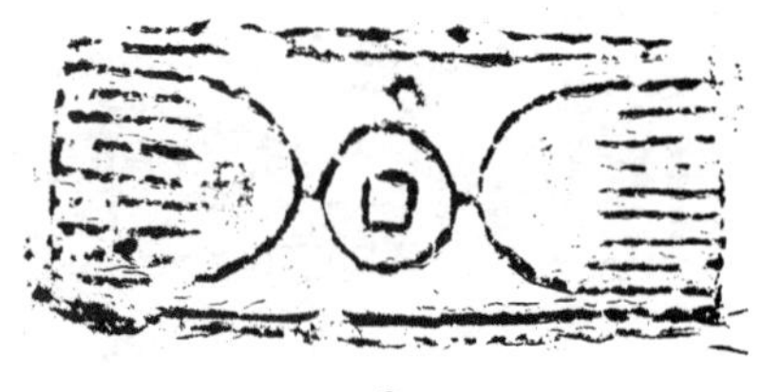
②

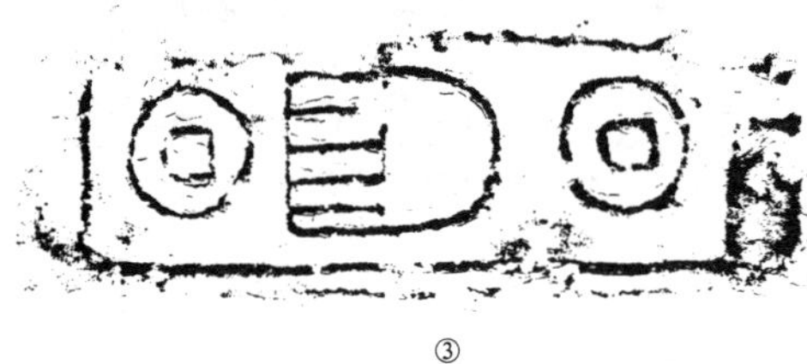
③

④

⑤

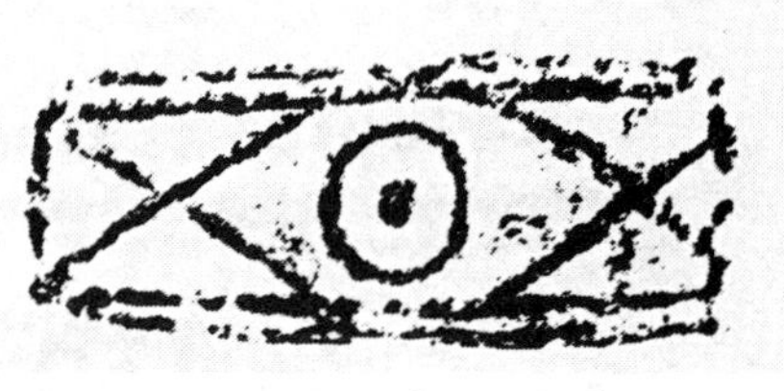
⑥

⑦

⑧

①胜钱纹　汉代　临安　拓本
②梳钱纹　汉代　临安　拓本
③梳钱纹　汉代　临安　拓本
④钱弧纹　汉代　临安　拓本
⑤圆弧钱纹　汉代　临安　拓本
⑥五字钱纹　汉代　临安　拓本
⑦柿蒂钱纹　汉代　湖州　拓本
⑧胜钱纹　汉代　临安　拓本

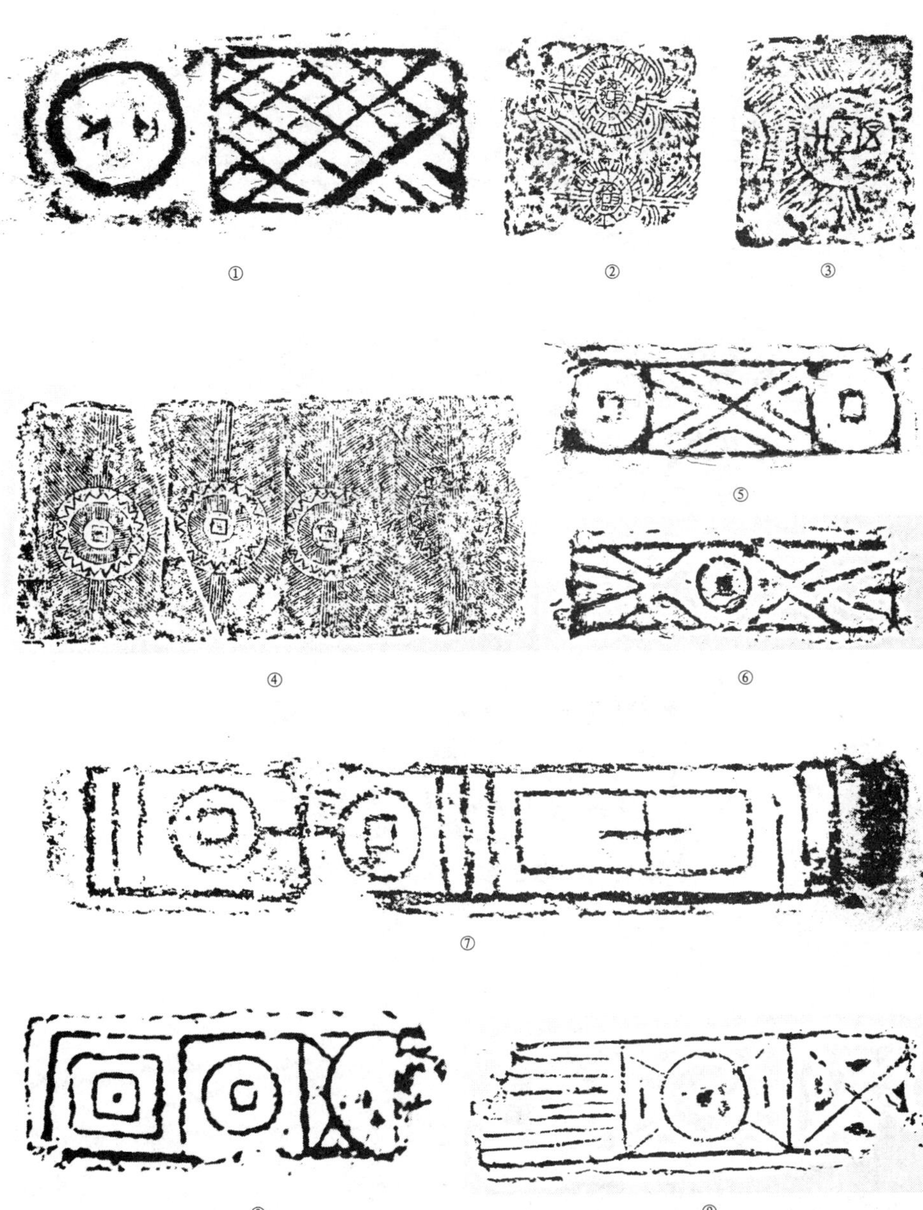

①　②　③　④　⑤　⑥　⑦　⑧　⑨

①网钱纹　汉代　临安　拓本
②大泉五十　汉代　湖州　拓本
③五十　三国　湖州　拓本
④太阳钱纹　汉代　安吉　拓本
⑤鱼吻钱纹　汉代　临安　拓本
⑥鱼吻钱纹　三国　长兴　拓本
⑦双钱纹　汉代　临安　拓本
⑧回钱纹　汉代　湖州　拓本
⑨胜钱纹　汉代　安吉　拓本

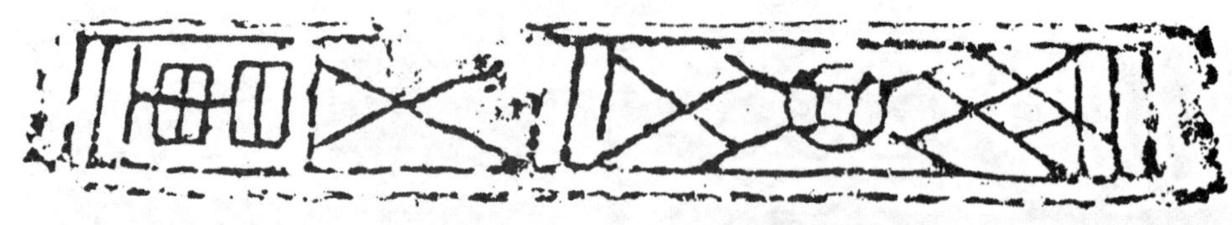

①

②

③

④

①文字网钱纹　汉代　湖州　拓本
②胜钱纹　汉代　长兴　拓本
③三钱纹　三国　嵊州　拓本
④胜钱纹　汉代　湖州　拓本

①古篆钱纹　汉代　湖州　拓本
②钱纹　汉代　临安　拓本
③四钱纹　汉代　湖州　拓本
④十字穿环折线纹　汉代　德清　拓本

①

②

③

④

①几何纹　汉代　上虞　拓本
②几何纹　汉代　上虞　拓本
③几何纹文字　汉代　上虞　拓本
④变形文字梳纹　汉代　湖州　拓本

①

②

③

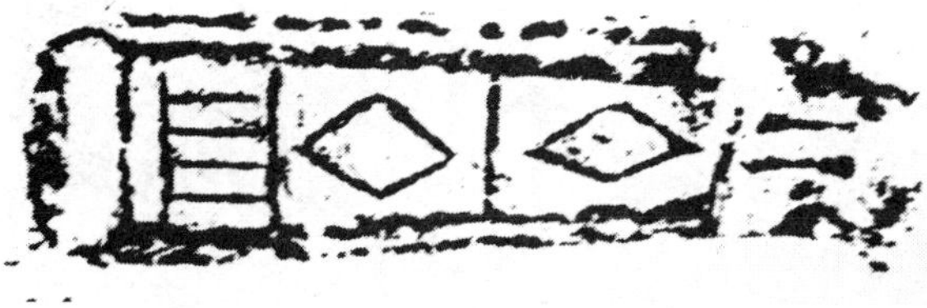

④

⑤

⑥

①弦纹　三国　湖州　拓本
②弦纹　三国　湖州　拓本
③折线纹　汉代　临安　拓本
④弦纹菱形纹　三国　湖州　拓本
⑤弦纹文字　三国　湖州　拓本
⑥建筑柿蒂纹　汉代　安吉　拓本

①折线菱形纹　汉代　德清　拓本
②双梳纹　汉代　湖州　拓本
③弦梳纹　汉代　临安　拓本
④重弧纹　汉代　安吉　拓本
⑤梳轮纹　汉代　安吉　拓本
⑥胜梳钱纹　汉代　临安　拓本
⑦胜梳钱纹　汉代　安吉　拓本
⑧重弧纹　三国　湖州　拓本

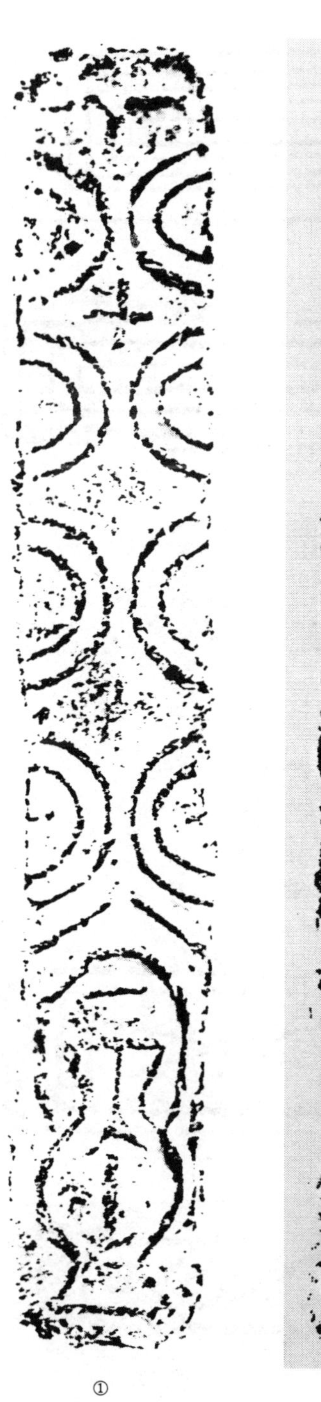

①

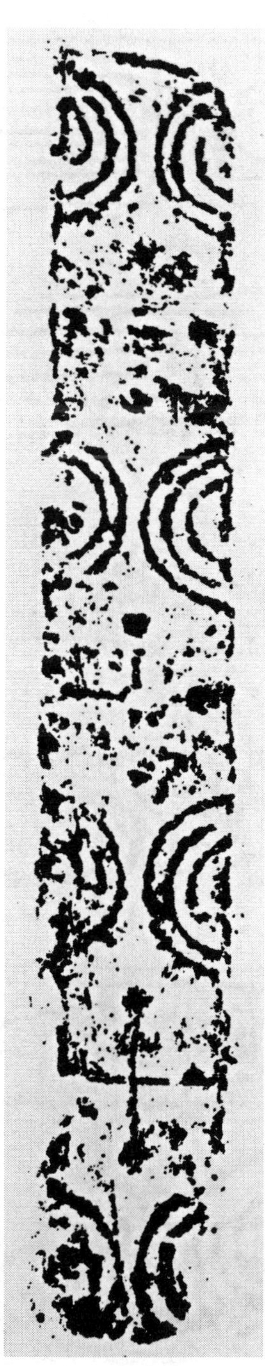

②

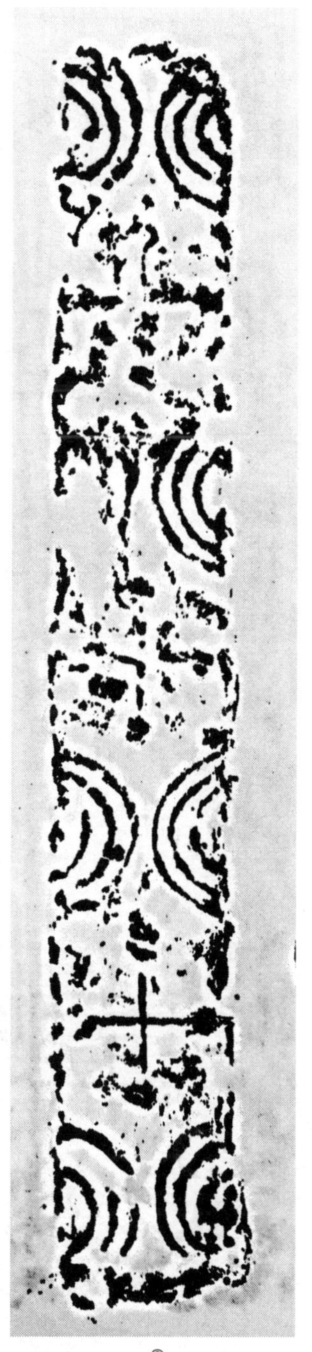

③

①重弧纹壶纹　汉代　临安於潜　拓本
②重弧纹　三国　湖州　拓本
③重弧纹　汉代　安吉　拓本

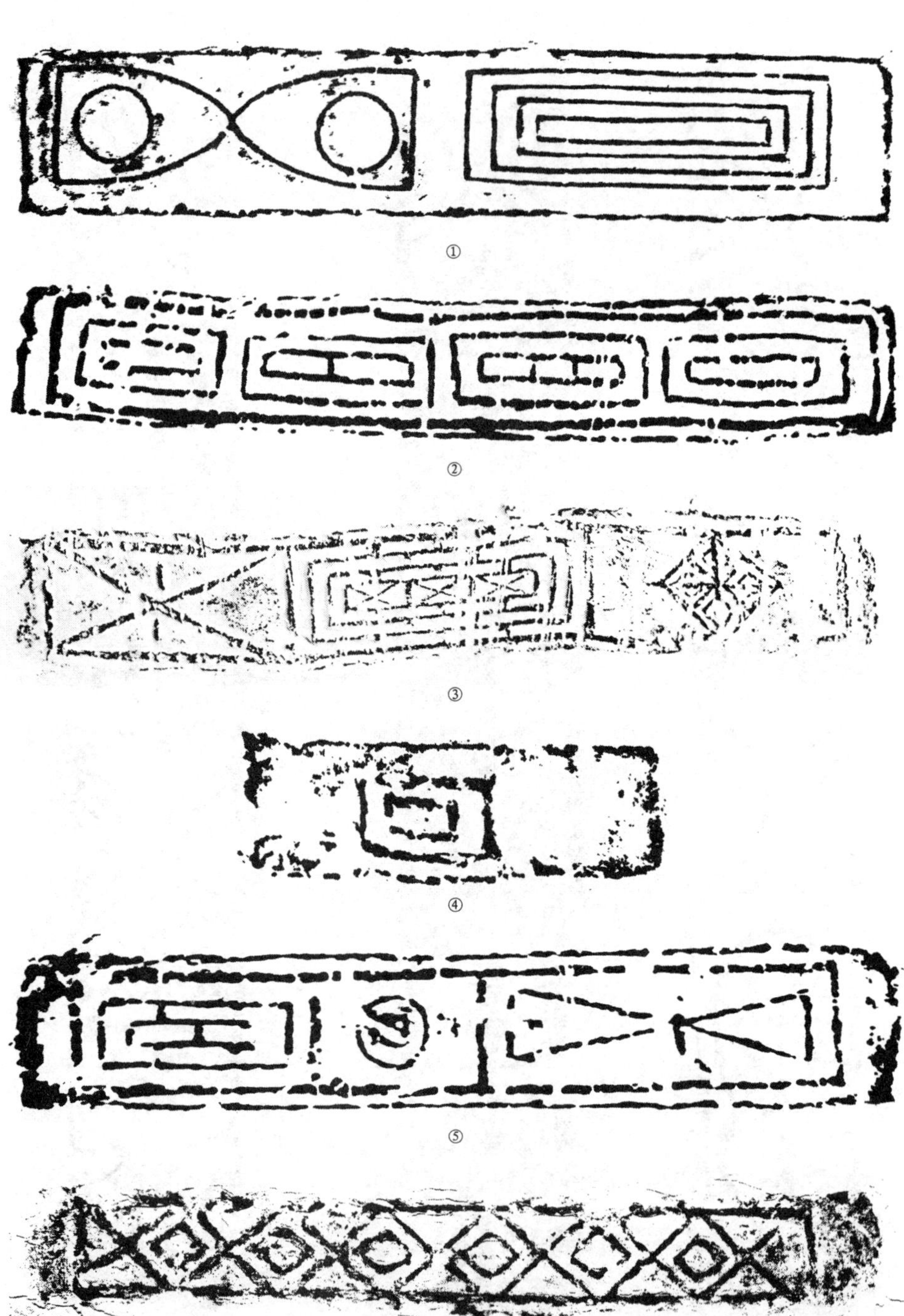

①回胜纹　汉代　临安　拓本
②复式回纹　汉代　临安　拓本
③回胜纹　汉代　临安於潜　拓本
④回纹　三国　湖州　拓本
⑤回胜纹　汉代　临安　拓本
⑥复式回纹　汉代　临安　拓本

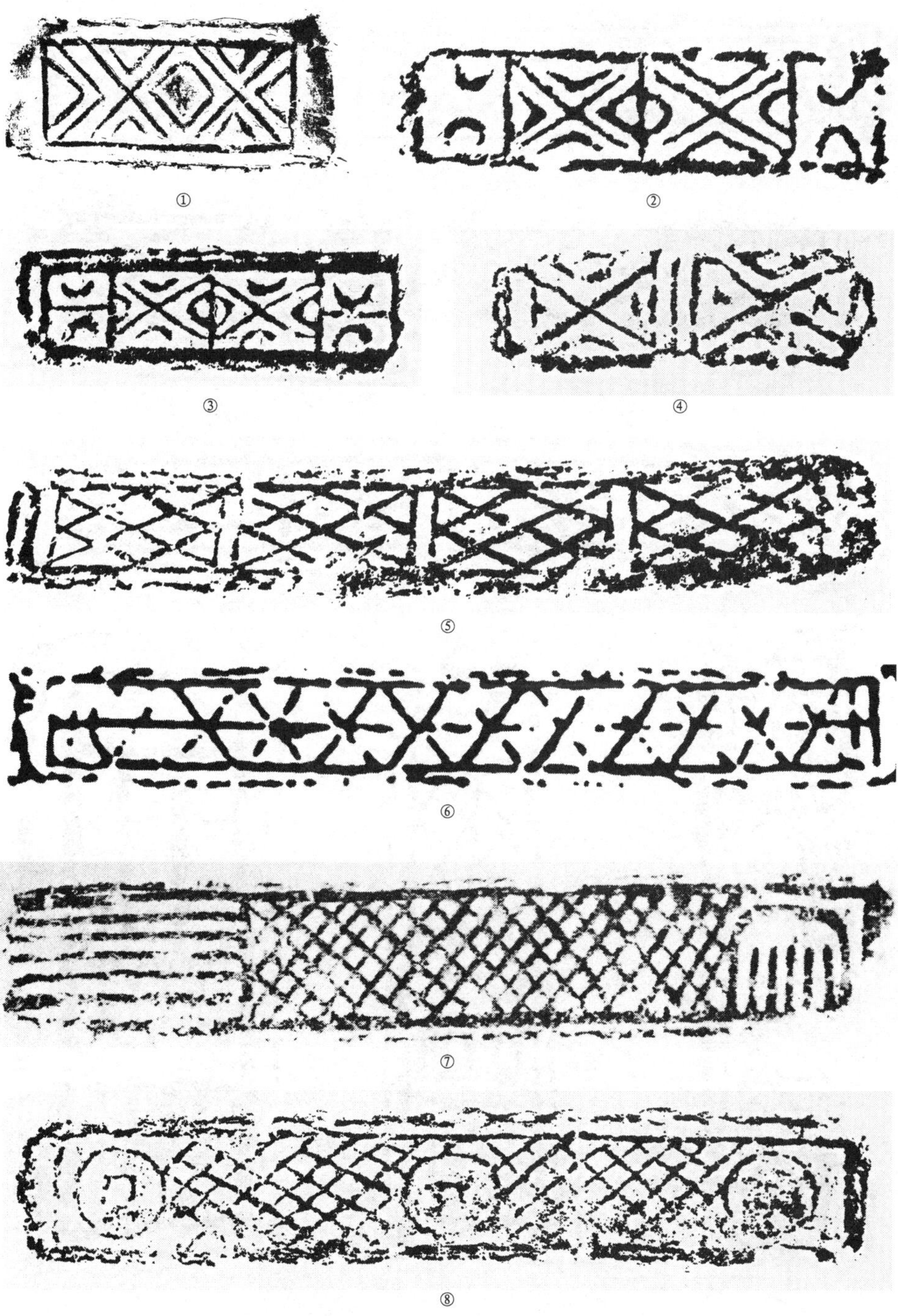

①鱼吻纹　汉代　临安　拓本
②鱼吻纹　三国　湖州　拓本
③鱼吻纹　三国　湖州　拓本
④鱼吻纹　三国　湖州　拓本
⑤网纹　汉代　湖州　拓本
⑥三角网纹　汉代　德清凤凰山　拓本
⑦网梳弦纹　汉代　临安　拓本
⑧网钱纹　汉代　湖州　拓本

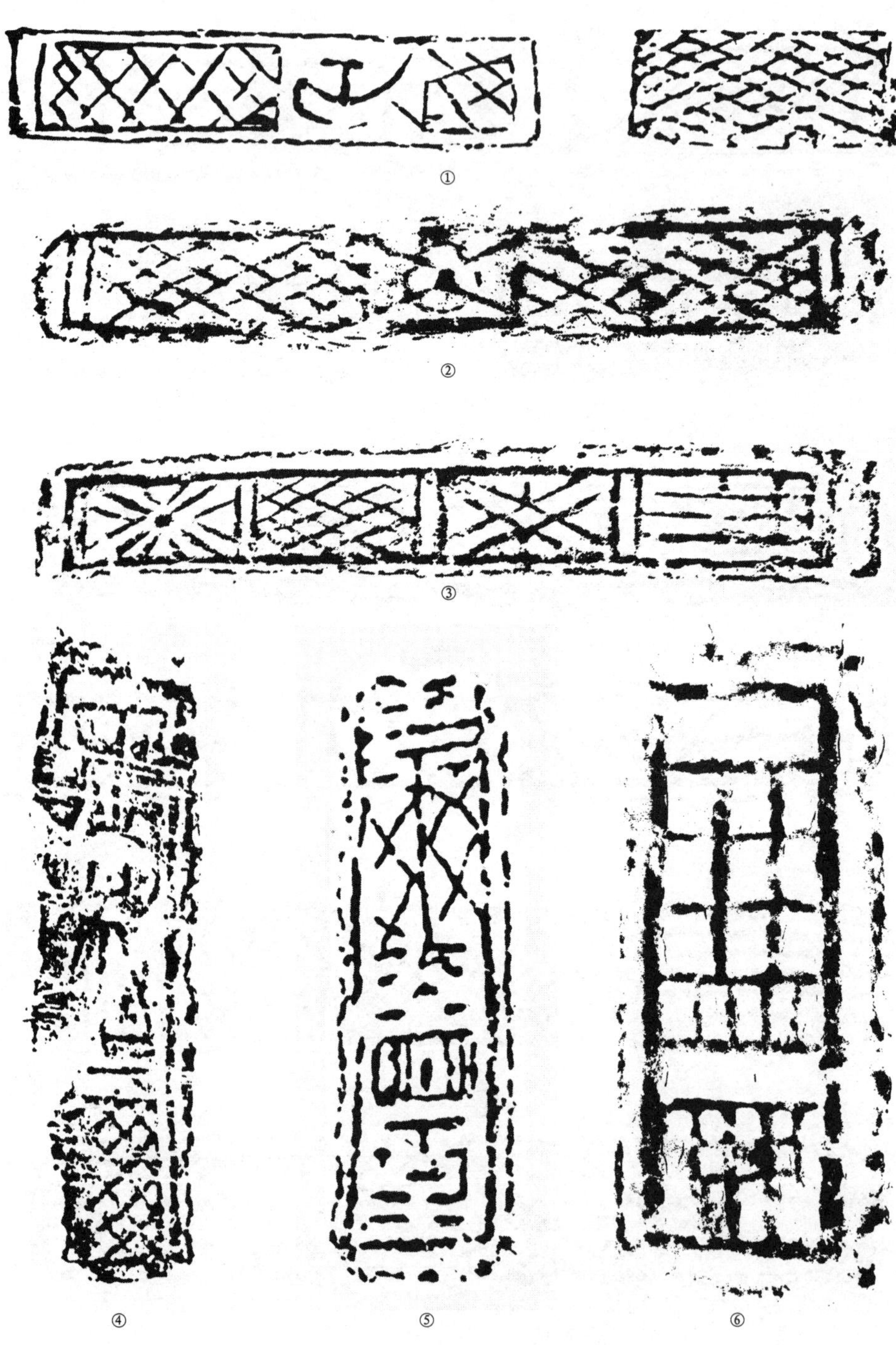

①网犁纹　汉代　临安平山　拓本
②网纹十字穿环　汉代　湖州　拓本
③网弦纹　汉代　湖州　拓本
④网胜钱纹　汉代　湖州　拓本
⑤组合网纹　汉代　湖州　拓本
⑥田纹　汉代　临安　拓本

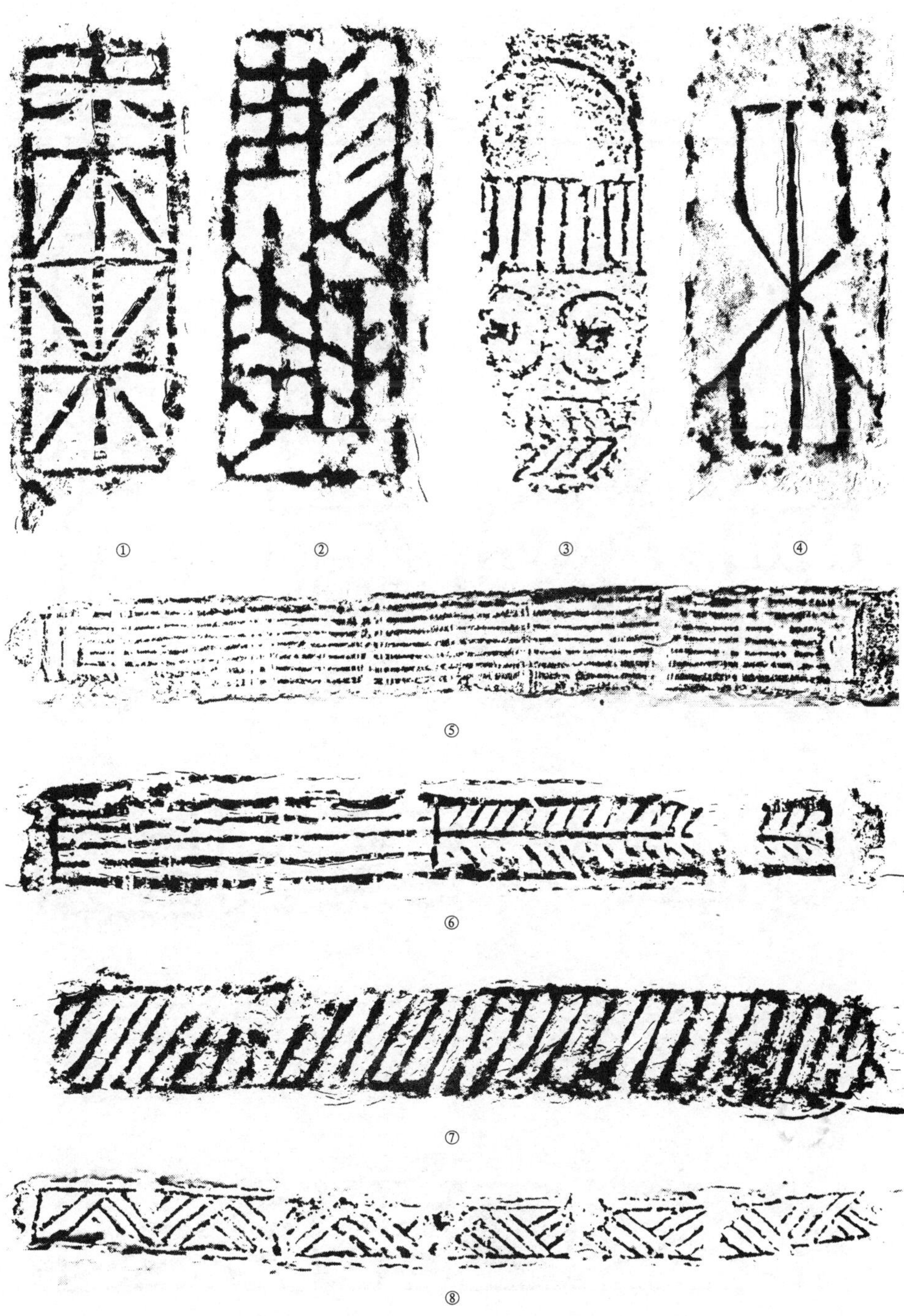

①　②　③　④

⑤

⑥

⑦

⑧

①类文字纹　汉代　临安　拓本
②类文字纹　汉代　临安　拓本
③梳钱纹植物纹　汉代　临安　拓本
④漏形纹　汉代　临安　拓本
⑤弦纹　汉代　临安　拓本
⑥弦纹植物纹　汉代　临安　拓本
⑦斜线纹　汉代　临安　拓本
⑧折线纹　汉代　临安　拓本

①胜纹梳钱纹　汉代　临安　拓本
②柿蒂纹梳纹　汉代　临安　拓本
③菱形纹　三国　湖州　拓本
④回纹梳纹兽面纹　汉代　临安　拓本
⑤元宝纹　汉代　临安　拓本
⑥鱼梳钱纹　汉代　临安　拓本
⑦菱形纹　汉代　湖州　拓本
⑧屋脊纹　汉代　临安　拓本
⑨五字纹梳纹　汉代　临安　拓本

二、浙江汉、三国文字类画像砖

浙江汉、三国文字类画像砖存在三种情况：①一方砖中纯是文字，没有画像。这类画像砖中，有的是文字仅存于一个砖面，有的是二到三个砖面均有文字。②文字与图像并存于一个画面，我们不妨说是图文并茂的形式。③还有一种图像与文字相结合的形式，只不过文字和图像并不处于同一个砖面，而是相对独立存在着。

文字砖　汉代　临安平山　画像砖

浙江文字砖最主要的表现技法是模印手法，但也存在一些用利器直接刻画出文字的情况。浙江汉、三国承载着文字的画像砖不仅是我们了解汉代、三国时期信息的重要载体，更是汉代、三国时期书法艺术的范本和中国书法模印艺术的典范。浙江汉、三国文字砖从题材上主要分为三大类：

（1）纪年砖

纪年砖是记载着年号的画像砖。这里记载的年号有两种情况，一是记录墓主人去世的年份，二是记载墓砖制作或者墓室修建的年份。在这些砖中有的仅有年号，看来相对简单些；有的则把年号、月份、日期甚至时辰都予以详细记录。从这些纪年砖上我们可以得到难得的历史信息，如汉冲帝在位数月而亡，在临安河桥却发现有永憙元年砖。我们发现，尽管东汉后期政治高度腐败，但国家的政令在全国的传播还是比较顺畅、迅速的。汉冲帝虽然短命，但却有两个年号可供选择，不仅有永憙年号，还可以用永嘉年号表示。湖州出土有永嘉元年纪年砖，不过“永嘉”却写成了“永加”，“嘉”“加”的简化方式，实在令现代人大开眼界！还有一些画像砖刻印着某些根本不存在的年号，如某位皇帝已经过世，年号已断，新年号已经出现，一些砖上却明显显现出“滞后”的现象，反映出该区域位置偏僻或政令不通的现象。

（2）记名记事砖

记名砖是记载相关人员名姓的画像砖。记名砖主要记录着两类人的姓名：墓主人和制砖匠人。记事砖一般记录了墓葬修建的时间和墓主人或建造墓室的工匠的情况等。

（3）吉语砖

吉语砖是记载着吉利、祥瑞文字的画像砖。这里的吉语既有对子孙后代长兴不衰的期盼，如宜子孙；又有对美好愿景的渴望，如长寿安乐、万岁不败等。

附图

（1）纪年砖

①　　②　　③　　④

①建元纪年　西汉　湖州　拓本
②征和纪年　西汉　湖州　拓本
③元凤纪年　西汉　湖州　拓本
④元平纪年　西汉　湖州　拓本

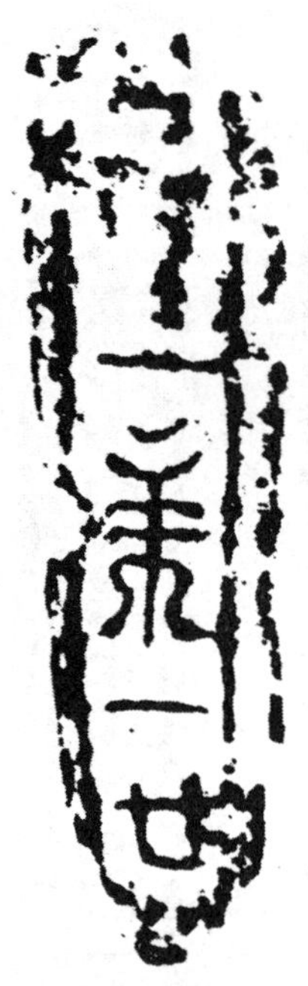

①

②

④

③

①元平纪年　西汉　湖州　拓本
②地节纪年　西汉　湖州　拓本
③五凤纪年　西汉　湖州　拓本
④甘露纪年　西汉　湖州　拓本

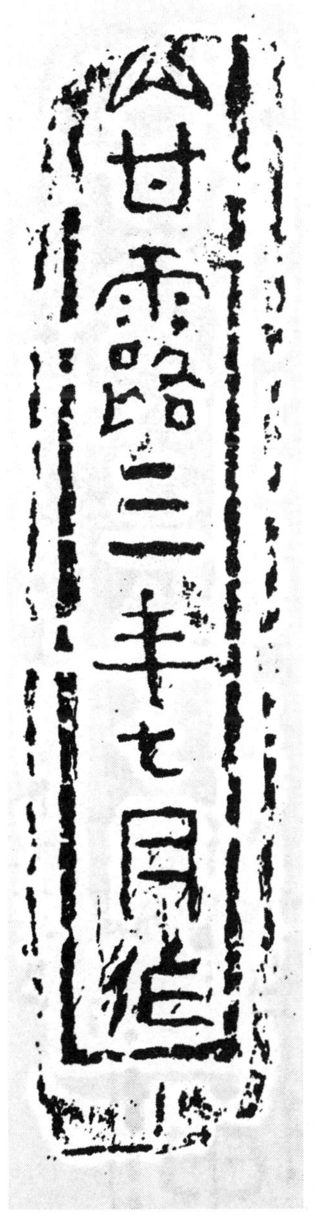

①

②

③

①甘露三年　西汉　湖州　拓本
②黄龙元年　西汉　湖州　拓本
③黄龙元年　西汉　湖州　拓本

①

②

③

④

①建昭二年　西汉　湖州　拓本
②建始二年　西汉　湖州　拓本
③建武元年　东汉　湖州　拓本
④永平二年　东汉　湖州　拓本

①

②

③

①永平八年 东汉 上虞 拓本
②永平十六年 东汉 湖州 拓本
③元寿元年 西汉 长兴 拓本

①

②

③

①天凤三年　西汉　安吉　拓本
②建初七年　东汉　临安　拓本
③建初八年　东汉　临安　拓本

①元和三年　东汉　长兴　拓本
②元和十二年　东汉　临安　拓本
③永元三年　东汉　宁波　拓本
④永元六年　东汉　湖州　拓本

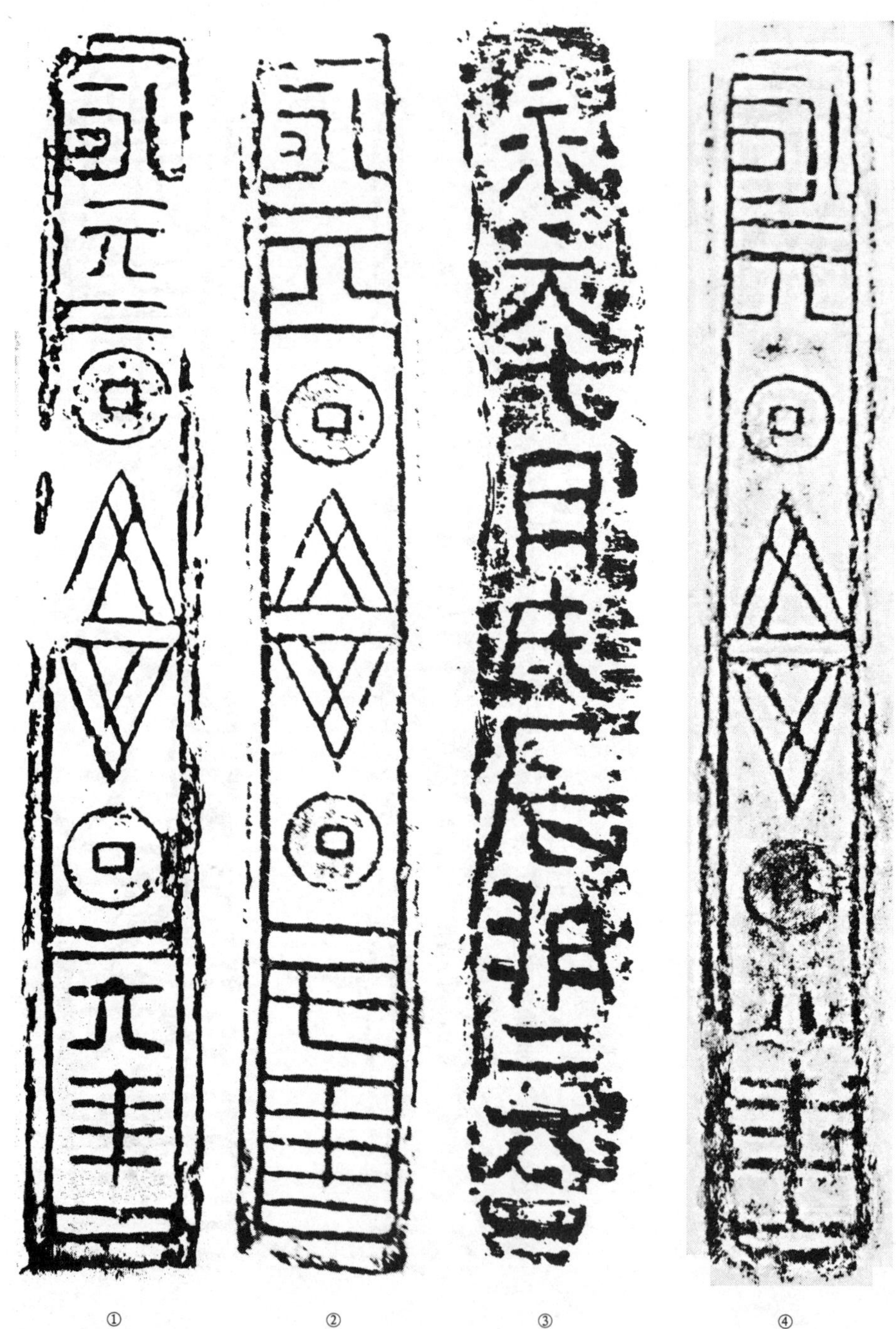

①　②　③　④

①永元六年　东汉　湖州　拓本
②永元七年　东汉　余姚双河　拓本
③永元七年　东汉　湖州　拓本
④永元八年　东汉　余姚双河　拓本

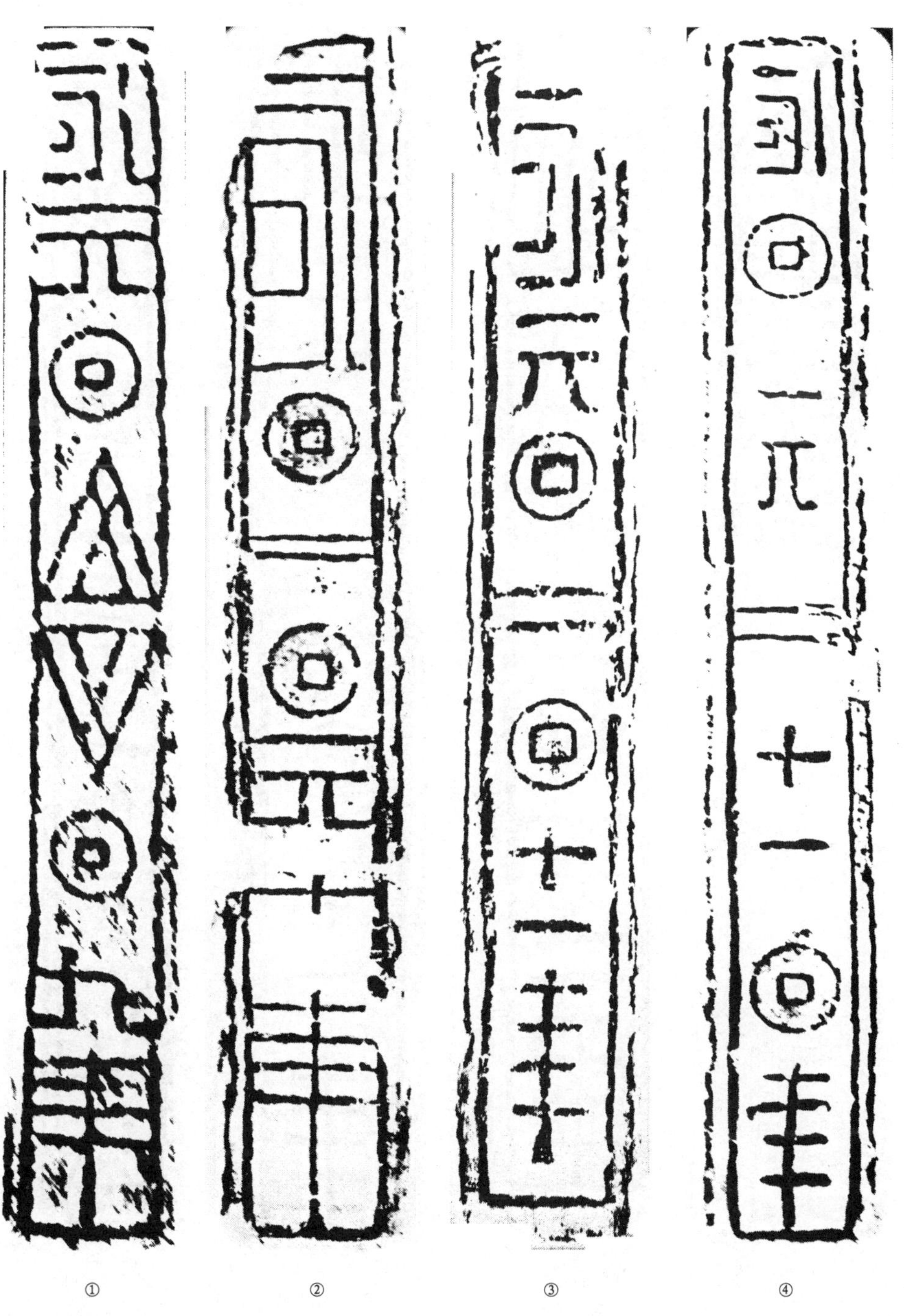

①　②　③　④

①永元九年　东汉　余姚双河　拓本
②永元十年　东汉　余姚双河　拓本
③永元十一年　东汉　余姚双河　拓本
④永元十一年　东汉　余姚双河　拓本

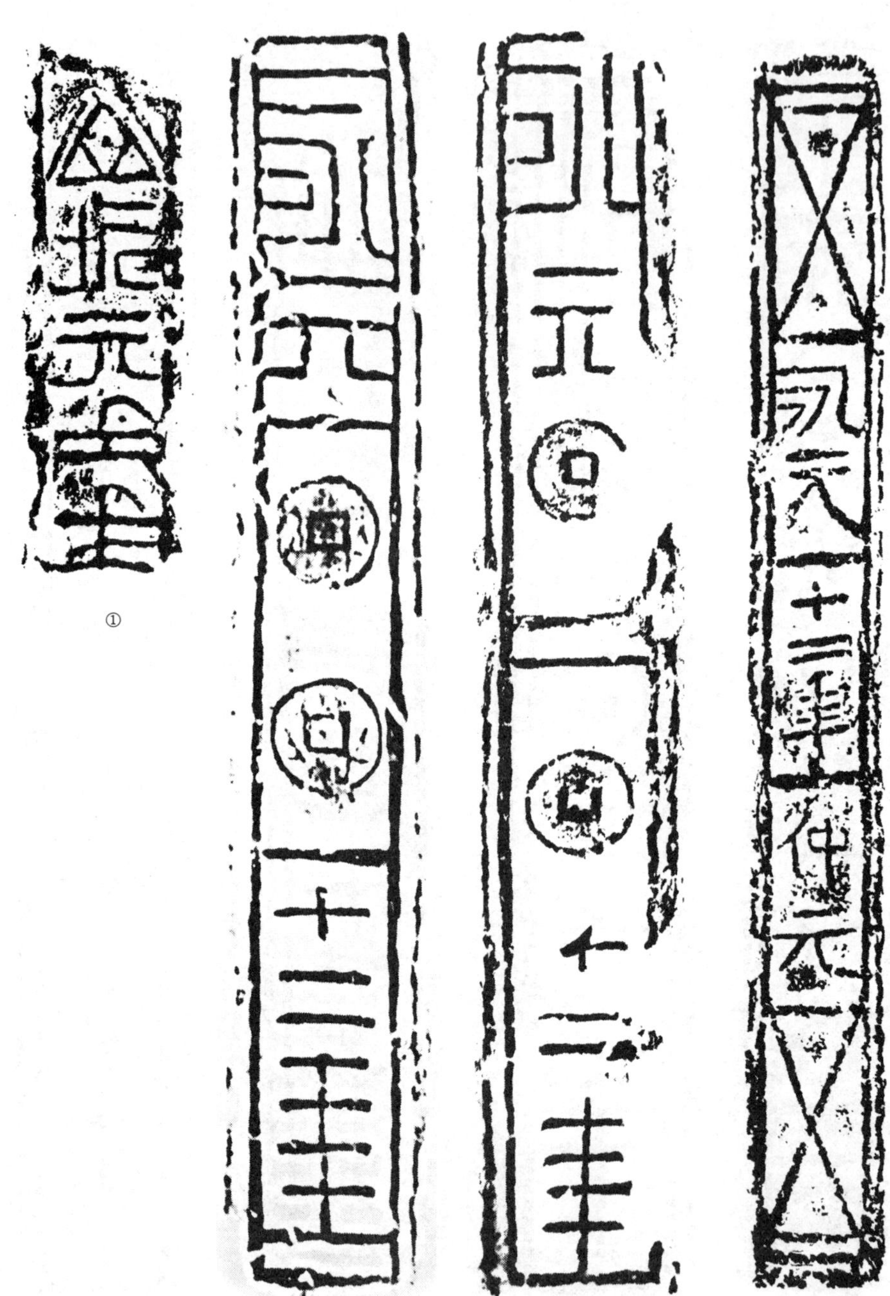

①　②　③　④

①永元十一年　东汉　湖州　拓本
②永元十二年　东汉　余姚双河　拓本
③永元十二年　东汉　余姚双河　拓本
④永元十二年　东汉　余姚　拓本

①　　　　②　　　　③　　　　④

①永元十二年　东汉　上虞　拓本
②永元十三年　东汉　余姚双河　拓本
③永元十五年　东汉　上虞　拓本
④永元十六年　东汉　余姚　拓本

①　　②　　③　　④

①永元十六年　东汉　余姚　拓本
②永元十四年　东汉　上虞　拓本
③永初二年　东汉　临安　拓本
④永初三年　东汉　上虞　拓本

①　②　③　④

①永初六年　东汉　绍兴　拓本
②永初六年　东汉　上虞　拓本
③永初七年　东汉　余姚丈亭　拓本
④元初三年　东汉　余姚丰山　拓本

①元初四年　东汉　余姚丰山　拓本
②元初五年　东汉　余姚丰山　拓本
③元初六年　东汉　上虞　拓本
④元初六年　东汉　上虞　拓本

①

②　③　④

①永宁元年　东汉　湖州　拓本
②永宁元年　东汉　湖州　拓本
③永宁元年　东汉　上虞　拓本
④建光元年　东汉　上虞　拓本

②

①

③

④

⑤

①建光元年　东汉　湖州　拓本
②延光元年　东汉　湖州　拓本
③延光二年　东汉　长兴　拓本
④延光三年　东汉　上虞　拓本
⑤延光四年　东汉　余姚　拓本

④

①　②　③　⑤

①永建元年　东汉　上虞　拓本
②永建五年　东汉　湖州　拓本
③阳嘉二年　东汉　余姚　拓本
④永和元年　东汉　湖州　拓本
⑤永憙元年　东汉　临安河桥　拓本

①

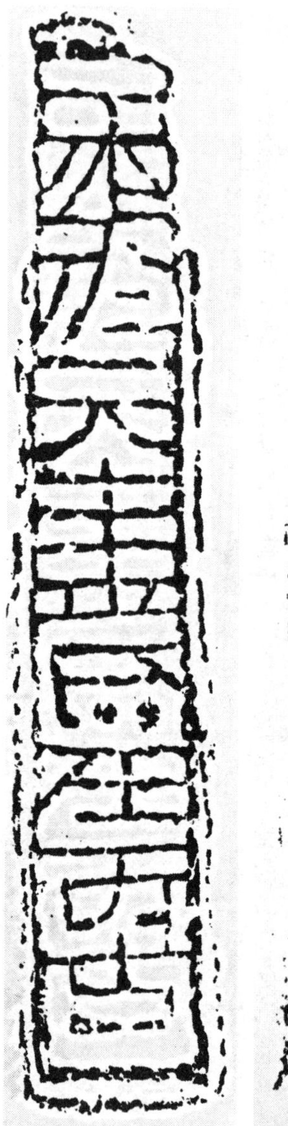

②

③

④

①永和五年　东汉　湖州　拓本
②本初元年　东汉　湖州　拓本
③延熹四年　东汉　湖州　拓本
④延熹七年　东汉　余杭　拓本

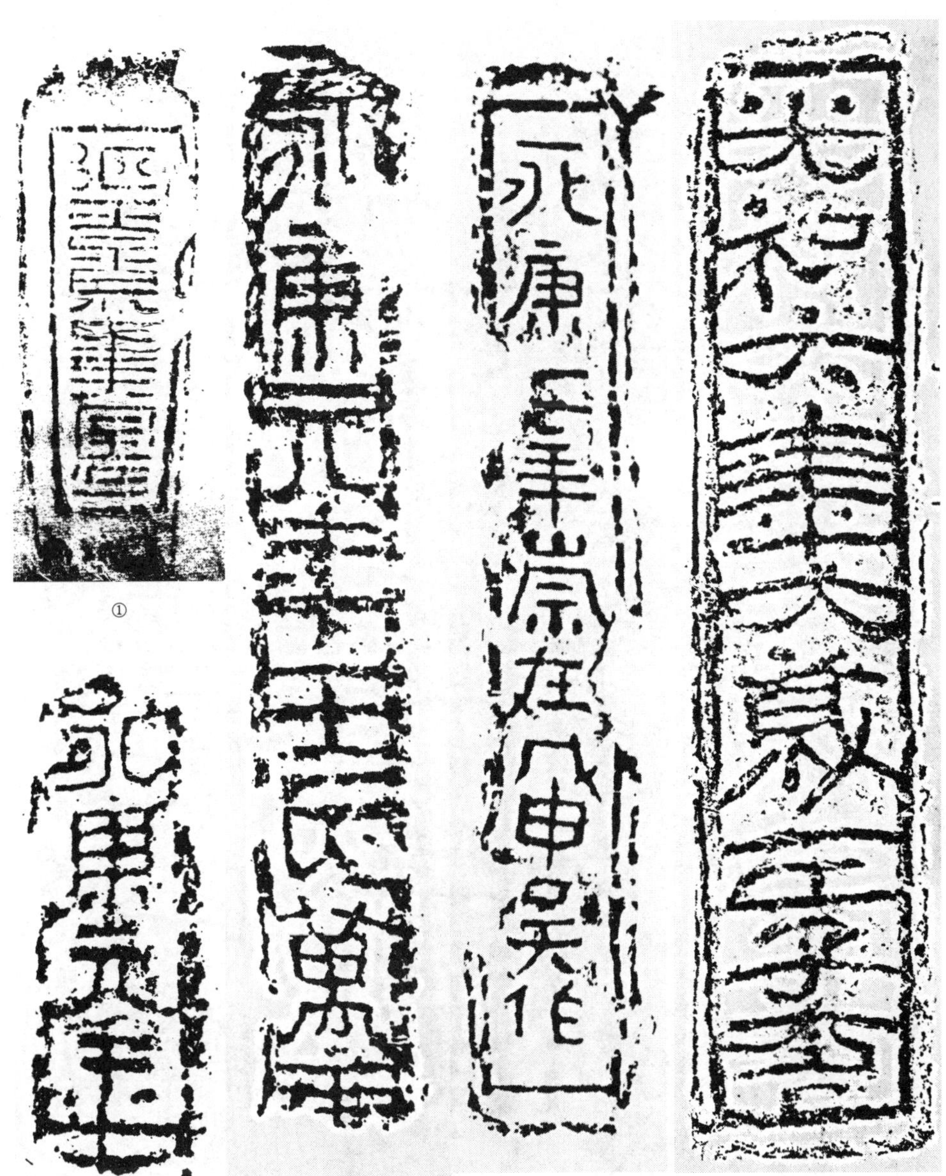

①　②　③　④　⑤

①延熹十一年　东汉　湖州　拓本
②永康元年　东汉　长兴　拓本
③永康元年　东汉　长兴　拓本
④永康二年　东汉　湖州　拓本
⑤光和元年　东汉　安吉　拓本

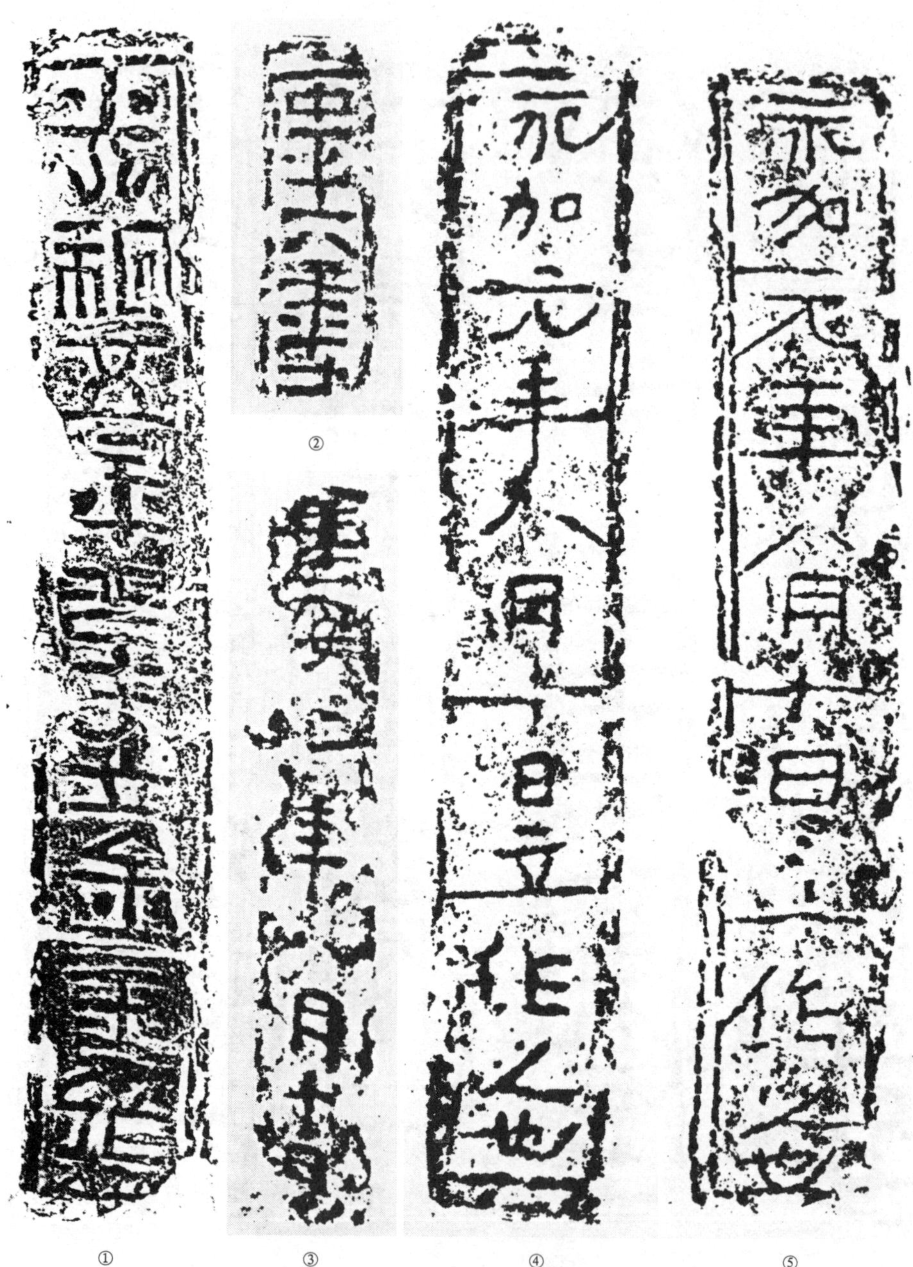

①光和五年　东汉　湖州　拓本
②中平六年　东汉　湖州　拓本
③建安二年　东汉　湖州　拓本
④永嘉元年　东汉　湖州　拓本
⑤永嘉元年　东汉　湖州　拓本

①

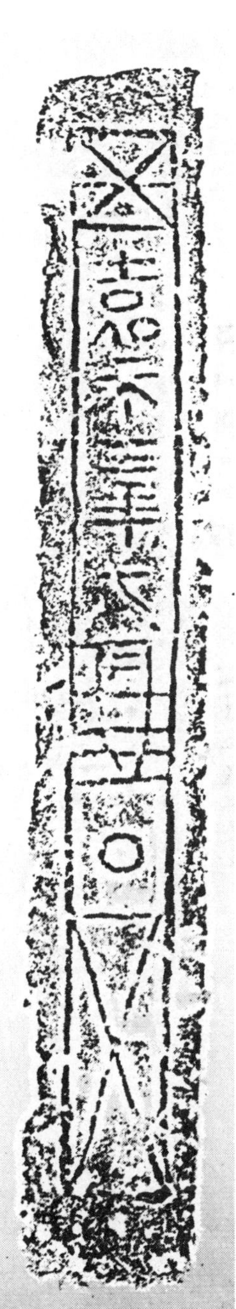

②

③

⑤

④

①永延元年　东汉　余姚　拓本
②嘉禾三年　东吴　余姚　拓本
③赤乌十年　东吴　绍兴　拓本
④神凤元年　东吴　台州　拓本
⑤建兴三年　东吴　临安　拓本

①

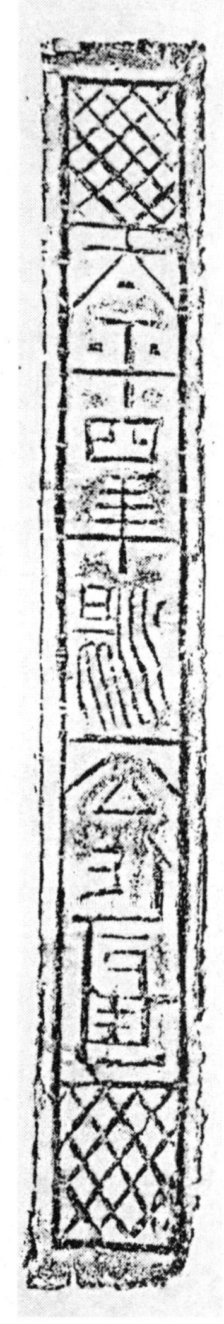
③

④

⑤

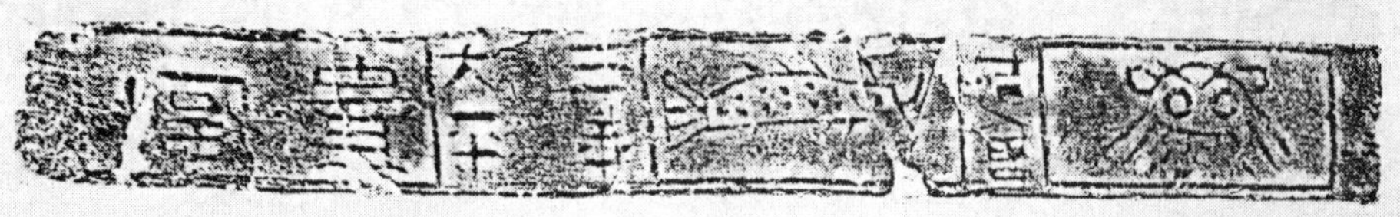
②

①太平三年　东吴　上虞　拓本
②太平三年　东吴　上虞　拓本
③太平四年　东吴　绍兴　拓本
④永安八月　东吴　湖州　拓本
⑤甘露二年　东吴　上虞　拓本

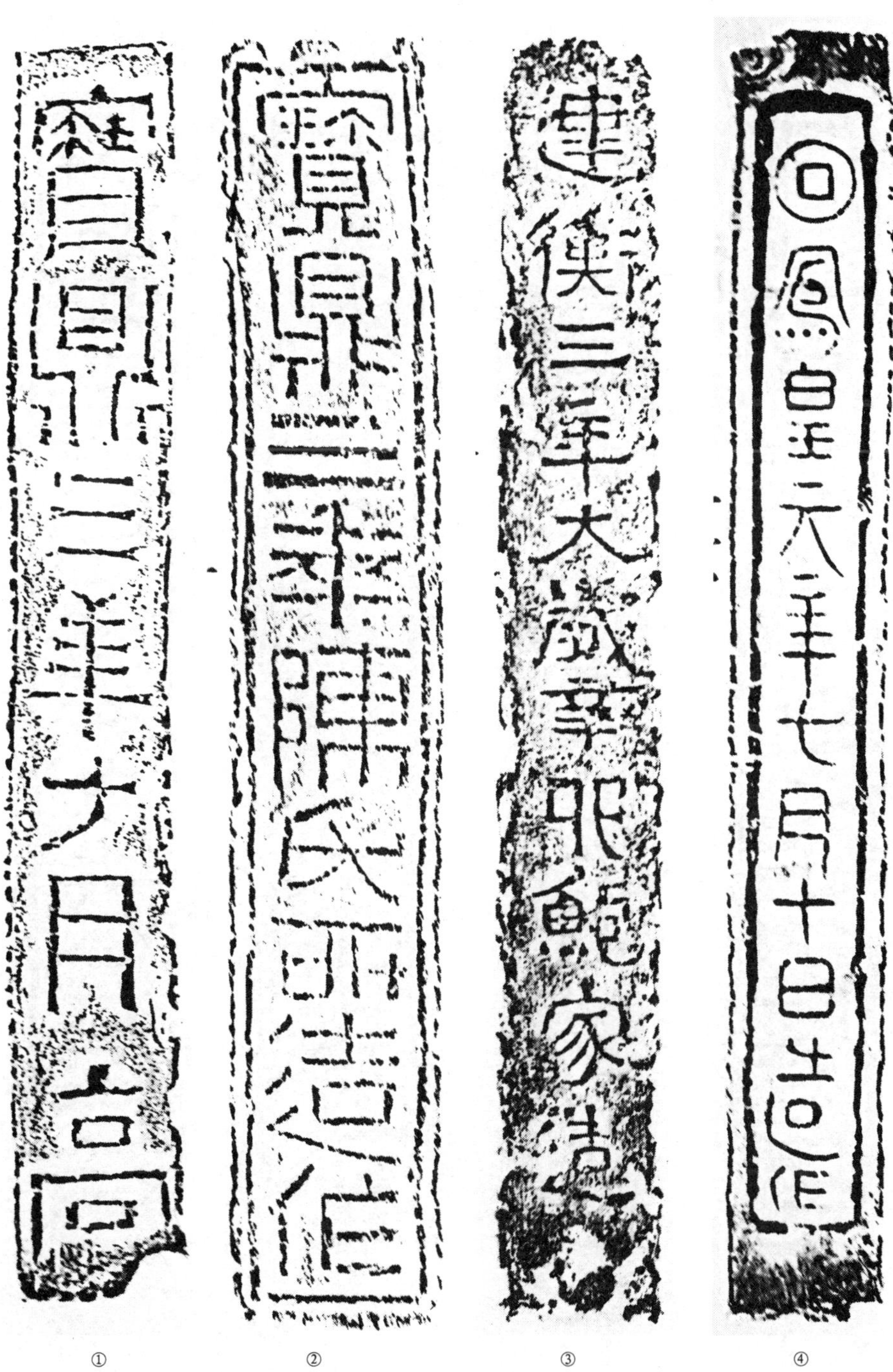

①　　②　　③　　④

①宝鼎三年　东吴　绍兴　拓本
②宝鼎三年　东吴　余姚　拓本
③建衡三年　东吴　余姚　拓本
④凤凰元年　东吴　余姚　拓本

① ② ③ ④

①凤凰三年　东吴　德清　拓本
②凤凰三年　东吴　绍兴　拓本
③天册元年　东吴　余姚　拓本
④天纪二年　东吴　余姚　拓本

(2) 记名记事砖

①沈氏造　西汉建昭二年　湖州　拓本
②董氏　汉代　湖州　拓本
③谢氏建　东汉　临安於潜　拓本
④方氏　东汉　余杭　拓本
⑤夏氏　东汉　湖州　拓本
⑥杨氏建　汉代　湖州　拓本

①包季　汉代　湖州　拓本
②观复　汉代　长兴　拓本
③吴一平　汉代　湖州　拓本
④杨公大建　汉代　湖州　拓本
⑤范氏　汉代　湖州　拓本
⑥范　汉代　湖州　拓本
⑦潘氏造　汉代　湖州　拓本
⑧贾里孙氏　汉代　湖州　拓本

①

④

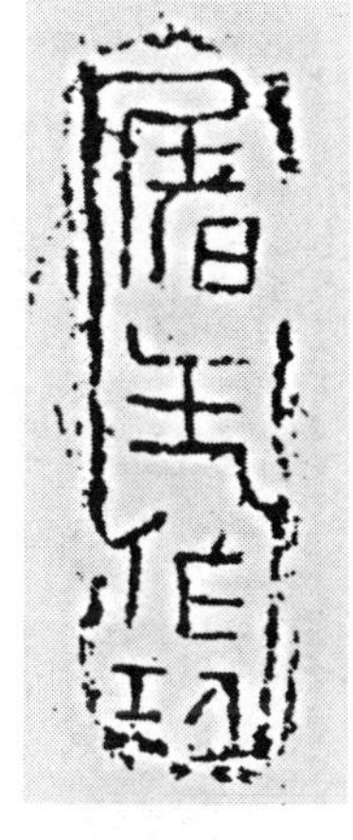

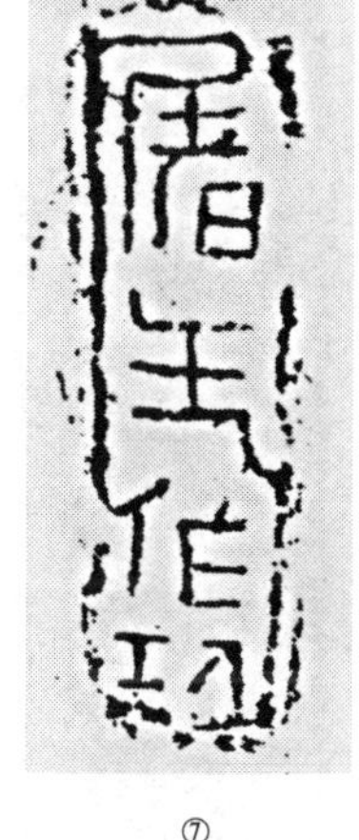

⑦

②

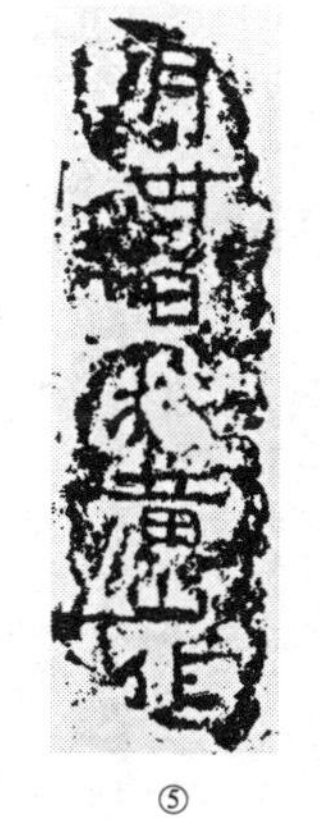

⑤

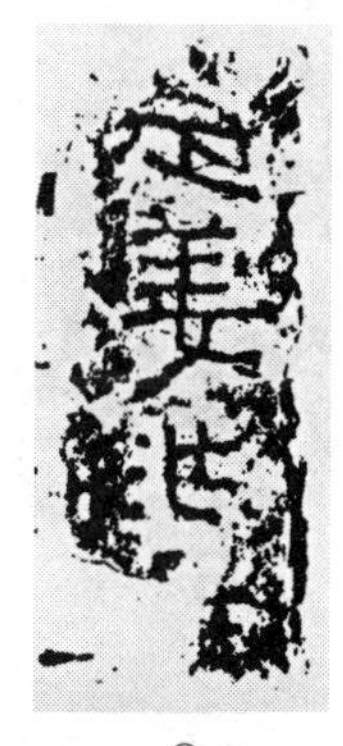

⑧

③

⑥

⑨

①沈为作　汉代　临安　拓本
②记名砖　汉代　湖州　拓本
③记名砖　汉代　湖州　拓本
④记名砖　汉代　湖州　拓本
⑤记名砖　汉代　湖州　拓本
⑥造作则　东汉　湖州　拓本
⑦记名砖　汉代　湖州　拓本
⑧记名砖　汉代　湖州　拓本
⑨吴郡　汉代　长兴　拓本

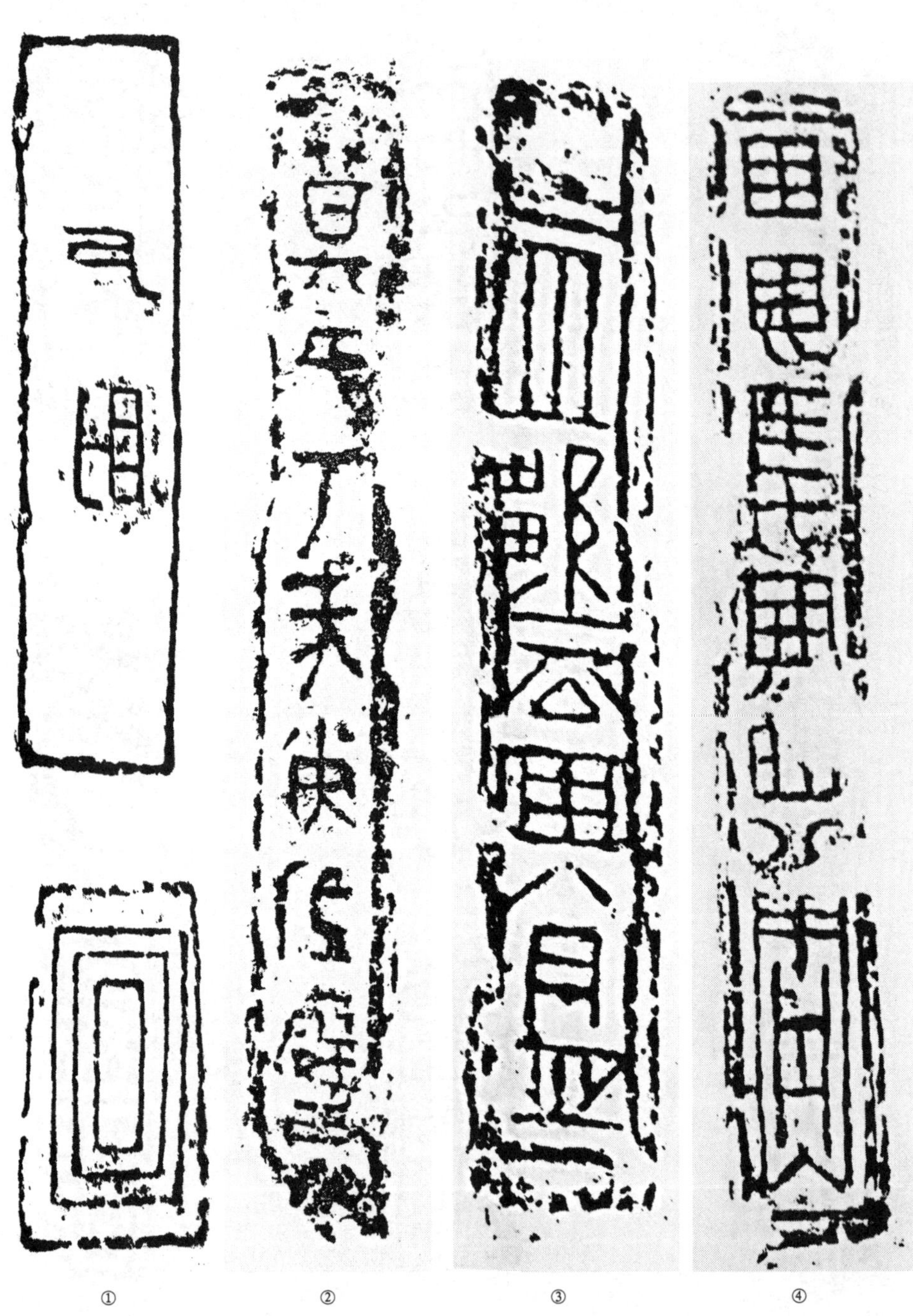

①　　②　　③　　④

①弓田　东汉　临安　拓本
②莫氏　东汉　长兴　拓本
③邹公　汉代　湖州　拓本
④记名砖　汉代　长兴　拓本

①周氏 东汉 宁波 拓本
②观者 汉代 湖州 拓本
③记名砖 汉代 湖州 拓本
④记名砖 汉代 安吉 拓本
⑤记名砖 汉代 湖州 拓本

①

②

③

④

①吴兴　汉代　湖州　拓本
②记名砖　汉代　湖州　拓本
③吴家　汉代　湖州　拓本
④记名砖　汉代　湖州　拓本

①蜀郡　汉代　湖州　拓本
②记名砖　汉代　湖州　拓本
③记事砖　汉代　长兴　拓本
④记名砖　汉代　湖州　拓本
⑤记事砖　汉代　长兴　拓本
⑥钱公　汉代　湖州　拓本
⑦李二世　汉代　湖州　拓本

①记事砖　汉代　长兴　拓本
②记事砖　汉代　湖州　拓本
③记事砖　汉代　湖州　拓本
④记事砖　汉代　湖州　拓本
⑤记事砖　汉代　湖州　拓本
⑥记事砖　汉代　长兴　拓本

①

④

⑦

②

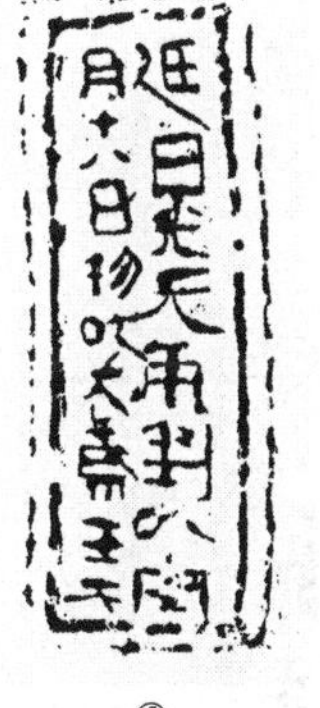

⑤

⑧

③

⑥

⑨

①记事砖　汉代　湖州　拓本
②记事砖　汉代　湖州　拓本
③记事砖　汉代　湖州　拓本
④记事砖　汉代　湖州　拓本
⑤记事砖　汉代　湖州　拓本
⑥记事砖　汉代　湖州　拓本
⑦记名砖　汉代　湖州　拓本
⑧记事砖　汉代　湖州　拓本
⑨记名砖　汉代　湖州　拓本

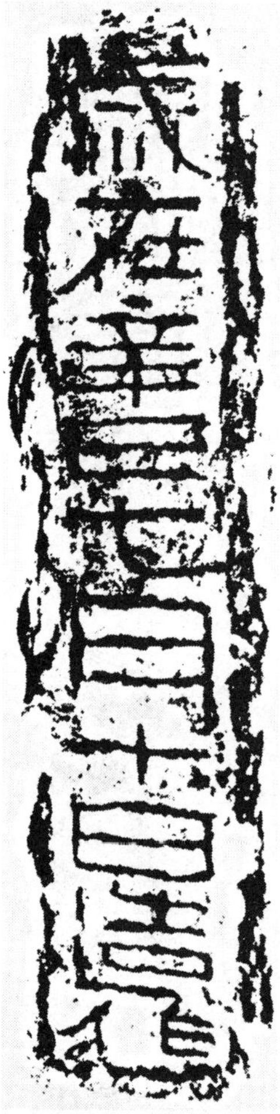

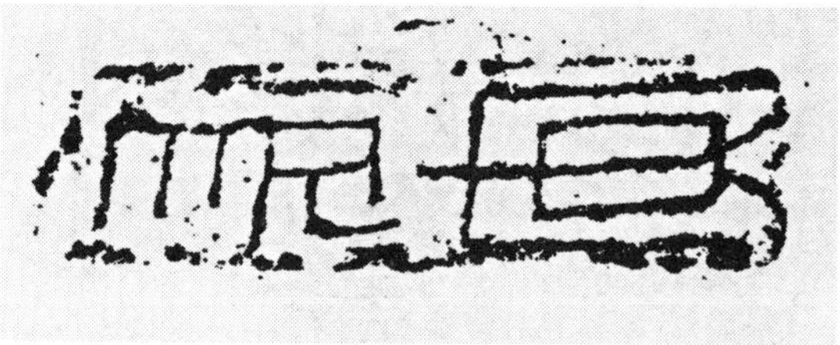

⑧

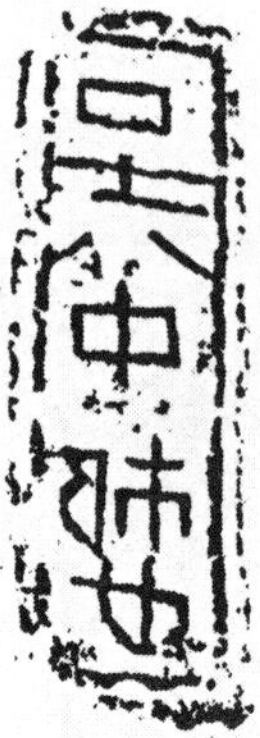

①记事砖　汉代　湖州　拓本
②记名砖　汉代　湖州　拓本
③记名砖　汉代　湖州　拓本
④记名砖　汉代　湖州　拓本
⑤记名砖　汉代　湖州　拓本
⑥曹儿　东吴　湖州　拓本
⑦记事砖　汉代　湖州　拓本
⑧记名砖　汉代　湖州　拓本

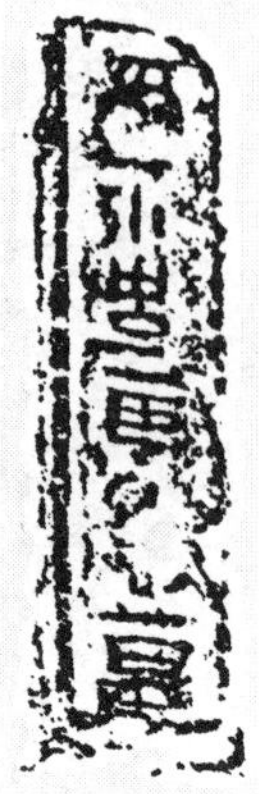

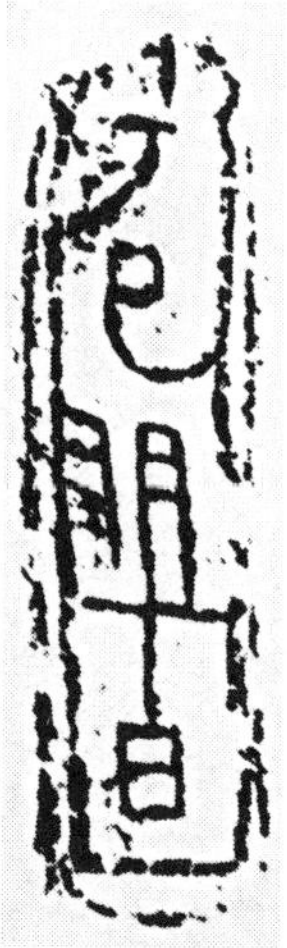

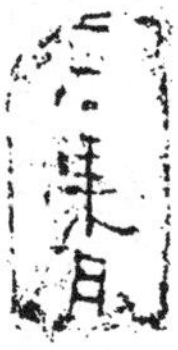

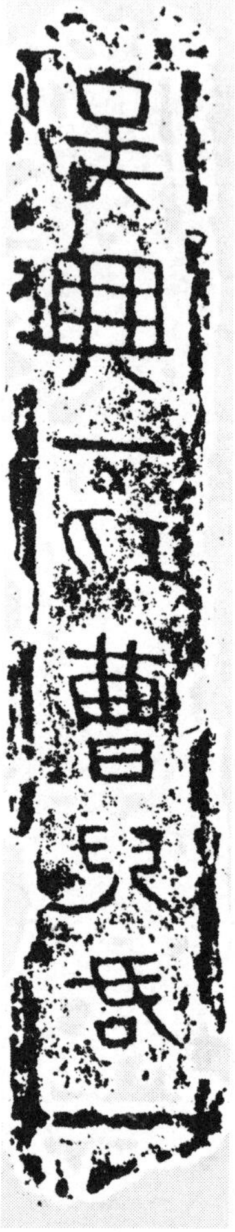

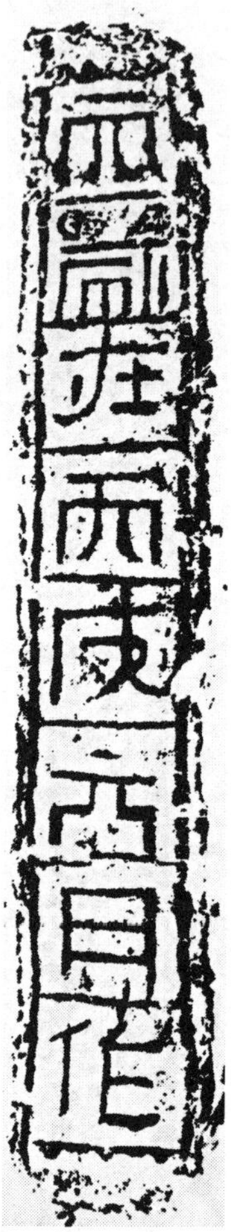

(3) 吉语砖

①

②

③

④

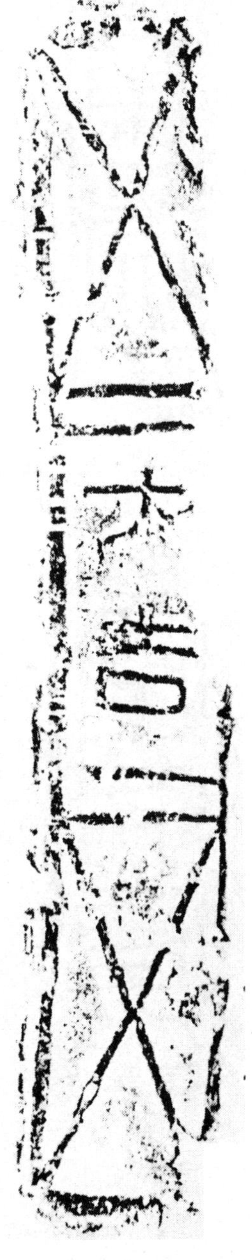

⑤

①去苦努力相思　汉代　绍兴　拓本
②富贵　汉代　湖州　拓本
③安吉　汉代　湖州　拓本
④永年万　汉代　安吉　拓本
⑤大吉　汉代　临安　拓本

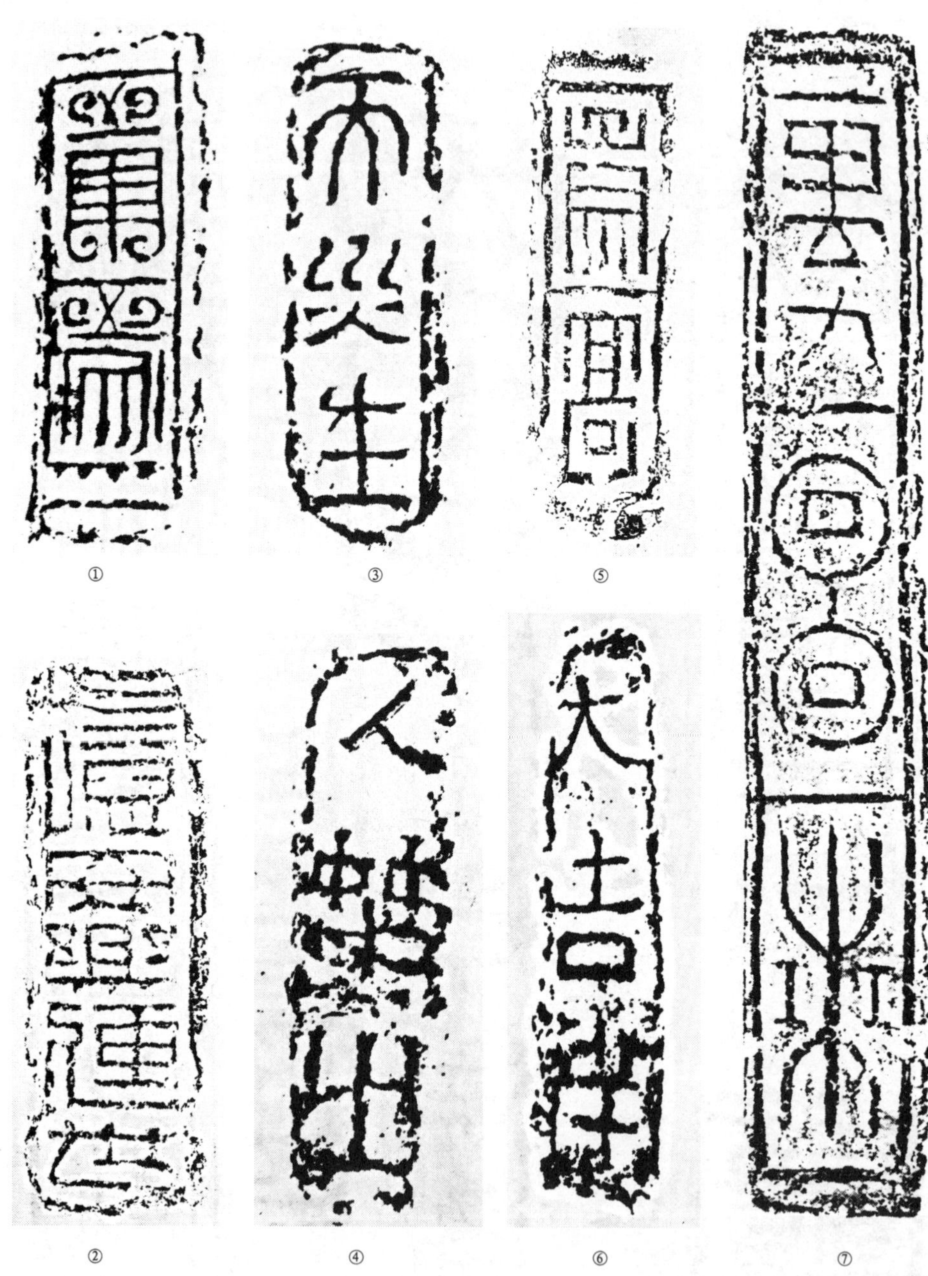

①万岁　汉代　湖州　拓本
②忆安乐连世　汉代　安吉　拓本
③天灾生　汉代　湖州　拓本
④人杰出　汉代　湖州　拓本
⑤崇高　汉代　德清　拓本
⑥大吉羊　汉代　湖州　拓本
⑦万九　汉代　德清　拓本

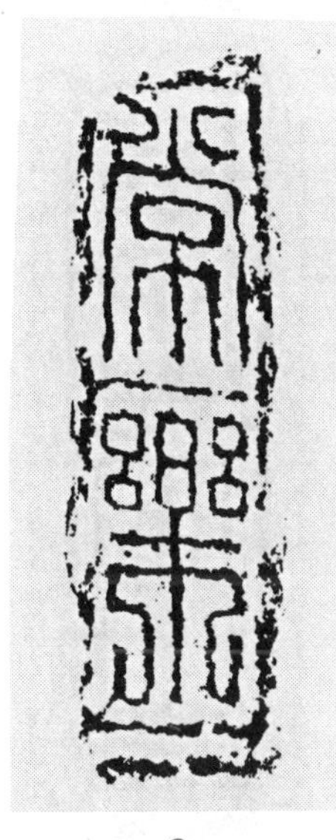
①

③

⑤

②

④

⑥

⑦

①常乐　汉代　湖州　拓本
②安乐　汉代　湖州　拓本
③安乐　汉代　湖州　拓本
④安乐　汉代　安吉　拓本
⑤常乐　汉代　德清　拓本
⑥富贵　汉代　长兴　拓本
⑦大吉　汉代　湖州　拓本

①

④

⑥

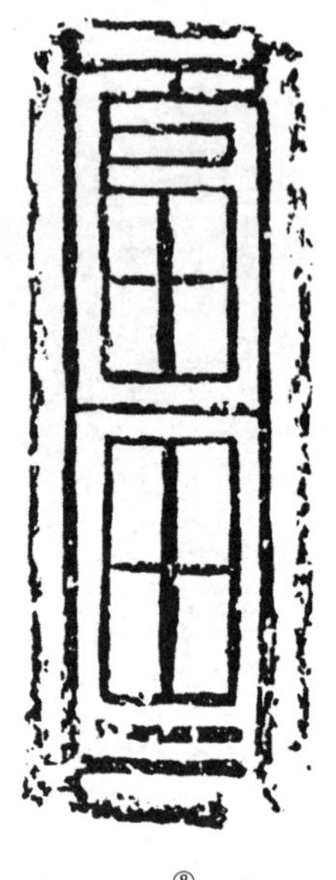
⑧

②

③

⑤

⑦

⑨

①安乐　汉代　安吉　拓本
②长乐　汉代　湖州　拓本
③安乐　汉代　安吉　拓本
④常乐　汉代　长兴　拓本
⑤万岁　汉代　长兴　拓本
⑥万岁　汉代　湖州　拓本
⑦万岁　汉代　湖州　拓本
⑧富田　汉代　安吉　拓本
⑨万岁　汉代　湖州　拓本

①万世老寿 东汉 湖州 拓本
②富贵阳燧 东吴 湖州 拓本
③长寿富贵 汉代 安吉 拓本
④长寿富贵 汉代 湖州 拓本
⑤长寿贵 汉代 安吉 拓本

①

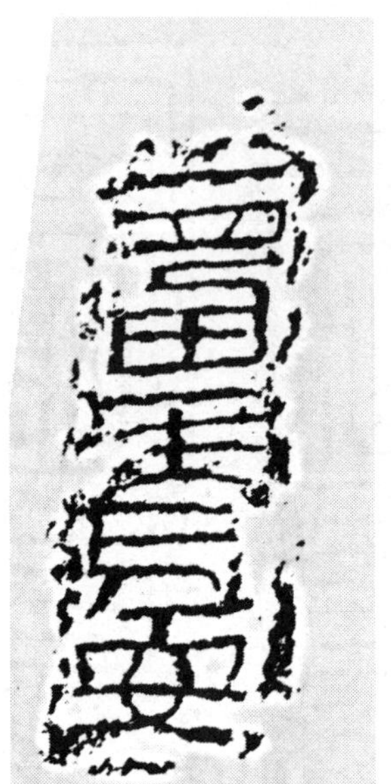

③

②

④

⑤

①万世不败　汉代　湖州　拓本
②大吉宜子孙　汉代　湖州　拓本
③富贵安　汉代　长兴　拓本
④安后世　汉代　湖州　拓本
⑤长富贵　汉代　安吉　拓本

①

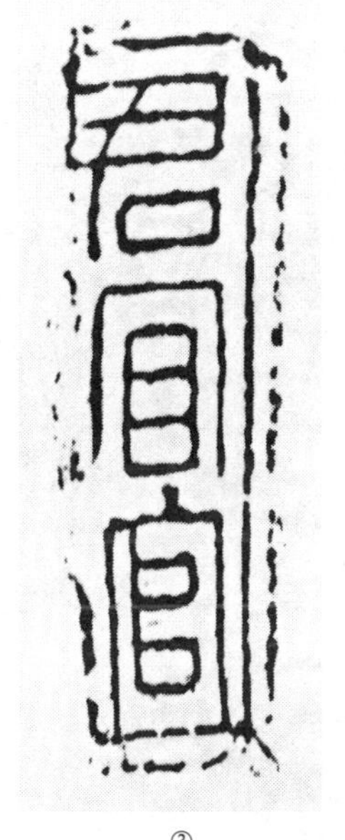

③

②

④

⑤

①君宜官　汉代　安吉　拓本
②君富贵　汉代　安吉　拓本
③君宜官　汉代　安吉　拓本
④万岁　汉代　湖州　拓本
⑤万岁不　汉代　湖州　拓本

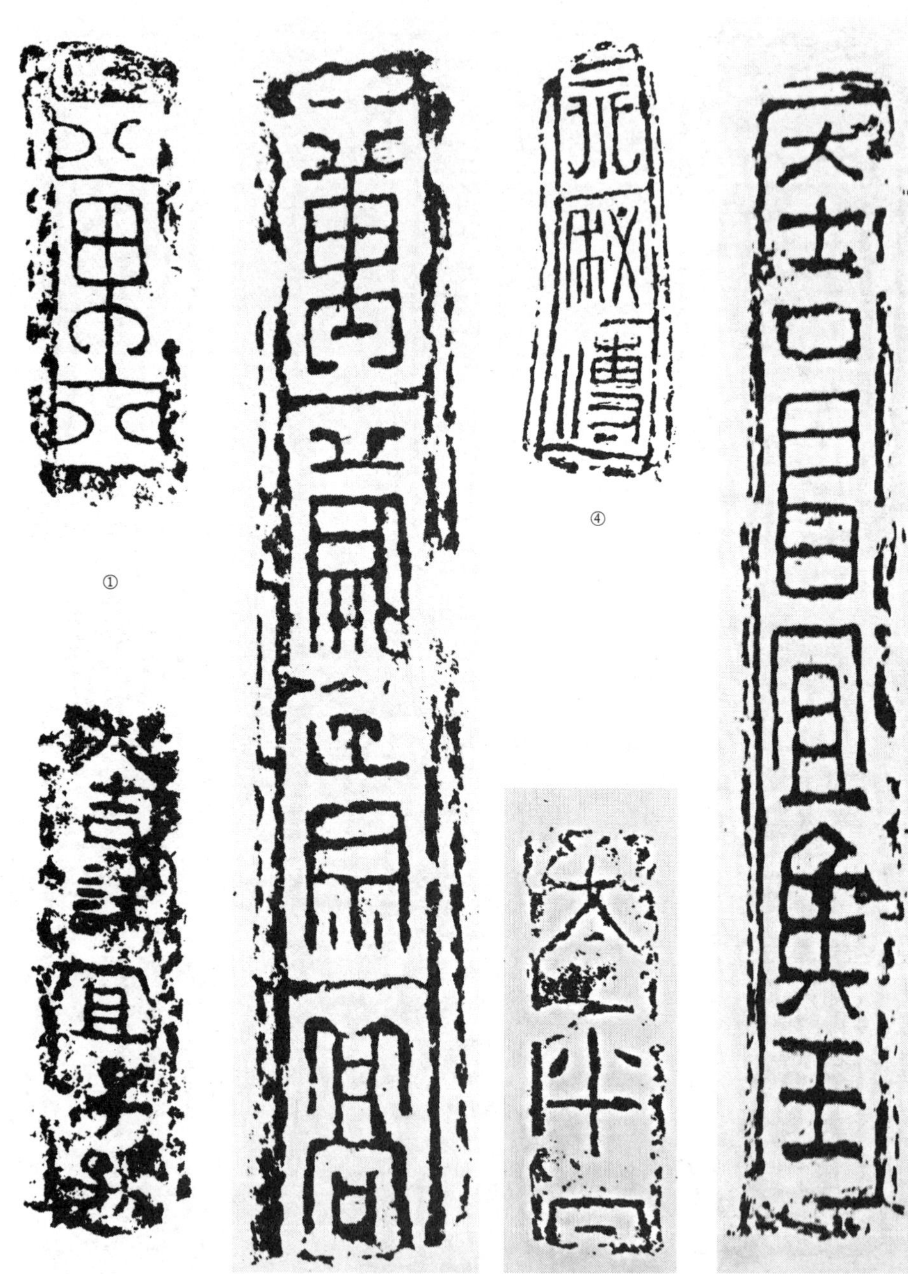

①

②

③

④

⑤

⑥

①万　汉代　湖州　拓本
②大吉宜子孙　东汉　湖州　拓本
③万岁崇高　汉代　湖州　拓本
④永秘传　汉代　湖州　拓本
⑤太平　汉代　湖州　拓本
⑥大吉昌宜侯王　汉代　安吉　拓本

①　　②　　③　　④

①子孙寿　汉代　上虞　拓本
②宜仙寿贵　汉代　湖州　拓本
③富贵　汉代　余姚　拓本
④宜官高迁　汉代　安吉　拓本

①

②

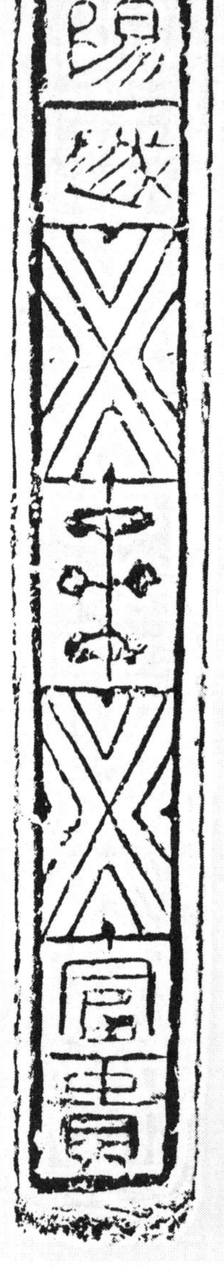

③

④

⑤

①吉语砖　汉代　湖州　拓本
②阳燧复世　东汉　安吉　拓本
③阳燧富贵　东汉　绍兴　拓本
④宜官乔迁　汉代　安吉　拓本
⑤吉语砖　汉代　余姚　拓本

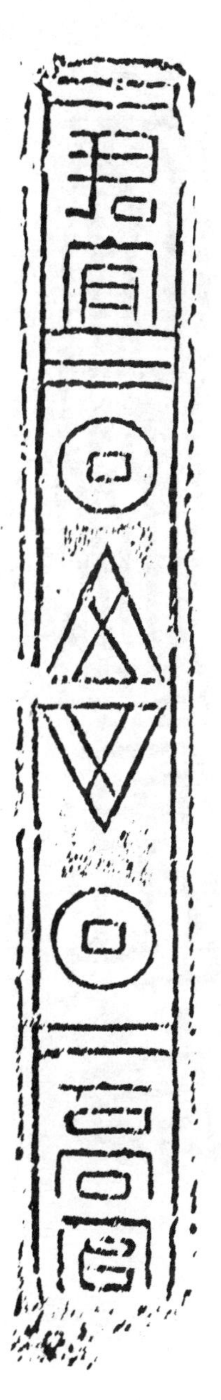

①

②

③

④

⑤

①君宜高官　汉代　余姚　拓本
②吉语砖　东吴　湖州　拓本
③吉语砖　东吴　湖州　拓本
④出公卿百子孙　汉代　余姚　拓本
⑤吉语砖　东吴　湖州　拓本

①　　②　　③　　④

①万岁不疆　汉代　湖州　拓本
②大吉子多　汉代　绍兴　拓本
③宜王富贵　汉代　长兴　拓本
④千秋万岁　汉代　湖州　拓本

①　　②　　③

①承寿安乐　汉代　安吉　拓本
②传子孙吉羊　汉代　安吉　拓本
③大吉万岁连世　汉代　德清　拓本

①

④

②

③

⑤

⑥

⑦

①出富贵　汉代　湖州　拓本
②不败　汉代　湖州　拓本
③安康　汉代　湖州　拓本
④不败　汉代　湖州　拓本
⑤不败　汉代　湖州　拓本
⑥吉语砖　汉代　湖州　拓本
⑦长寿安乐　汉代　安吉　拓本

①

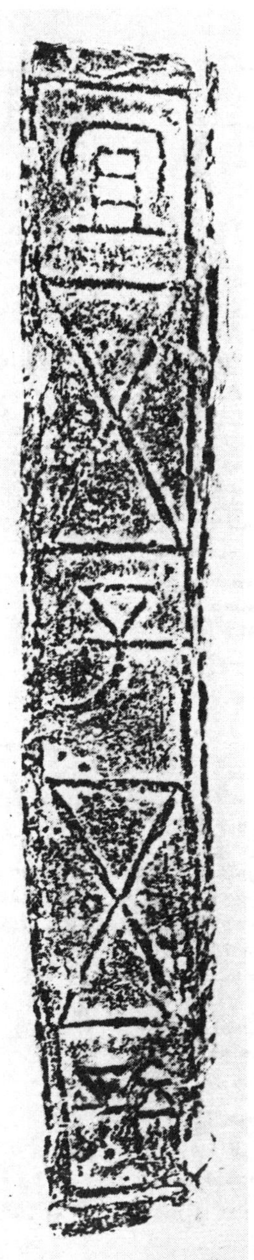
②

③

①大吉羊宜侯王　汉代　长兴　拓本
②宜子孙　汉代　安吉　拓本
③吉羊亦富昌乐　汉代　湖州　拓本

①宜侯　汉代　安吉　拓本
②吉富贵　汉代　湖州　拓本
③宜子　汉代　长兴　拓本
④宜侯王　汉代　湖州　拓本
⑤万岁　汉代　湖州　拓本
⑥万岁元封　汉代　湖州　拓本

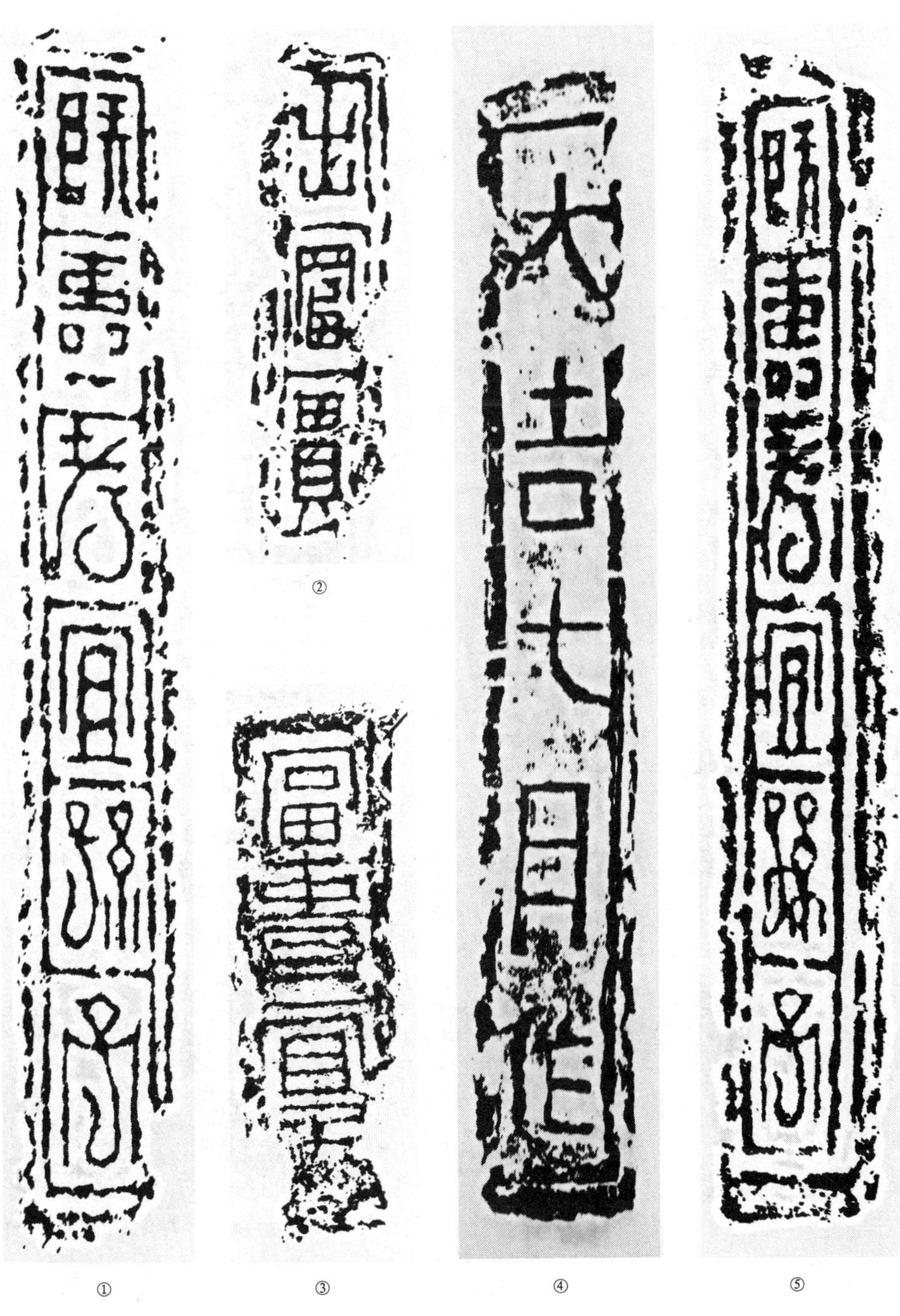

①既寿孝宜孙子　汉代　湖州　拓本
②出富贵　汉代　湖州　拓本
③富贵宜王　汉代　湖州　拓本
④大吉七月作　汉代　湖州　拓本
⑤既寿孝宜孙子　汉代　湖州　拓本

① ② ③ ④

①长寿贵　汉代　湖州　拓本
②吉月祥福　汉代　湖州　拓本
③大吉宜子孙　东汉　湖州　拓本
④富贵长寿　汉代　湖州　拓本

①　②　③　④

①万世不败　汉代　湖州　拓本
②万世不败　汉代　湖州　拓本
③万世不败百万　汉代　湖州　拓本
④命子贤　汉代　湖州　拓本

①　　②　　③　　④

①吉语砖　汉代　德清　拓本
②五十山　汉代　临安　拓本
③既寿孝宜孙子　汉代　湖州　拓本
④吉语砖　汉代　余姚　拓本

①大吉 汉代 临安 拓本
②类美字砖 汉代 临安 拓本
③月米 汉代 长兴 拓本
④大兴子嗣 汉代 临安 拓本
⑤天后四年常大吉 汉代 湖州 拓本

① ②

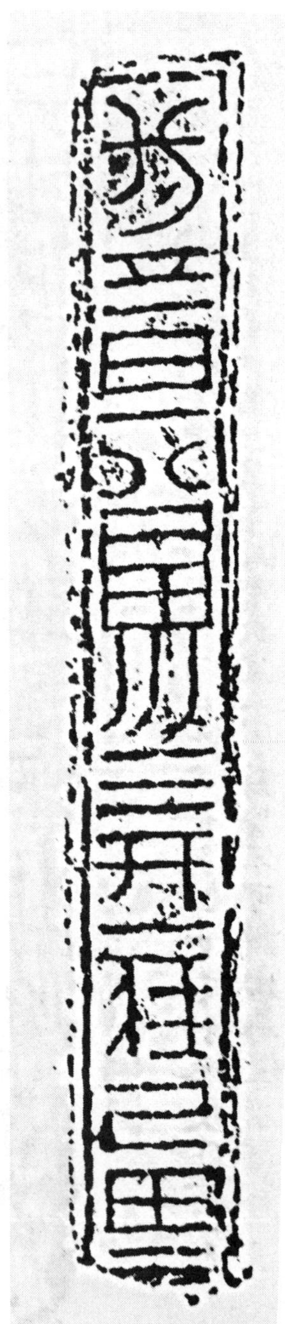

③

①吉语古篆砖　汉代　湖州　拓本
②吉语砖　汉代　湖州　拓本
③吉语砖　汉代　湖州　拓本

①

②　③

④

①天兴子嗣　汉代　临安　拓本
②大吉宜侯王　汉代　湖州　拓本
③既寿孝宜孙子　汉代　湖州　拓本
④宜侯王　汉代　宁波　拓本

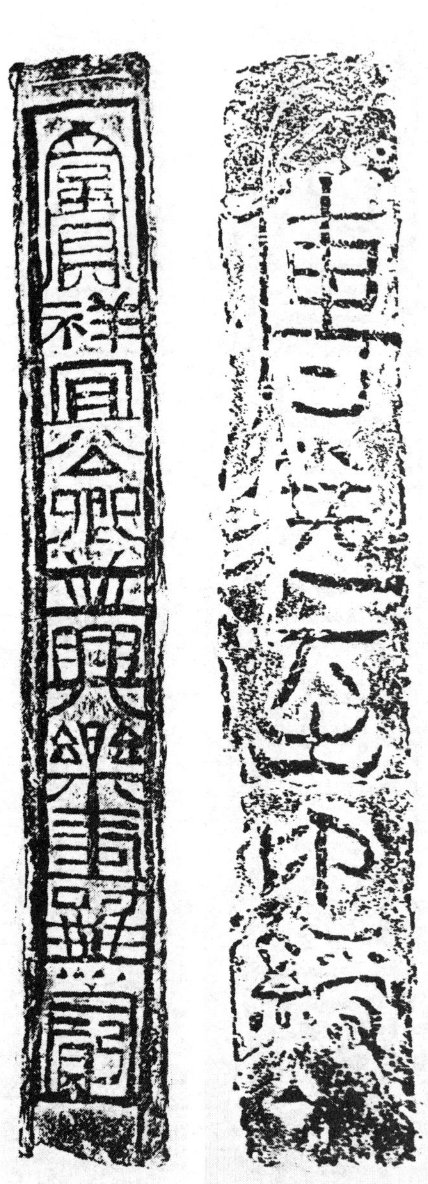
① ②

③

④

⑤

①宜公卿　汉代　宁波　拓本
②吉语砖　汉代　德清　拓本
③吉语砖　汉代　德清　拓本
④吉语砖　汉代　长兴　拓本
⑤吉语古篆砖　汉代　长兴　拓本

①　②　③

①吉语砖　汉代　安吉　拓本
②二千石　汉代　湖州　拓本
③吉语古篆砖　汉代　湖州　拓本

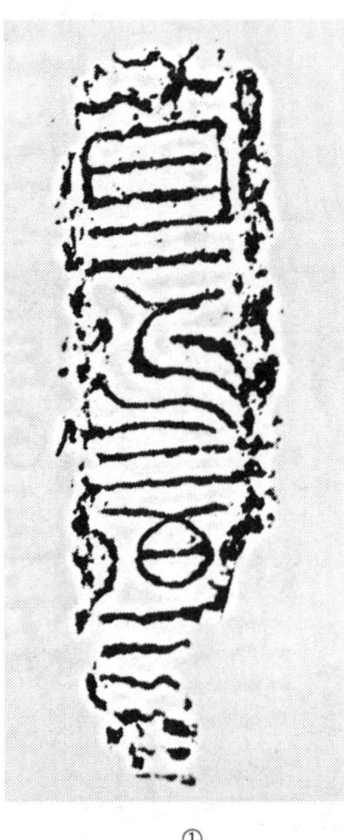
①

③

⑤

②

④

⑥

①吉语砖　汉代　长兴　拓本
②万岁　汉代　湖州　拓本
③吉语砖　汉代　长兴　拓本
④吉语砖　汉代　长兴　拓本
⑤吉语砖　汉代　长兴　拓本
⑥吉语砖　汉代　长兴　拓本

①　③　⑤　⑦

②　④　⑥　⑧

①吉语砖　汉代　长兴　拓本
②吉语砖　汉代　湖州　拓本
③万岁　汉代　湖州　拓本
④吉语砖　汉代　湖州　拓本

⑤万岁　汉代　湖州　拓本
⑥吉语砖　汉代　湖州　拓本
⑦吉语砖　汉代　湖州　拓本
⑧吉语砖　汉代　湖州　拓本

① ② ③ ④

①既寿孝宜孙子　汉代　湖州　拓本
②大吉　汉代　湖州　拓本
③大吉　汉代　湖州　拓本
④吉语砖　汉代　湖州　拓本

①吉语古篆砖　汉代　长兴　拓本
②吉语砖　汉代　湖州　拓本
③吉语砖　汉代　湖州　拓本
④吉语砖　东汉　宁波　拓本
⑤吉语古篆砖　汉代　安吉　拓本
⑥万岁不败　汉代　安吉　拓本

①　　　　②　　　　③

①万岁不败　汉代　安吉　拓本
②万岁不败　汉代　安吉　拓本
③万岁不败　汉代　安吉　拓本

①　　②　　③　　④

①万岁不败　汉代　湖州　拓本
②万岁不败　东吴　湖州　拓本
③万岁不败　汉代　湖州　拓本
④万岁不败　汉代　湖州　拓本

①

②

③

①万岁不败　东吴　湖州　拓本
②万岁不败　汉代　湖州　拓本
③万岁不败　汉代　德清　拓本

①　②　③　④

①万岁不败　汉代　湖州　拓本
②万岁不败　东吴　湖州　拓本
③万岁不败　汉代　湖州　拓本
④万岁不败　汉代　湖州　拓本

① ② ③ ④

①万岁不败　汉代　湖州　拓本
②万岁不败　汉代　湖州　拓本
③万岁不败　汉代　湖州　拓本
④万岁不败　汉代　湖州　拓本

①　②　③　④

①万岁不败　汉代　湖州　拓本
②万岁不败　东吴　湖州　拓本
③万岁不败　汉代　湖州　拓本
④万岁不败　汉代　湖州　拓本

①万岁不败寿富贵　汉代　湖州　拓本
②吉羊宜子孙　西汉　湖州　拓本
③万年不败　西汉　湖州　拓本
④胡世子宜万年　东吴　湖州　拓本
⑤宜侯王　西汉　湖州　拓本
⑥宜子孙　东吴　湖州　拓本

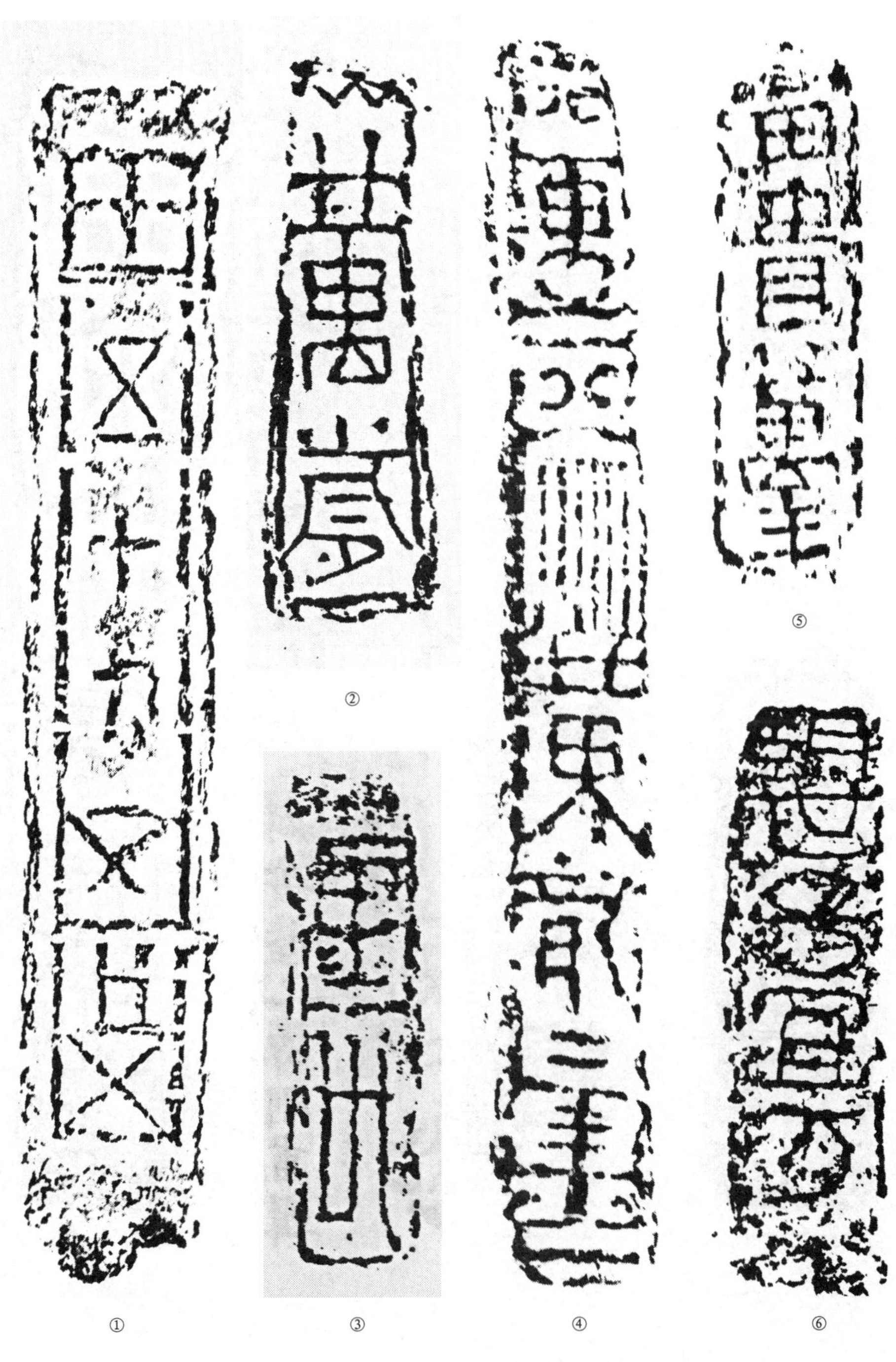

①田五十九　汉代　临安　拓本
②万岁　东吴　湖州　拓本
③万世　东吴　湖州　拓本
④万岁　东吴　湖州　拓本
⑤富贵万年　东吴　湖州　拓本
⑥吉语砖　东吴　湖州　拓本

①　　③　　⑤　　⑦

②　　④　　⑥　　⑧

①富贵阳燧　东吴　湖州　拓本
②子孙万年　东吴　湖州　拓本
③大吉祥　东吴　湖州　拓本
④大吉祥富　东吴　湖州　拓本
⑤大吉　东吴　湖州　拓本
⑥万岁　东吴　湖州　拓本
⑦大吉祥　东吴　湖州　拓本
⑧万岁不败　东吴　湖州　拓本

①八月兴功　东吴　长兴　拓本
②富贵万年　东吴　湖州　拓本
③万岁　东吴　湖州　拓本
④万岁不　东吴　长兴　拓本
⑤永安四　东吴　湖州　拓本
⑥万年　东吴　湖州　拓本
⑦八月兴功　东吴　长兴　拓本
⑧八月兴功　东吴　长兴　拓本

①

③

⑤

②

④

⑥

①不败　东吴　湖州　拓本
②万岁　东吴　湖州　拓本
③延年曾寿　东吴　湖州　拓本
④延年曾寿　东吴　湖州　拓本
⑤富贵阳燧　东吴　湖州　拓本
⑥作壁大吉祥　东吴　湖州　拓本

①富贵　东吴　湖州　拓本
②万岁　东吴　湖州　拓本
③北海　东吴　湖州　拓本
④三钟霜　东吴　湖州　拓本
⑤万岁不败　东吴　湖州　拓本
⑥万岁不败　东吴　湖州　拓本

第三章　兰亭流彩

——浙江两晋画像砖艺术

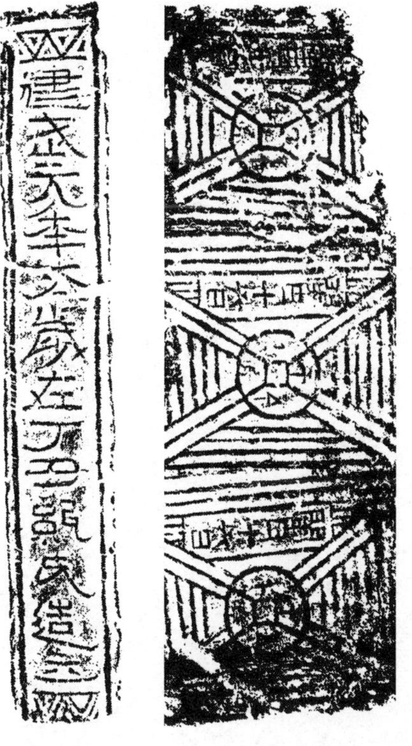

第一节　浙江晋朝画像砖艺术

起源于汉代却随汉朝消失而消失的画像石艺术戛然而止，其消失的原因遂成为千古之谜，中国画像砖艺术亦随强盛的汉朝的消失而衰落，在全国范围内看，这是一个非常显著的现象。然而，“人间四月芳菲尽，山寺桃花始盛开”。犹如植物的高山垂直分布现象一样，在全国汉画像砖主产区的画像砖艺术纷纷凋零式微之际，浙江魏晋时期的画像砖艺术却正在焕发出勃勃生机，并且直逼巅峰状态，这是中国画像砖艺术发展的特例！在汉画像砖的基础上，浙江晋代的画像砖呈现出分布更广、数量更多、质量更精、内涵更丰、形制更富的特点，放置在全国范围，堪称首屈一指，罕有比肩者。晋代浙江的文字砖更为精到，其中蕴含着丰富的历史信息，张扬着流光溢彩、光芒四射的书法美学魅力，浏览观摩之余，您一定赞叹不已，会心颔首：书圣王羲之在会稽兰亭能够书写出天下第一行书《兰亭序》理所应当；也只有在浙江在兰亭，书圣才能成为书圣，《兰亭序》才能成为天下第一行书！

一、广泛而向沿海发展的分布趋势

“旧时王谢堂前燕，飞入寻常百姓家。”综观浙江晋代画像砖的分布，较汉画像砖的分布更为广泛，我们不难发现该时期画像砖墓葬装饰的普及程度。这一方面反映出该时期浙江政治环境的相对安定、经济生活的相对富足，另一方面也反映出“北人南迁”的积极影响。绍兴一年轻学者曾做过汉晋绍兴画像砖中的记名砖姓氏对比研究，发现不仅晋代绍兴的姓氏比之汉代变得更加丰富，而且还涌现出几个大的姓氏家族。从东汉末年到东晋，北方长期战乱，北方无数家族南迁以躲兵祸、寻生计，背井离乡。他们不仅提高了江南经济的发展水平，而且在画像砖生产技艺及画像砖墓葬的推广诸方面起到一定的积极作用。这或许是北方画像砖日趋衰微、浙江画像砖却渐入佳境渐趋巅峰的一个重要因素。

对比研究发现，晋代浙江画像砖较汉代画像砖分布更加广泛，可以称得上是名副其实的遍布全省。当然，晋代浙江画像砖的分布并非均衡地散播，而是在广泛传播中表现出集中的特点。该时期，宁绍平原地区的画像砖墓更为密集，以绍兴、嵊州、余姚、上虞等地最为突出，这些地区成为浙江两晋画像砖最为重要的集中产地。而杭嘉湖平原地区的汉像砖尽管仍在持续发展，却显得相对冷落些。宁波、台州、温州等汉代画像砖相对落后的地区两晋画像砖明显增多，充分说明了浙江两晋画像砖的普及性，同时表明以绍兴为中心面向东海分布的画像砖格局已经形成。当然，通过画像砖的分布我们可以了解到该时期浙江沿海经济的发展程度。

二、精良的制作工艺和丰富的形制

1. 精良的两晋画像砖制作技艺

与汉画像砖相比，晋代浙江画像砖的制作显得更加精良，无论是砖坯的制作、印模的雕刻还是压印技术诸方面均上升到一个新的水平。

综观中国画像砖特别是汉画像砖，从制作的精细程度上看，黄河流域的大型空心砖可称作典范。如四川汉画像砖尽管画面大、形象生动，但砖面上线面形式语言的精细程度明显不如豫中地区、洛阳地区小印模组合构成画面的大型空心砖。从画像砖的制作材料方面分析，我们不得不说，是黄河冲积平原高度细腻的泥土成就了该地区汉画像砖精细、典雅的艺术效果。在山区，制作画像砖的泥土因石沙含量较大则显得相对粗糙，不适于表现精细的画面。

实际上，中国砖材质地精良、坚硬如石者还有太湖流域淤泥制成的砖，其代表就是金砖。浙江湖州地区处于太湖流域，生产画像砖的匠人也牢牢地掌握了利用淤泥制作质地精良画像砖的秘法。于是，我们在浙江汉晋画像砖的大面上看到了线条精致、匀称、细密，类似以精美著称的浙江汉青铜镜的艺术效果。这种效果的获得既得益于制作画像砖的细腻泥土，又取决于精细印模的雕刻。我们从汉代精美铜镜上便可以看出浙江工匠们非凡的精雕细刻的能力，浙江出产以精细著称的画像砖也应该是理所当然的事，如嵊州出土的永嘉四年《三面神人》画像砖，形象饱满、刻画繁密，是精美造像的典范，反映出两晋时期浙江画像砖制作的高超技艺。

2. 丰富多彩的形制

两晋时期的画像砖不仅拥有所有汉代画像砖砖体的样式，而且还有所发展，如出现了厚度 1 厘米左右的薄砖。这种形式的砖至今在浙江的民居上仍有使用，因其小巧精致，人称“香糕砖”。绍兴出土有一块上底 5 厘米、下底 6 厘米、腰长 5 厘米类正方体的美洲金字塔形的陶块，该砖六面均压印精美的图像，可谓是现今发现的最为小巧的画像砖了。

通过统计整理发现，浙江两晋时期的画像砖形制最为丰富，形体变化多端，形状各异，兼顾建筑的各项使用功能，几乎囊括了现代民居建筑用砖的全部形制。从这点意义上说，浙江画像砖完全称得上中国传统建筑砖材的宝库！

三、多姿多彩的艺术形象

客观地说，与汉画像砖主产区南阳、豫中地区、川渝地区等地的画像砖相比，浙江汉画像砖在人物、神灵、动物等形象的描绘方面还是比较欠缺的，可能是受砖小且形象往往位于侧面或端面的局限，也可能是因为主产区的画像砖制作技艺及表现内容未能完全传播开来，更有可能是区域文化的局限性所致。

进入两晋特别是东晋时期，中国的政治、文化中心南迁于南京，浙江有了近水楼台的地利因素，画像砖的内容在强势的文化驱动下变得丰富多彩起来。两晋时期的浙江画像砖在表现内容上达到了空前的繁荣，具体表现在以下几点：

（1）人物形象丰富

浙江汉画像砖中表现人物的画面很少，而两晋画像砖则一改局面，达官贵人、兵卒小吏乃至翩翩美女纷纷粉墨登场。在人物形象的生动性和多彩性方面最为突出的当数嵊州、上虞两晋画像砖。

（2）佛教题材突出

三国时期的画像砖虽然出现过佛教形象，但在艺术表现上似乎显得简单。佛教形象突出涌现首见于嵊州西晋画像砖。更为可贵的是，这些佛像多带有西方人种的相貌特征。绍兴等地还发现有飞天画像砖，谁能想象得到，那本是翱翔飘逸于天空的飞天却“凝固”于九泉之下墓室里冰冷的砖体上。大量佛教形象以画像砖的形式装饰于墓室之中仅见于浙江，是中国传统文化中的特殊现象。另外，该时期的画像砖中还大量出现一些象征佛教的纹饰，如莲花纹等。

（3）造型奇异、夸张的神灵

晋代绍兴一块画像砖的小端面上有两个双目圆睁、龇牙咧嘴、胡须飘动的形象，业内人士称作“鬼脸砖”。然而上面的形象上端却有一个胜的装饰。其实，这两个形象并非鬼脸，而是汉画中最为常见之神灵西王母和东王公。一个胜就足以说明西王母的身份，两张脸就能代表西王母和东王公的全部，脸碰脸的构成更能说明二者的关系。人们之所以称之为“鬼脸”，就是因为西王母在汉画像砖主产区的画像砖中多为端庄美丽的中年妇女形象。其实在古代神话小说《山海经》中，西王母就是一个长满胡须、张口长啸甚至带着尾巴的妖怪。晋代绍兴的这块画像砖恰好准确“还原”了《山海经》中西王母、东王公的“原生态”面貌。造型奇异、夸张是两晋浙江画像砖表现神灵形象的惯用手法，减却了神灵的躯体，凸显出神灵奇异的五官，运用象征性的表现手法恰恰能够以少胜多，以抽象形变来表现神灵的非凡神力。

（4）应物象形，丰富而生动的动物形象塑造

应物象形通俗地说就是画什么要像什么，指的是艺术家所表现的事物要具体而真实。在动物形象塑造中，浙江两晋画像砖不仅充分体现了

这一宗旨，而且还充分展现出具有浙江地域特色的物产。如在嵊州的画像砖中常见到精美而丰富的鱼的形象，鱼的头部、鳞片等细节表现极为细腻而美观，其实这就是对东海丰富海产的最佳写照。

（5）更为灵动的纹饰

两晋时期的浙江画像砖在汉代纹饰的基础上有所提高，不仅在数量上更多、品种上更丰富，而且在造型中更加注意对运动感的强化。如大量运用富有运动感的弧线，一改汉画像砖纹饰给人留下的相对“安静”的感觉，似乎乘风欲飞，使冰冷的画像砖变得生机勃勃。

附图

(1) 人物类画像砖

①

②

③

④

①人物　西晋　嵊州　拓本
②人物　西晋　嵊州　拓本
③仕女　西晋　嵊州　拓本
④仕女　晋代　嵊州　拓本

①仕女 晋代 嵊州 拓本
②武士 晋代 绍兴 拓本
③武士 晋代 绍兴 拓本
④仕女 西晋 嵊州 拓本
⑤仕女 西晋 嵊州 拓本
⑥人物 西晋 宁波 拓本

①仕女　晋代　嵊州　拓本
②仕女　西晋　嵊州　拓本
③仕女　晋代　嵊州　拓本
④仕女　晋代　嵊州　拓本
⑤仕女　晋代　嵊州　拓本
⑥仕女　晋代　嵊州　拓本
⑦仕女　晋代　嵊州　拓本

①仕女　晋代　临安　拓本
②仕女　西晋　嵊州　拓本
③仕女　西晋　嵊州　拓本
④仕女　西晋　嵊州　拓本
⑤仕女　东晋　嵊州　拓本
⑥仕女　晋代　嵊州　拓本
⑦仕女　西晋　嵊州　拓本

①人物　晋代　嵊州　拓本
②人物　西晋　嵊州鹿山街道　拓本
③仕女　晋代　嵊州　拓本
④钱童　东晋　嵊州　拓本
⑤人物　晋代　嵊州　拓本
⑥钱童　东晋　嵊州　拓本

①武士　西晋　嵊州　拓本
②武士　西晋　嵊州　拓本
③武士　西晋　嵊州　拓本
④武士　晋代　嵊州　拓本
⑤武士　西晋　宁波　拓本

①　②　③　④　⑤　⑥

①武士　晋代　嵊州　拓本
②武士　晋代　嵊州　拓本
③武士　晋代　嵊州　拓本
④武士　晋代　嵊州　拓本
⑤武士　晋代　嵊州　拓本
⑥武士　晋代　嵊州　拓本

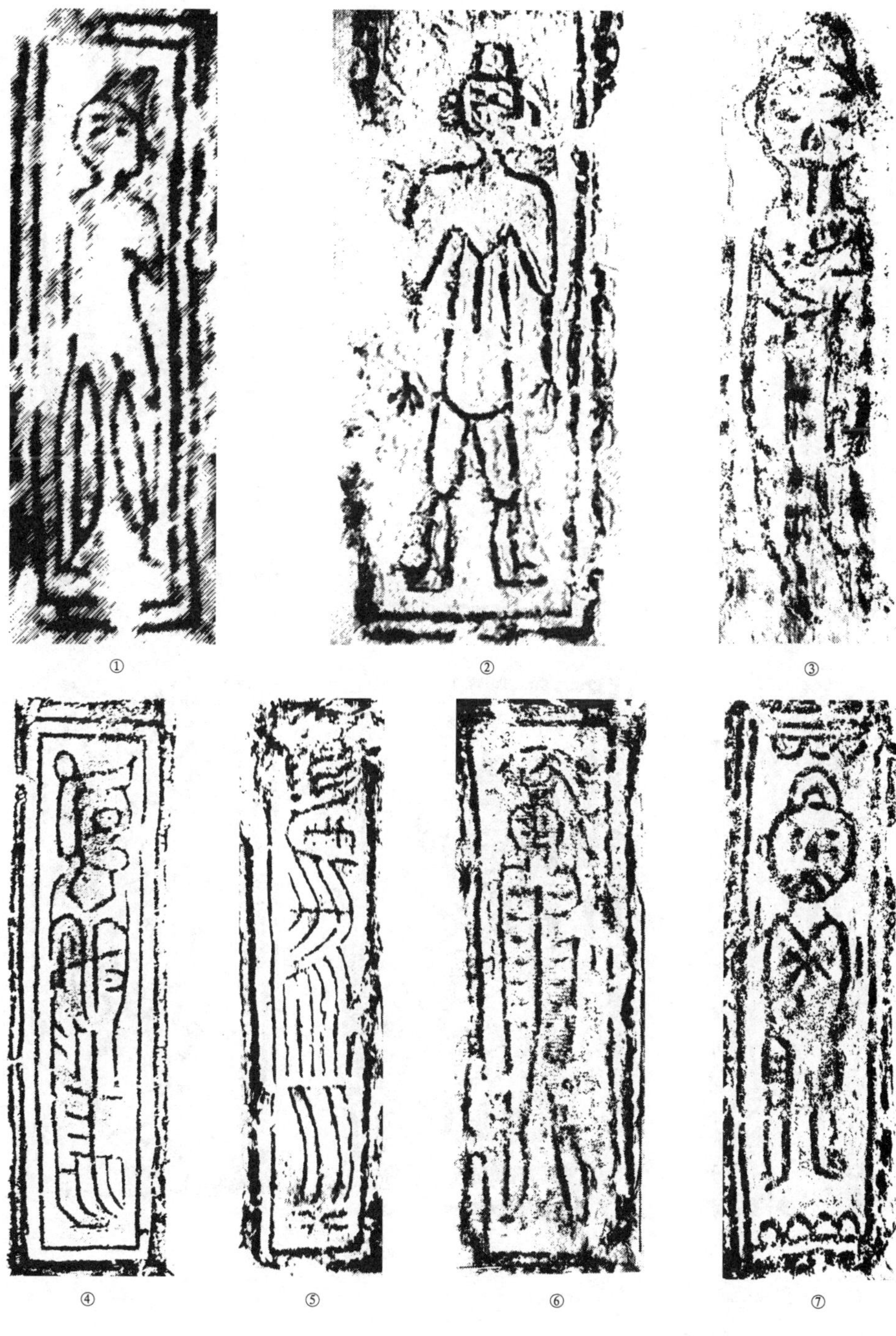

①　②　③

④　⑤　⑥　⑦

①武士　西晋　嵊州　拓本
②武士　西晋　嵊州　拓本
③武士　西晋　嵊州　拓本
④武士　西晋　嵊州　拓本

⑤武士　晋代　嵊州　拓本
⑥武士　晋代　嵊州　拓本
⑦武士　晋代　嵊州　拓本

①武士　晋代　嵊州　拓本
②武士　西晋　嵊州　拓本
③武士　晋代　嵊州　拓本
④武士　晋代　嵊州　拓本
⑤武士　晋代　嵊州　拓本
⑥武士　晋代　嵊州　拓本

①人物　晋代　嵊州　拓本
②人物　晋代　嵊州　拓本
③人物　晋代　嵊州　拓本
④武士　西晋　嵊州　拓本
⑤人物　西晋　嵊州　拓本
⑥人物　西晋　嵊州　拓本

①建筑人物　晋代　绍兴　拓本
②人物　晋代　绍兴　拓本
③车马　晋代　绍兴　拓本
④人物　西晋　嵊州　拓本
⑤人物　西晋　嵊州　拓本
⑥射猎　西晋　临海　拓本

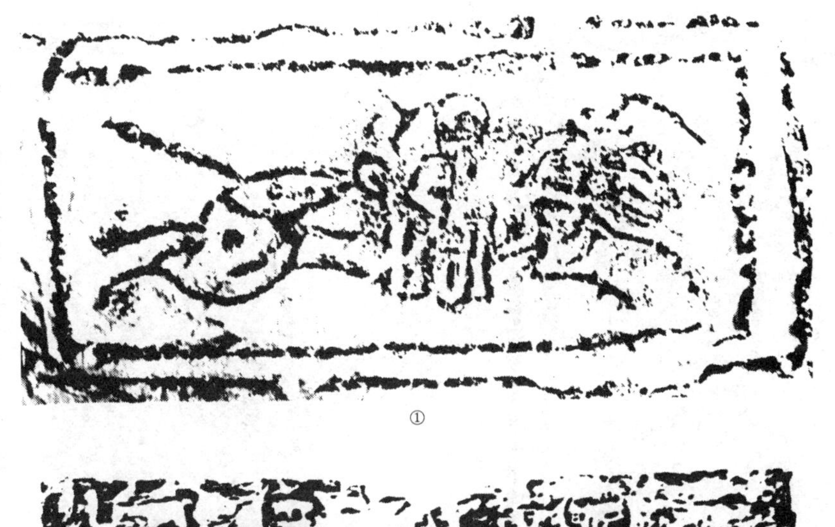

①

②

(2) 神佛类画像砖

③　④　⑤　⑥　⑦

①骑射　西晋　嵊州　拓本
②双武士　西晋　嵊州　拓本
③佛像　西晋　嵊州　拓本
④佛像　西晋　嵊州　拓本
⑤佛像　西晋　嵊州　拓本
⑥佛像　西晋　绍兴　拓本
⑦佛像　西晋　嵊州　拓本

①佛像　晋代　嵊州蛟镇　拓本
②佛像　西晋　嵊州长乐　拓本
③佛像　西晋　嵊州长乐　拓本
④佛像　晋代　嵊州　拓本
⑤佛像　晋代　嵊州　拓本
⑥佛像　晋代　嵊州甘霖　拓本

①　②　③　④

⑤　⑥　⑦　⑧

①佛像　晋代　嵊州　拓本
②佛像　晋代　嵊州　拓本
③佛像　晋代　嵊州　拓本
④佛像　晋代　嵊州　拓本

⑤佛像　晋代　嵊州蛟镇　拓本
⑥佛像　晋代　嵊州蛟镇　拓本
⑦佛像　西晋　嵊州甘霖　拓本
⑧佛像　西晋　嵊州　拓本

①佛像胜回纹　西晋　嵊州　拓本
②佛像　西晋　嵊州　拓本
③佛像　晋代　嵊州　拓本
④佛像　晋代　嵊州　拓本
⑤佛像　西晋　嵊州　拓本
⑥羽人　晋代　嵊州　拓本
⑦羽人　晋代　嵊州　拓本

①羽人　西晋　嵊州　拓本
②羽人　晋代　嵊州　拓本
③羽人　西晋　嵊州甘霖　拓本
④羽人　西晋　嵊州　拓本

①飞天　西晋　嵊州　拓本
②飞天　西晋　嵊州长乐　拓本
③飞天　西晋　宁波　拓本
④飞天双龙　西晋　上虞　拓本
⑤神人　晋代　嵊州　拓本
⑥神人　晋代　嵊州　拓本
⑦神人　晋代　嵊州　拓本

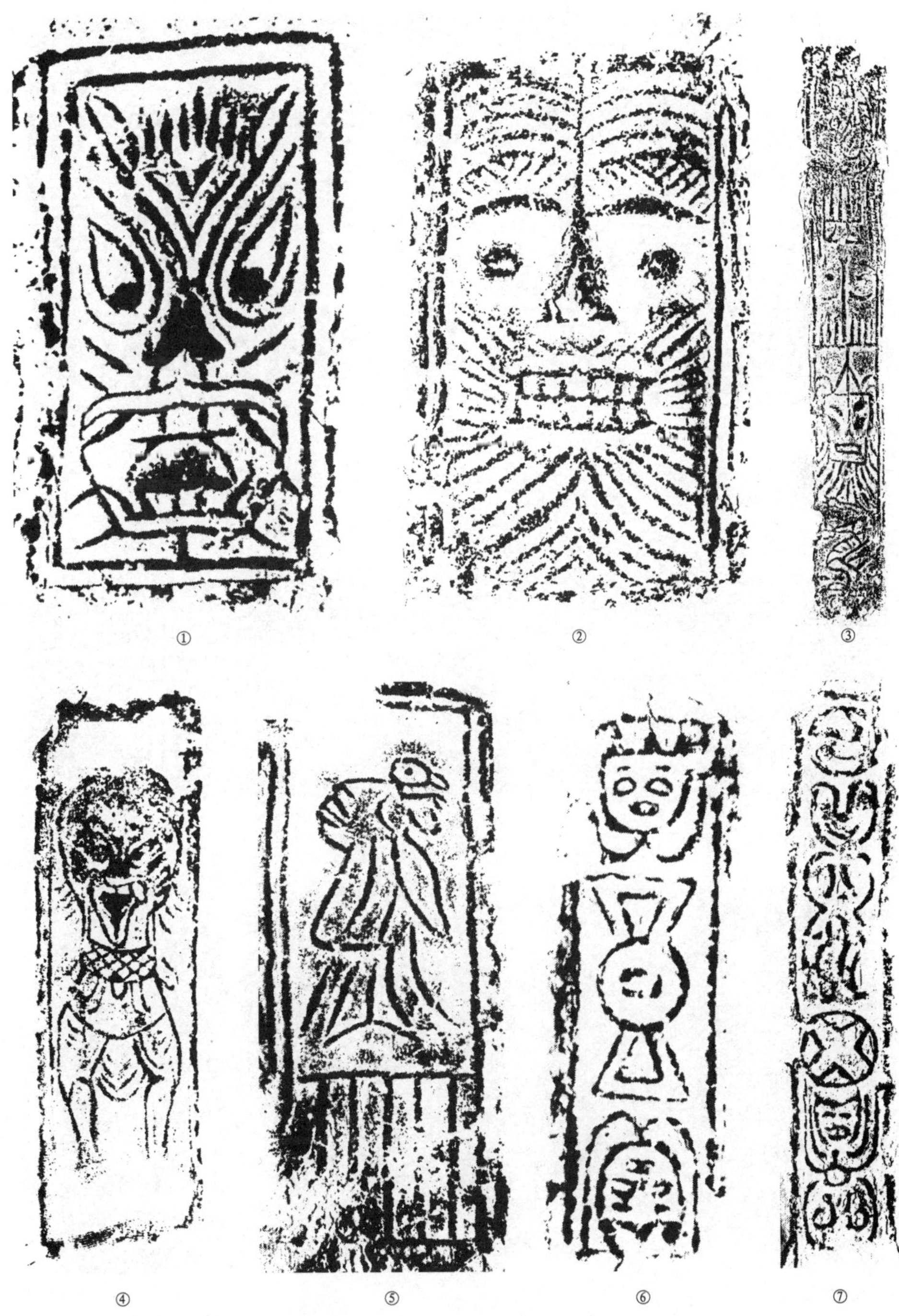

①神人面部 西晋 嵊州甘霖 拓本
②神人面部 晋代 绍兴 拓本
③神人龙虎 西晋 宁波 拓本
④神人 晋代 嵊州 拓本
⑤神人 西晋 嵊州浦口 拓本
⑥神人胜纹 西晋 嵊州 拓本
⑦神人 西晋 嵊州 拓本

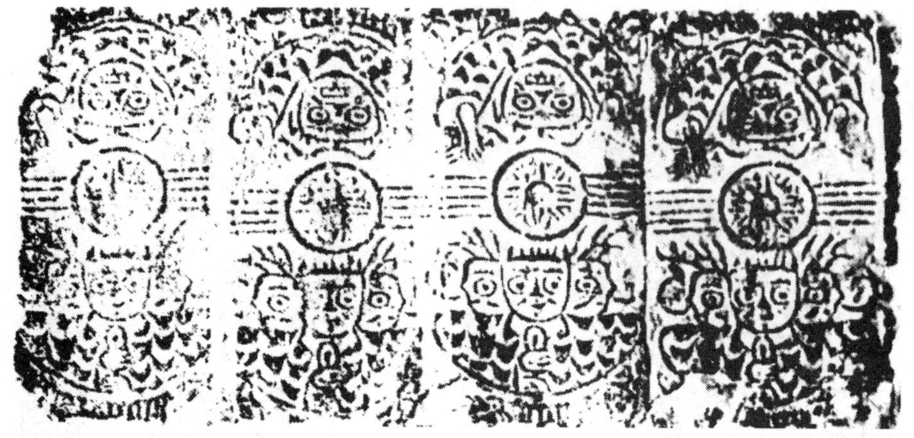

①

②

③

①三首神人　晋代　嵊州　拓本
②神人面部　西晋　宁波　拓本
③神人面部　西晋　嵊州　拓本

①神人面部　晋代　绍兴　拓本
②西王母东王公　晋代　绍兴　拓本
③神人　晋代　嵊州　拓本
④神人胜纹　西晋　嵊州　拓本
⑤神人面部　西晋　宁波　拓本
⑥太阳神　西晋　嵊州长乐　拓本
⑦神人四龙　西晋　嵊州　拓本
⑧神人　西晋　绍兴　拓本

①神人面部　西晋　嵊州　拓本
②神人面部　晋代　嵊州　拓本
③神人面部　西晋　嵊州　拓本
④神人龙　西晋　绍兴　拓本
⑤阳乌　东晋　嵊州　拓本
⑥神人龙虎　西晋　绍兴　拓本
⑦神人双虎玄武　西晋　宁波　拓本
⑧神人面部　西晋　绍兴　拓本
⑨神人鸟钱纹　西晋　嵊州　拓本

①

（3）动物类画像砖

②

③

④

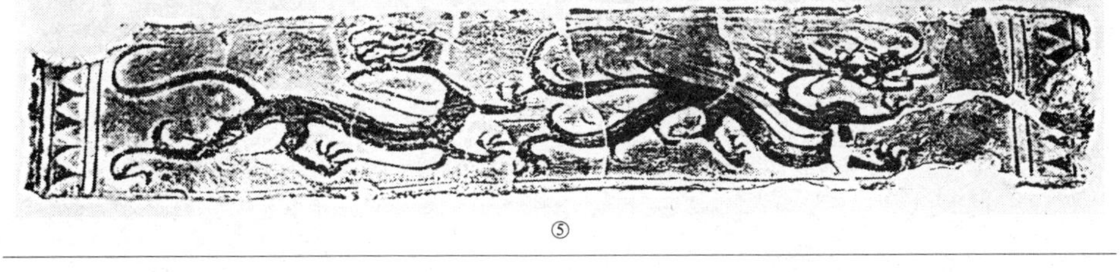

⑤

①神人龙虎　西晋　嵊州　拓本
②龙虎鹿　西晋　嵊州　拓本
③龙凤　晋代　绍兴　拓本
④龙虎鹿　西晋　临海　拓本
⑤龙虎　西晋　绍兴　拓本

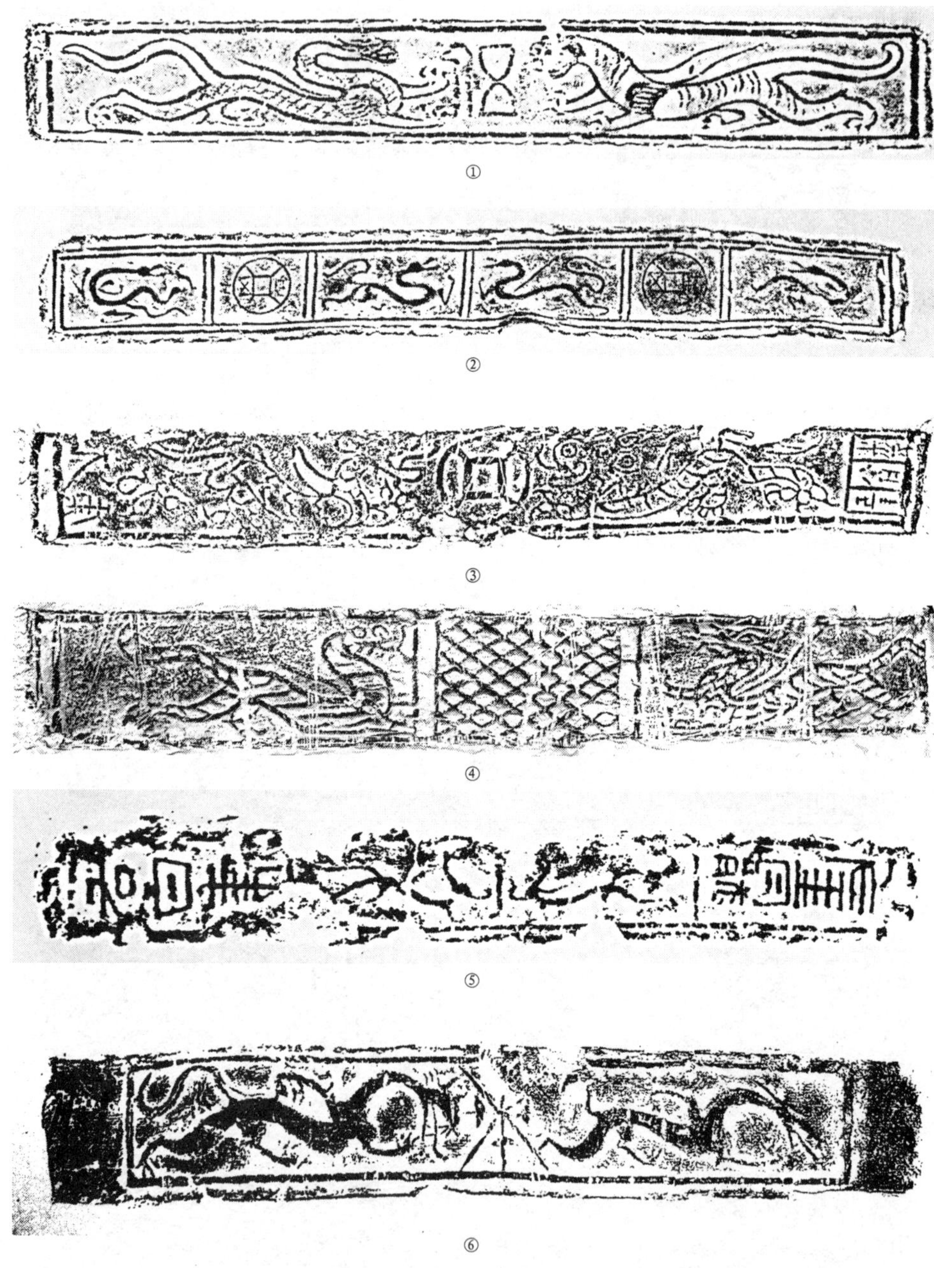

①龙虎五字纹　晋代　余姚　拓本
②四龙飞天　西晋　上虞　拓本
③龙虎　西晋　宁波　拓本
④龙虎　西晋　嵊州　拓本
⑤青龙白虎　晋代　湖州　拓本
⑥龙虎　西晋　上虞　拓本

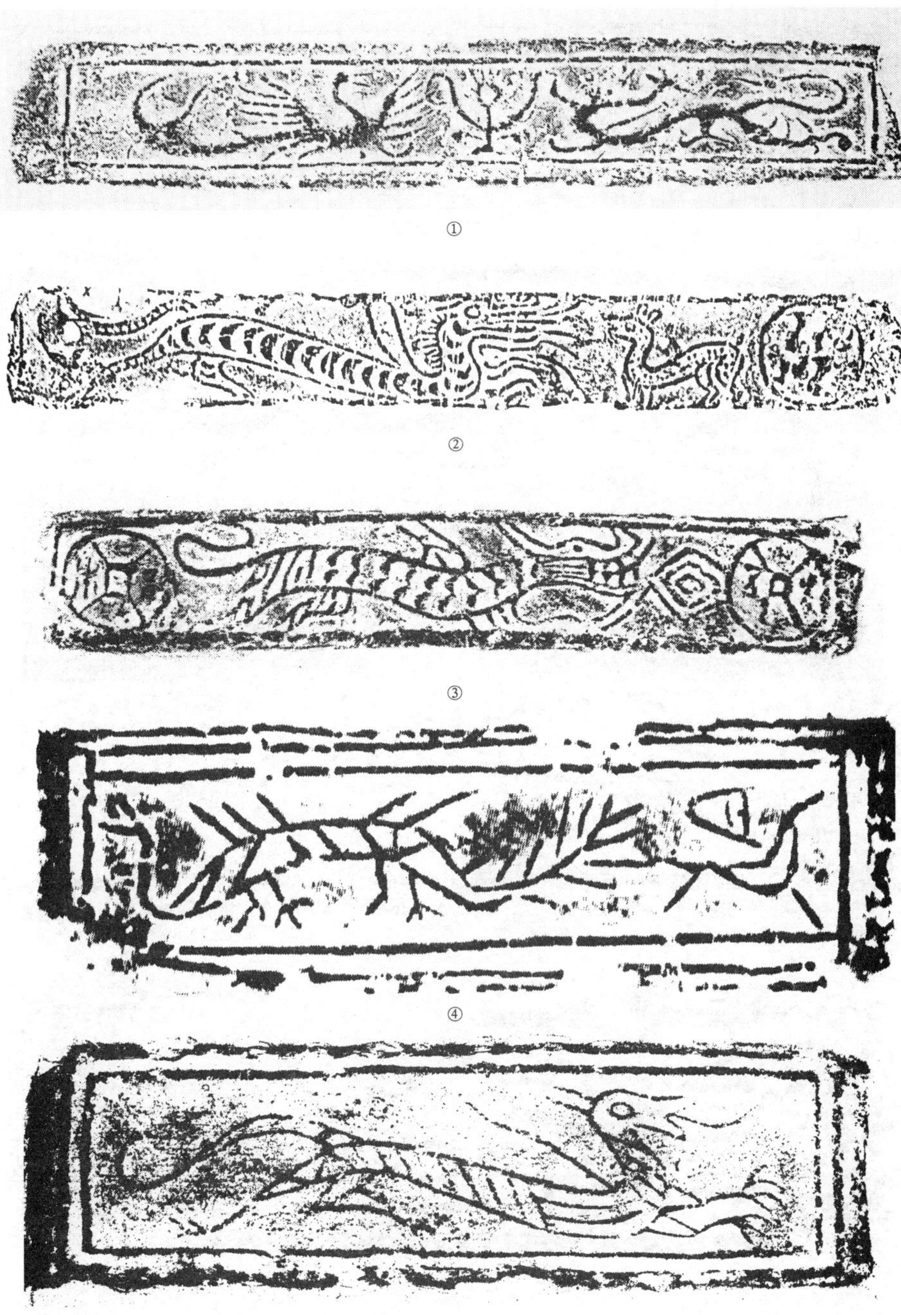

①龙凤　晋代　绍兴　拓本
②龙鹿　晋代　宁波　拓本
③龙钱纹　西晋　余姚　拓本
④龙凤　西晋　嵊州　拓本
⑤龙　晋代　嵊州　拓本

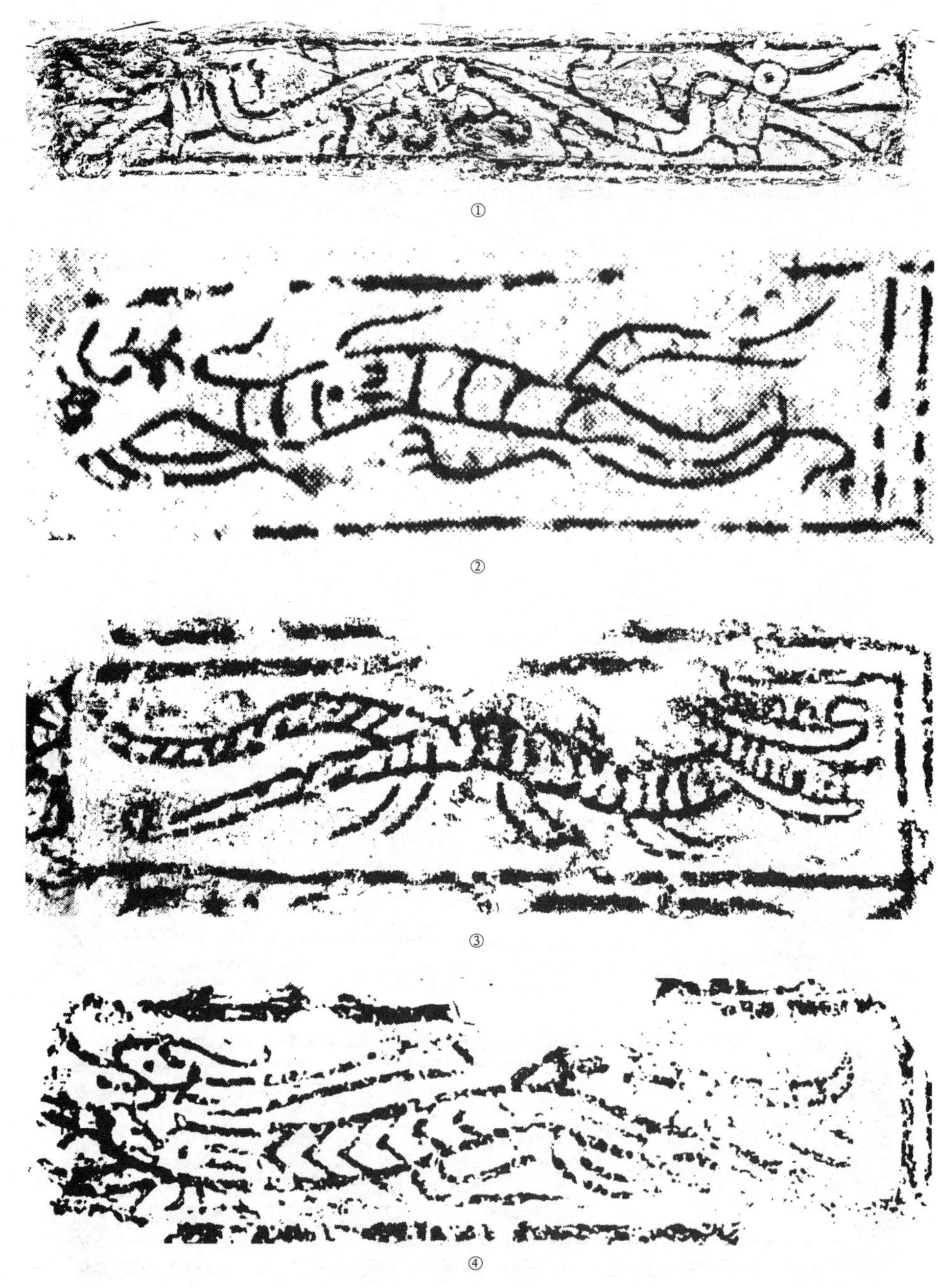

①龙　晋代　嵊州　拓本
②龙　西晋　嵊州　拓本
③龙　晋代　嵊州　拓本
④龙　晋代　嵊州　拓本

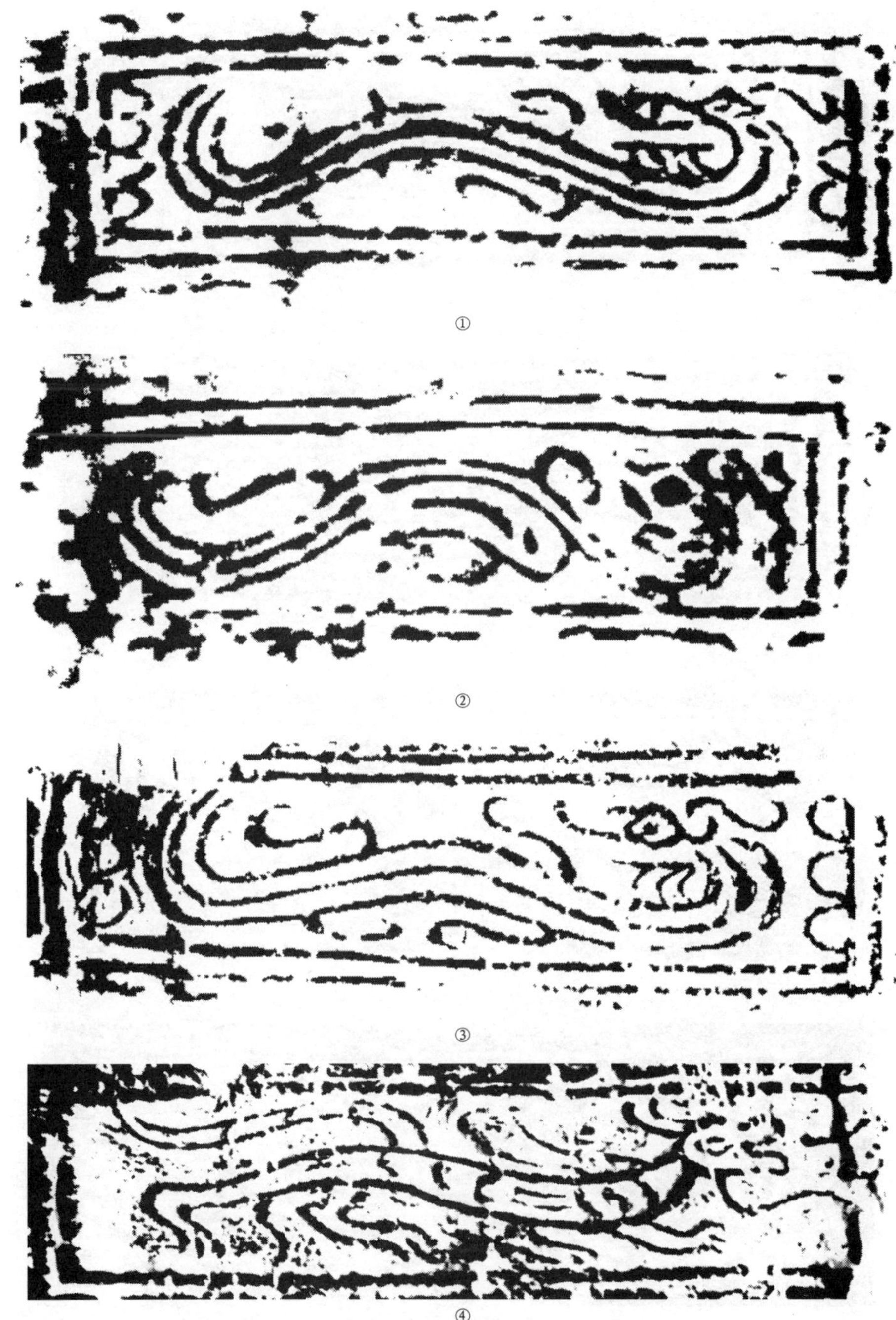

①

②

③

④

①龙　晋代　嵊州　拓本
②龙　晋代　嵊州　拓本
③龙　晋代　嵊州　拓本
④龙　晋代　嵊州鹿山街道　拓本

①

②

③

④

①龙　晋代　嵊州甘霖　拓本
②龙　晋代　嵊州甘霖　拓本
③龙　晋代　嵊州长乐　拓本
④龙　晋代　嵊州长乐　拓本

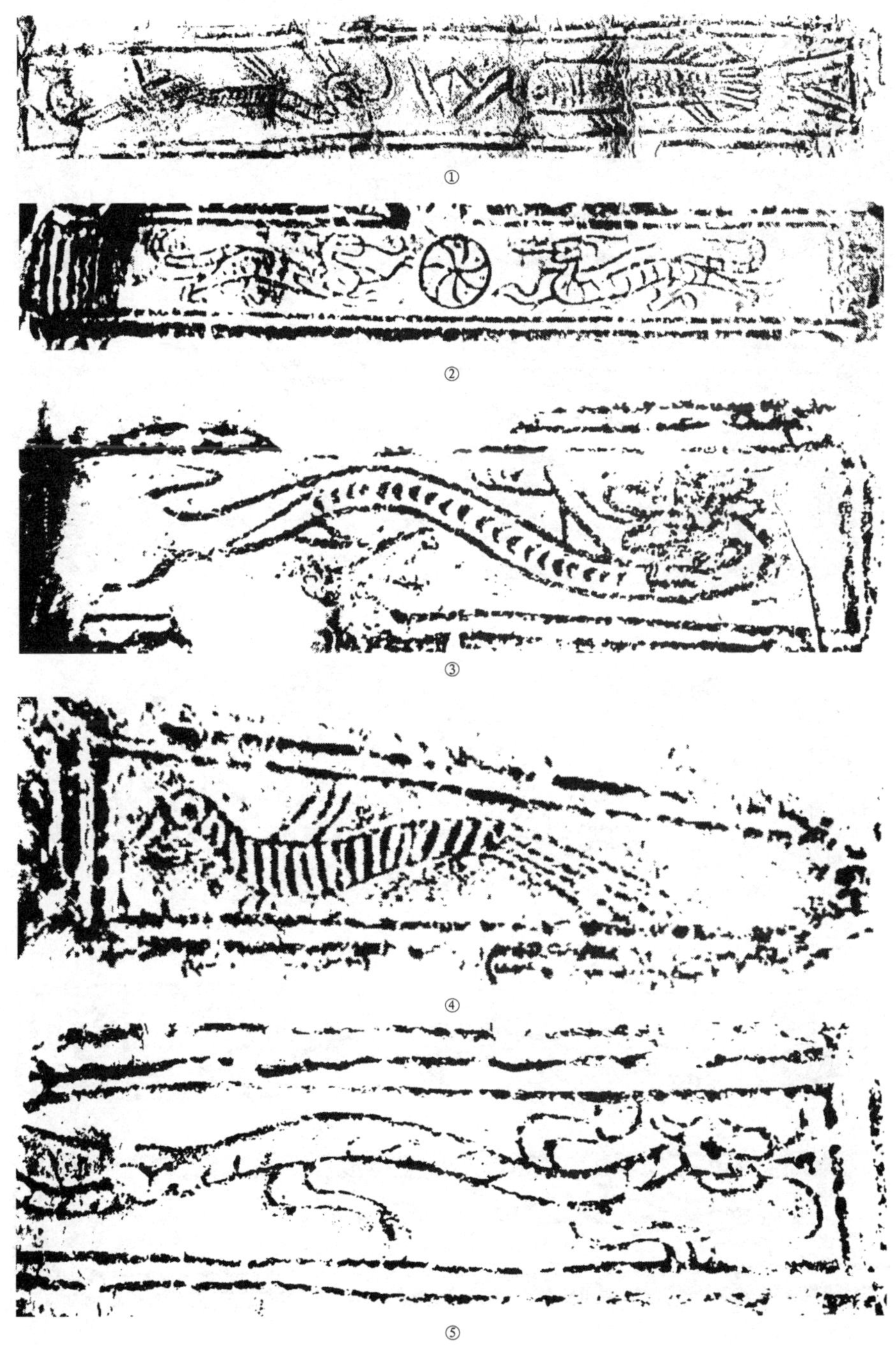

①鱼化龙　晋代　嵊州鹿山街道　拓本
②龙虎　晋代　嵊州石璜　拓本
③龙　晋代　嵊州甘霖　拓本
④龙　晋代　嵊州　拓本
⑤龙　晋代　嵊州　拓本

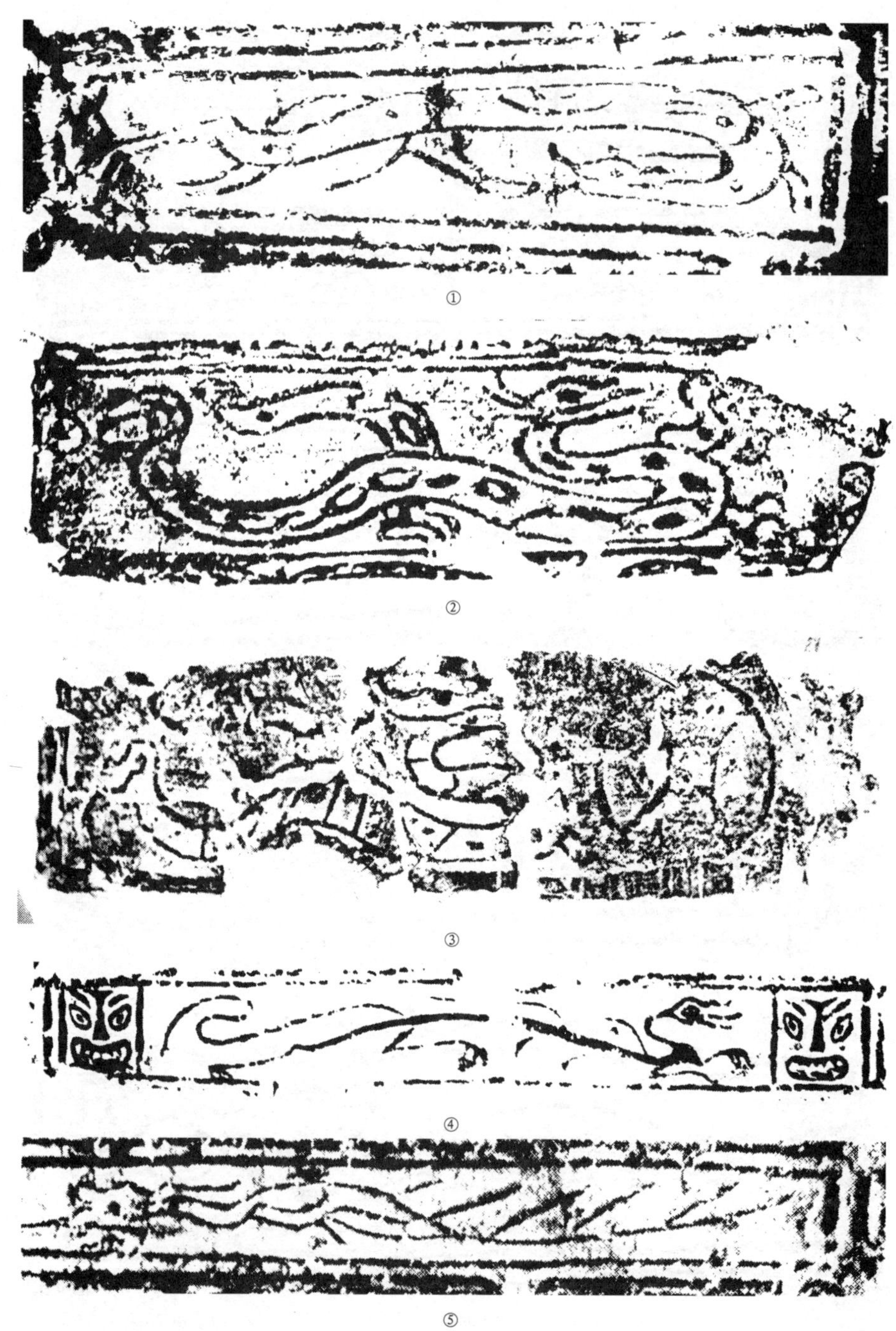

①龙　西晋　嵊州长乐　拓本
②龙　西晋　嵊州　拓本
③龙　晋代　嵊州长乐　拓本
④龙　西晋　嵊州石璜　拓本
⑤龙　西晋　嵊州　拓本

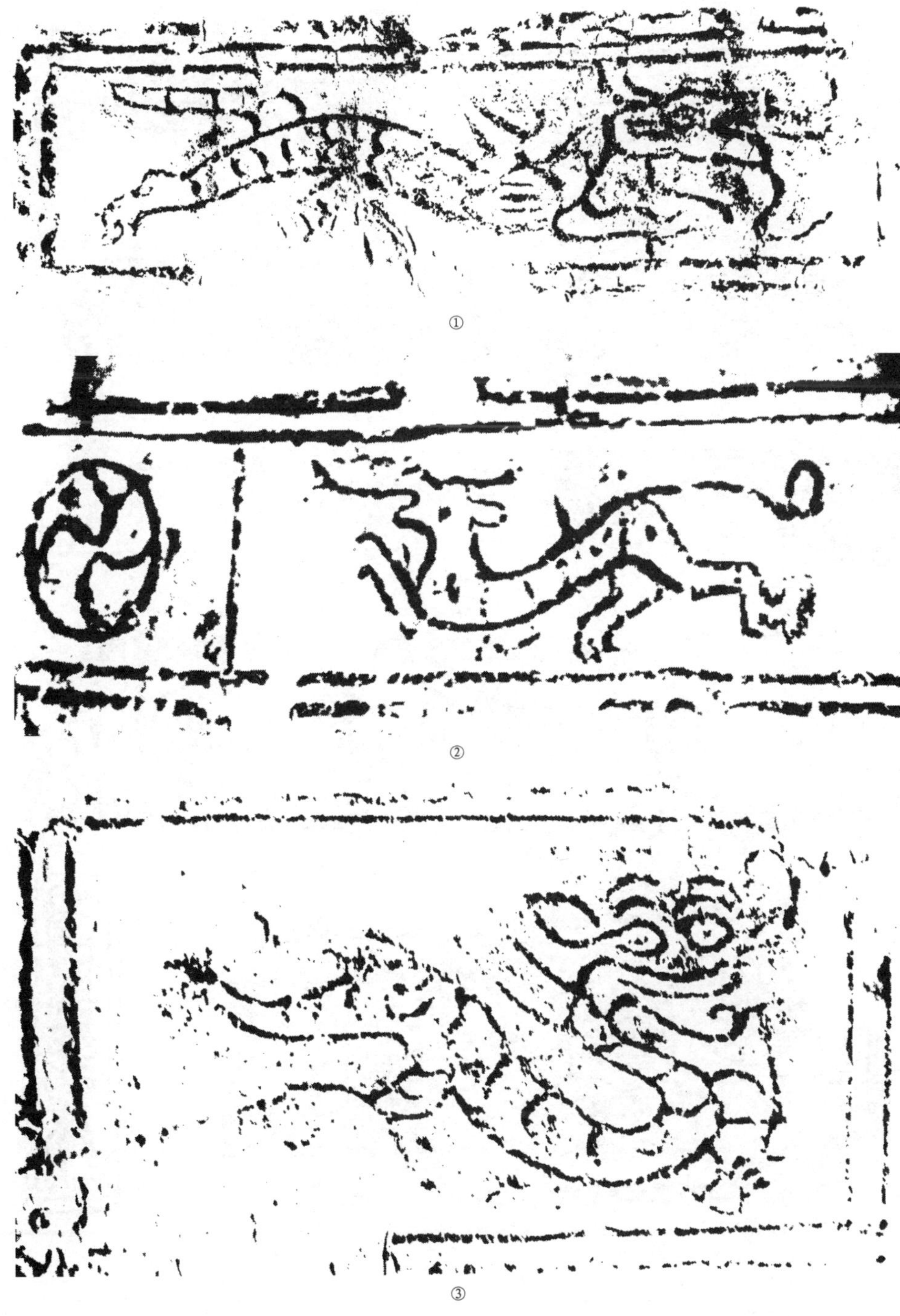

①龙　西晋　嵊州崇仁　拓本
②龙　西晋　嵊州　拓本
③龙　西晋　嵊州　拓本

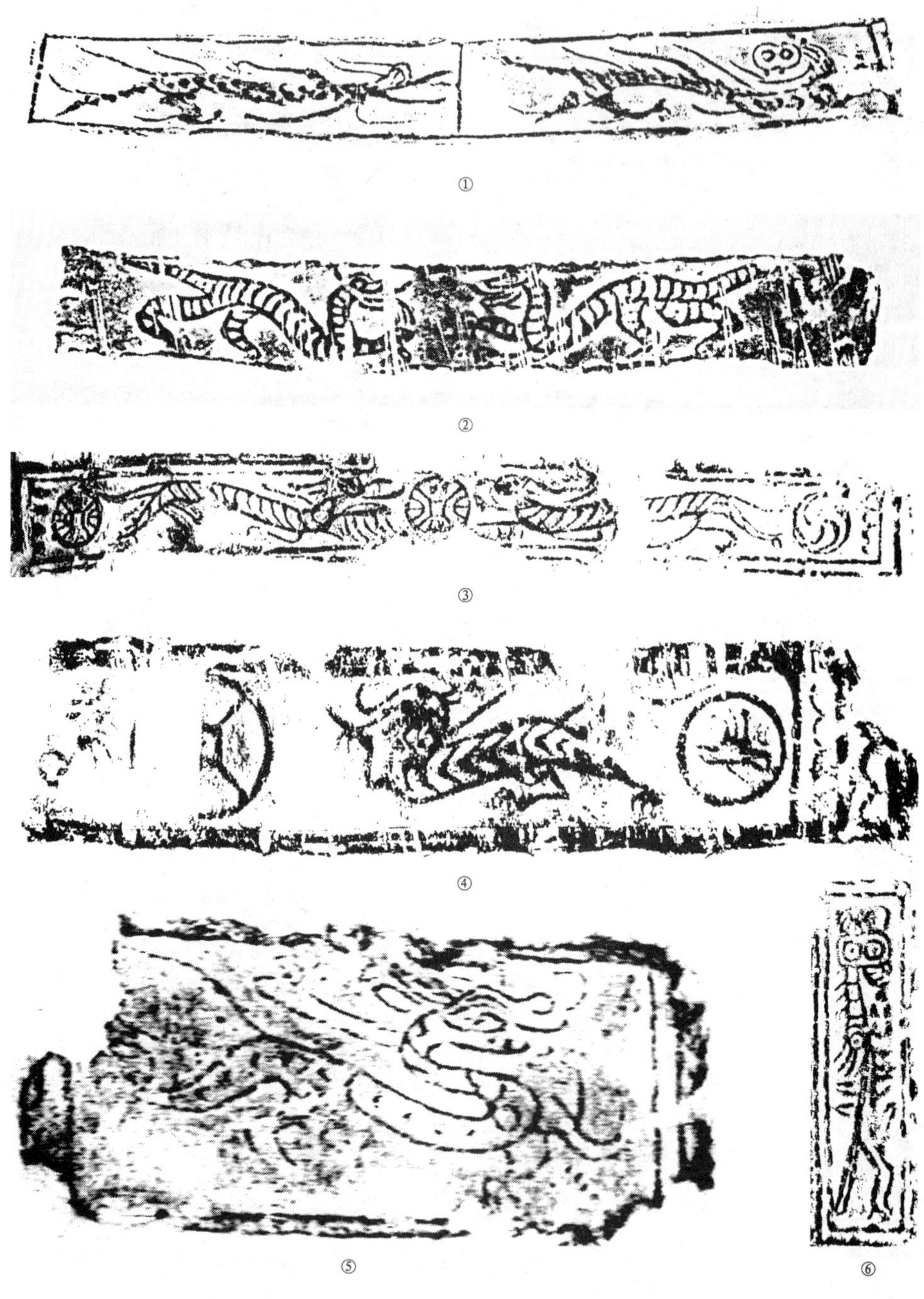

①龙虎　西晋　余姚　拓本
②龙　东晋　绍兴　拓本
③龙虎　晋代　嵊州鹿山街道　拓本
④龙　晋代　嵊州　拓本
⑤龙　西晋　嵊州　拓本
⑥立龙　晋代　嵊州　拓本

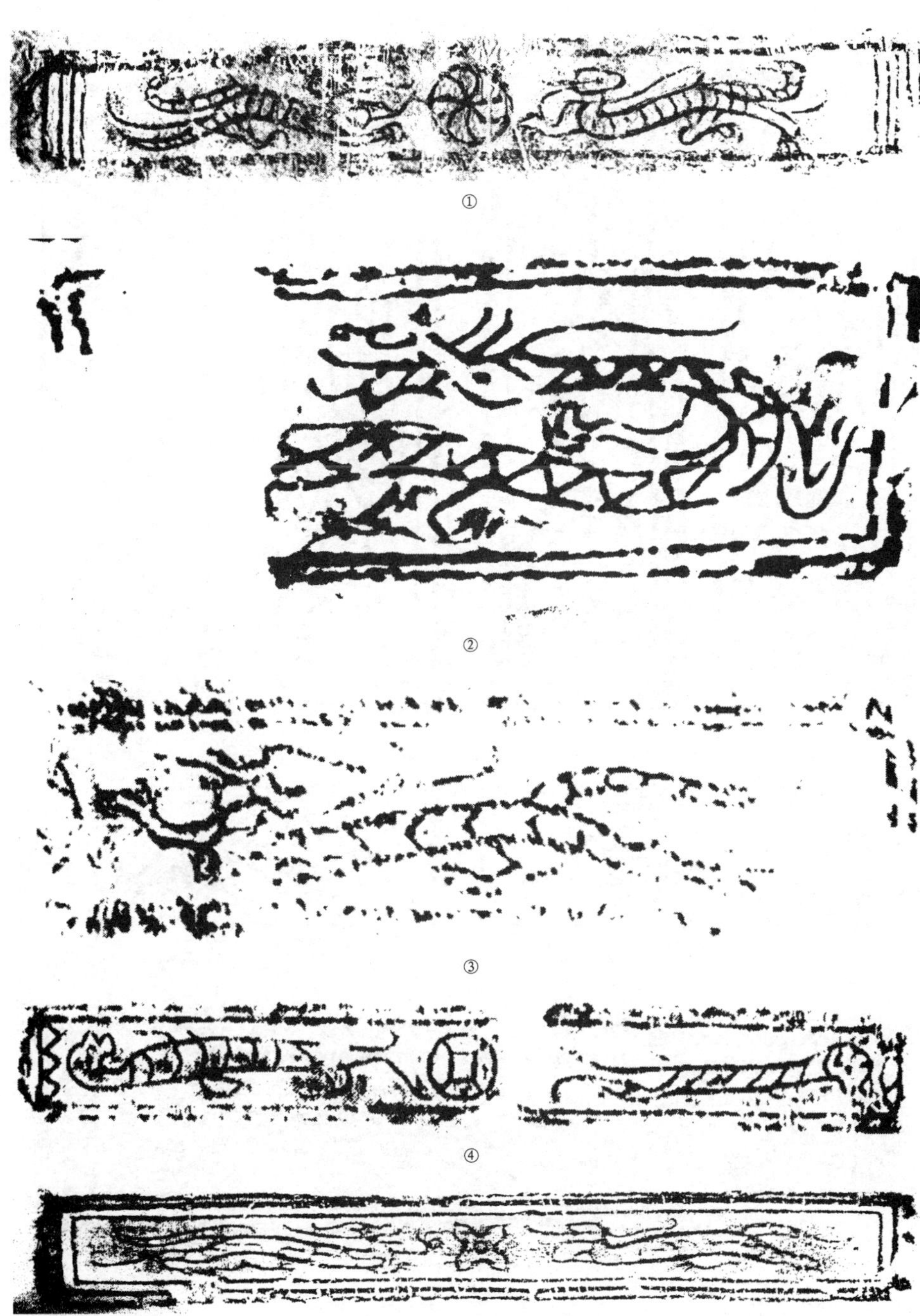

①

②

③

④

⑤

①龙虎　晋代　嵊州甘霖　拓本
②龙　西晋　嵊州　拓本
③龙　晋代　嵊州　拓本
④龙虎　晋代　嵊州石璜　拓本
⑤龙虎　西晋　嵊州　拓本

①立龙　晋代　嵊州鹿山街道　拓本
②立龙　晋代　嵊州鹿山街道　拓本
③立龙　晋代　嵊州甘霖　拓本
④立龙　西晋　嵊州石璜　拓本
⑤龙虎　西晋　嵊州　拓本
⑥龙　西晋　嵊州　拓本

①龙　晋代　余姚　拓本
②二龙　晋代　绍兴　拓本
③龙虎　西晋　绍兴　拓本
④龙钱纹　西晋　绍兴　拓本
⑤龙虎　西晋　余姚　拓本
⑥龙虎　晋代　余姚　拓本

①龙　西晋　嵊州　拓本
②龙虎　晋代　嵊州　拓本
③凤　西晋　绍兴　拓本
④双凤　晋代　嵊州　拓本

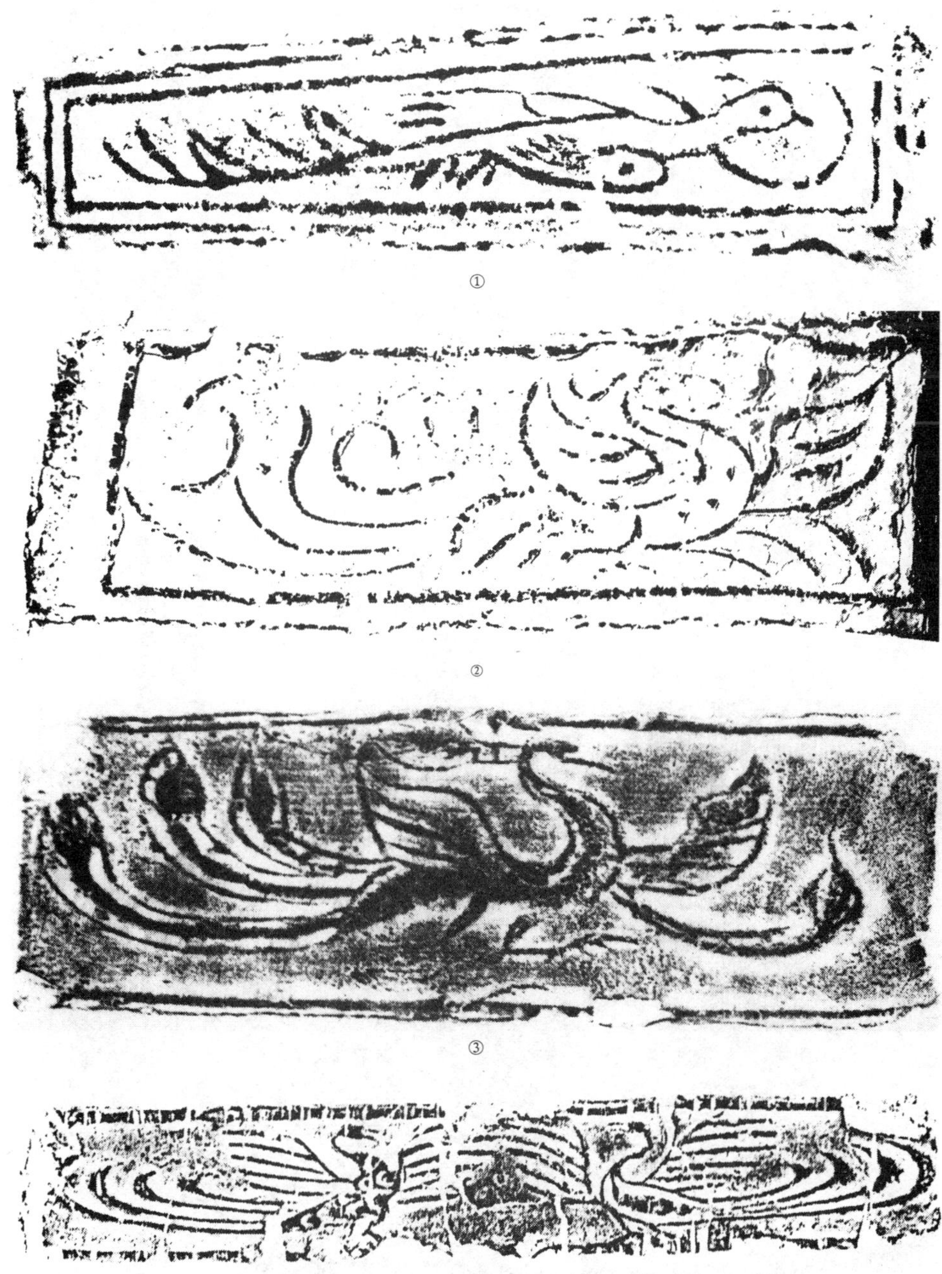

①

②

③

④

①凤　西晋　嵊州　拓本
②凤　晋代　德清　拓本
③凤　晋代　上虞　拓本
④双凤　东晋　嵊州　拓本

①　　　②　　　③

④

①立凤　晋代　嵊州　拓本
②立凤　晋代　嵊州　拓本
③双首凤　西晋　嵊州石璜　拓本
④凤　西晋　嵊州　拓本

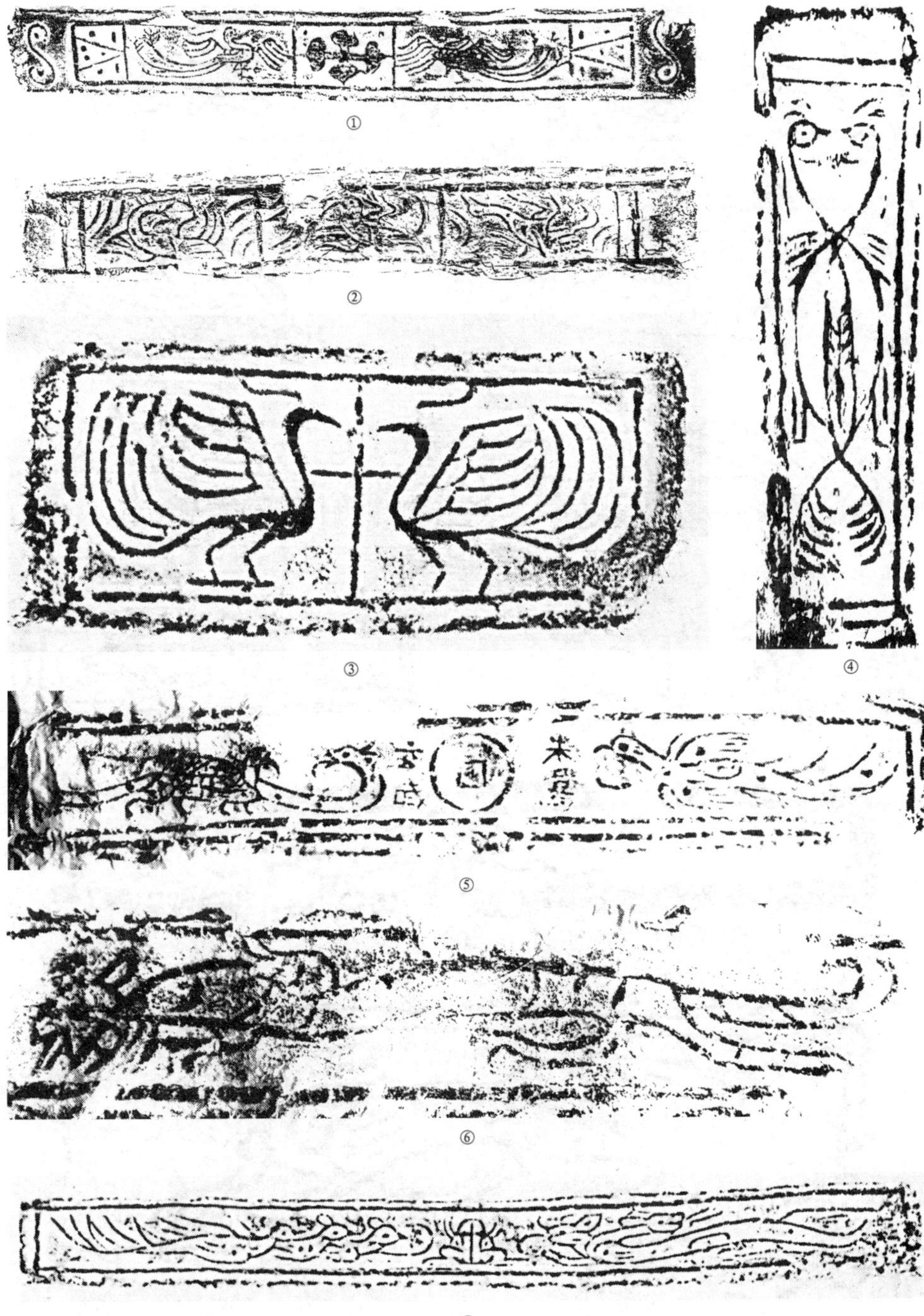

①双凤　晋代　绍兴　拓本
②三凤　晋代　德清　拓本
③双凤　晋代　绍兴　拓本
④双首凤　西晋　嵊州石璜　拓本
⑤玄武朱雀　西晋　嵊州　拓本
⑥白虎　晋代　嵊州　拓本
⑦神兽灵禽　西晋　嵊州　拓本

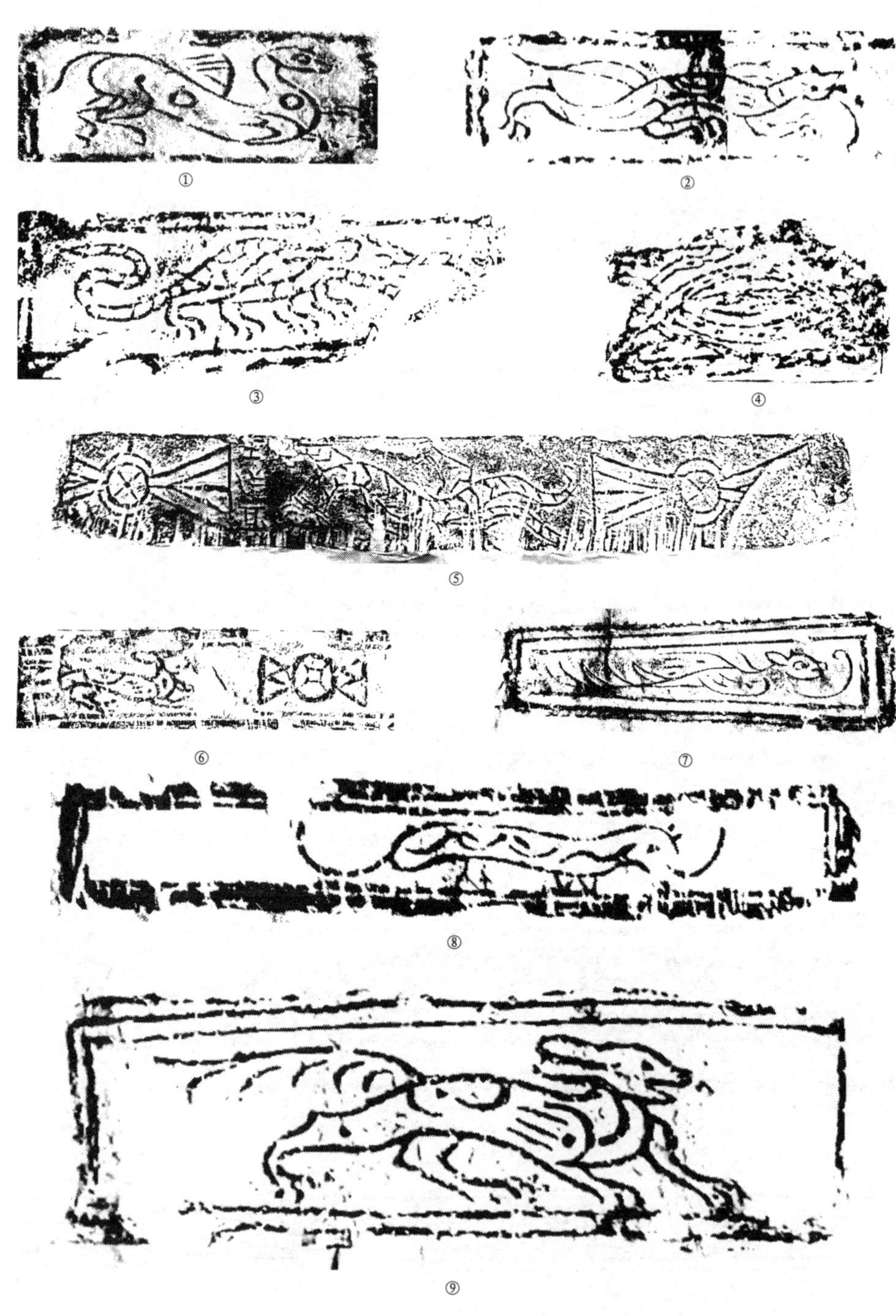

①天马　西晋　嵊州　拓本
②神兽　西晋　嵊州　拓本
③玄武　晋代　嵊州　拓本
④玄武　晋代　嵊州　拓本
⑤白虎　晋代　宁波　拓本
⑥万岁　西晋　嵊州　拓本
⑦神兽　晋代　嵊州　拓本
⑧神兽　西晋　嵊州长乐　拓本
⑨九尾狐　晋代　嵊州　拓本

①神兽　西晋　嵊州　拓本
②神兽　西晋　嵊州甘霖　拓本
③千秋　西晋　嵊州浦口　拓本
④神兽　晋代　嵊州　拓本
⑤神兽　晋代　嵊州　拓本
⑥神兽　晋代　嵊州　拓本
⑦神兽　西晋　嵊州长乐　拓本
⑧千秋　西晋　嵊州浦口　拓本
⑨神兽　西晋　嵊州　拓本

①虎鱼　晋代　嵊州　拓本
②虎　西晋　嵊州　拓本
③虎　晋代　嵊州　拓本
④虎　晋代　嵊州　拓本
⑤鹿　晋代　嵊州石璜　拓本
⑥走兽鱼　晋代　上虞　拓本

①鹿 西晋 嵊州 拓本
②鹿 西晋 嵊州 拓本
③双鹿 西晋 嵊州长乐 拓本
④双鹿 西晋 嵊州 拓本
⑤鸟 西晋 上虞 拓本
⑥鸟梳 晋代 临安 拓本

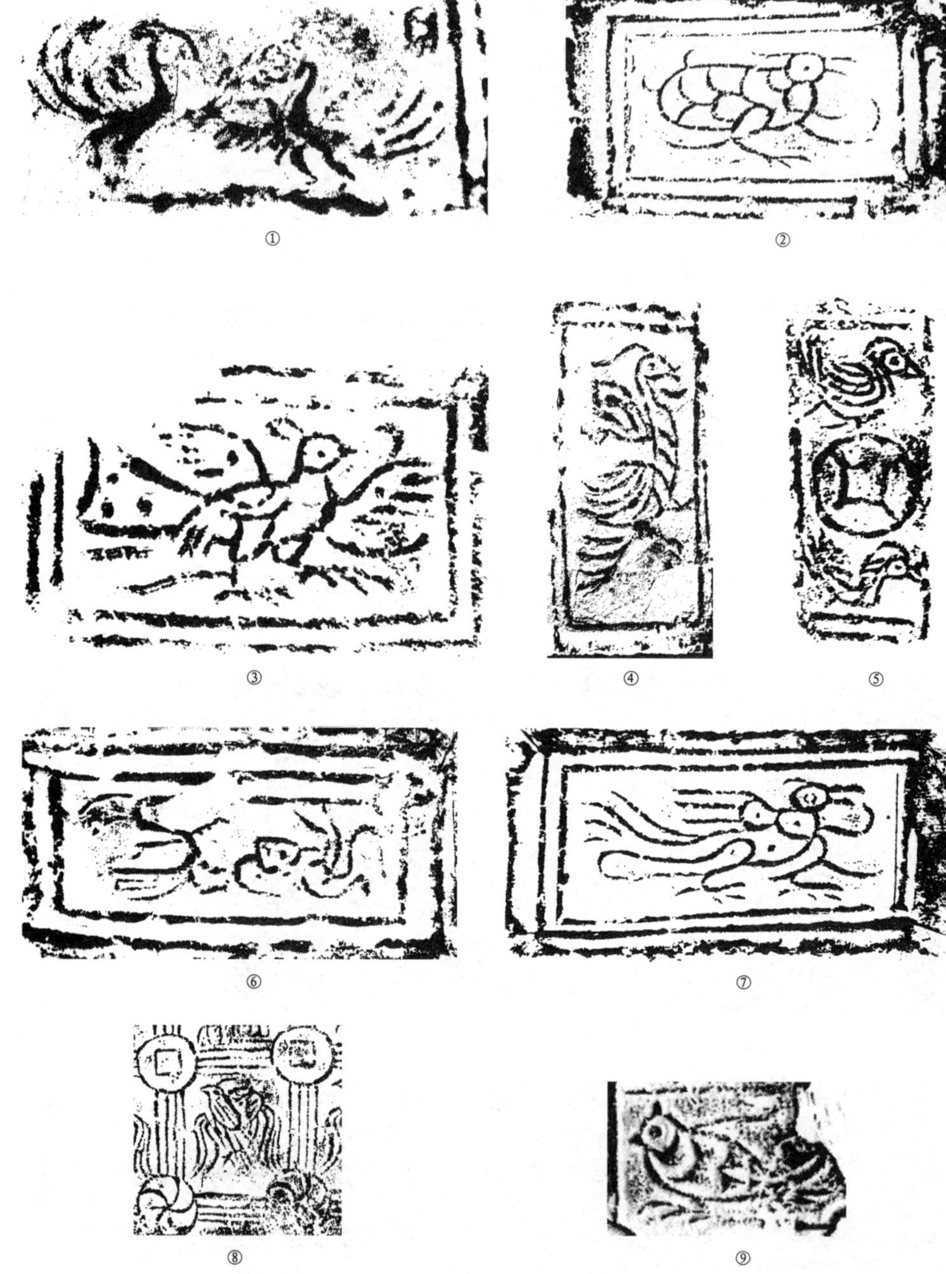

①双鸟　晋代　嵊州　拓本
②鸟　西晋　嵊州甘霖　拓本
③鸟　西晋　嵊州　拓本
④鸟　西晋　嵊州石璜　拓本
⑤鸟钱纹　西晋　嵊州石璜　拓本
⑥双鸟　西晋　嵊州　拓本
⑦鸟　西晋　嵊州　拓本
⑧鸟钱纹　西晋　嵊州甘霖　拓本
⑨鸟　晋代　嵊州鹿山街道　拓本

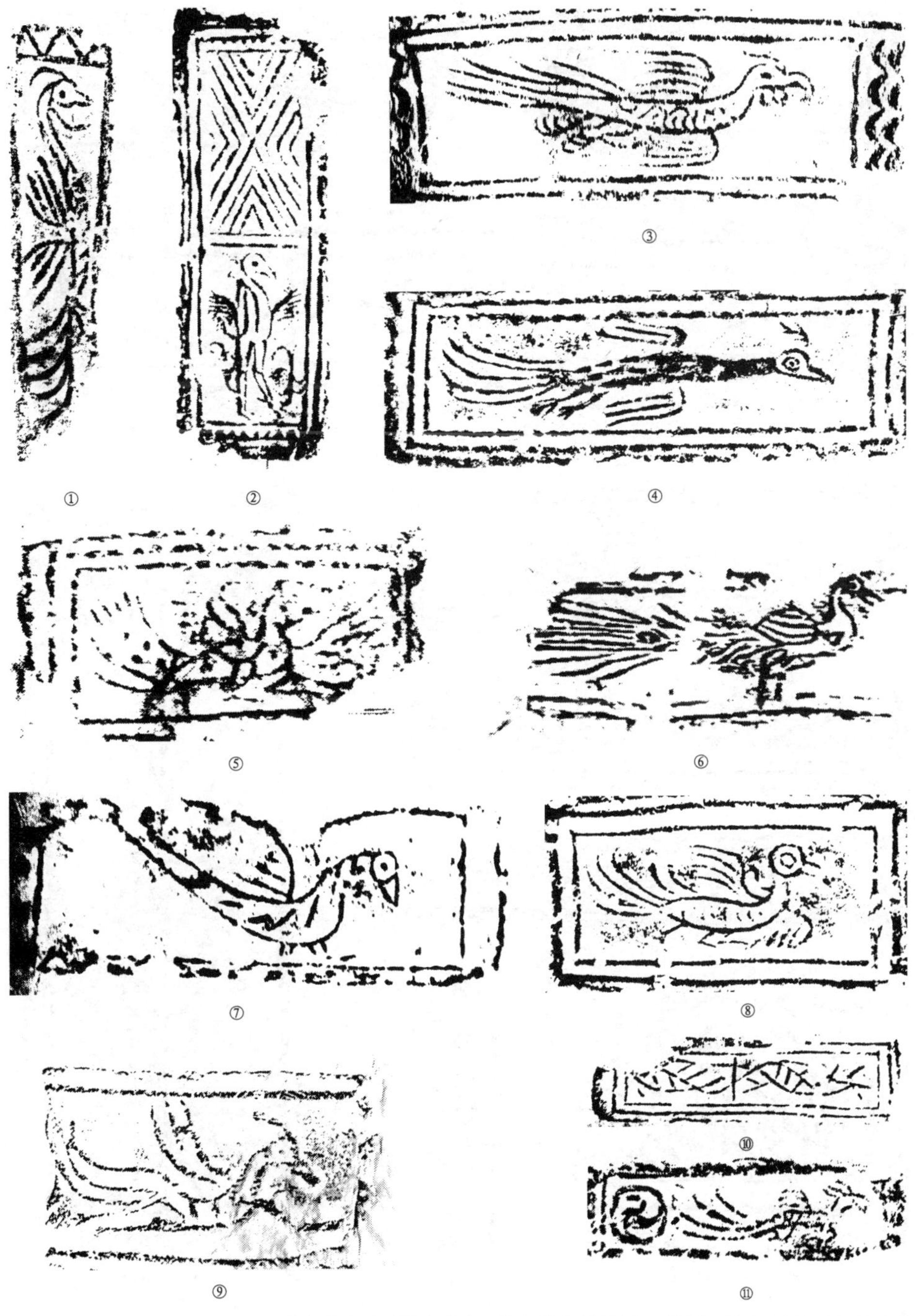

①鸟　西晋　嵊州石璜　拓本
②鸟　西晋　嵊州　拓本
③飞鸟　晋代　嵊州　拓本
④飞鸟　晋代　嵊州　拓本
⑤鸟　东晋　嵊州　拓本
⑥鸟　东晋　嵊州　拓本
⑦鸟　东晋　嵊州　拓本
⑧鸟　西晋　嵊州　拓本
⑨鸟　西晋　嵊州　拓本
⑩鸟　西晋　嵊州　拓本
⑪飞鸟　晋代　嵊州　拓本

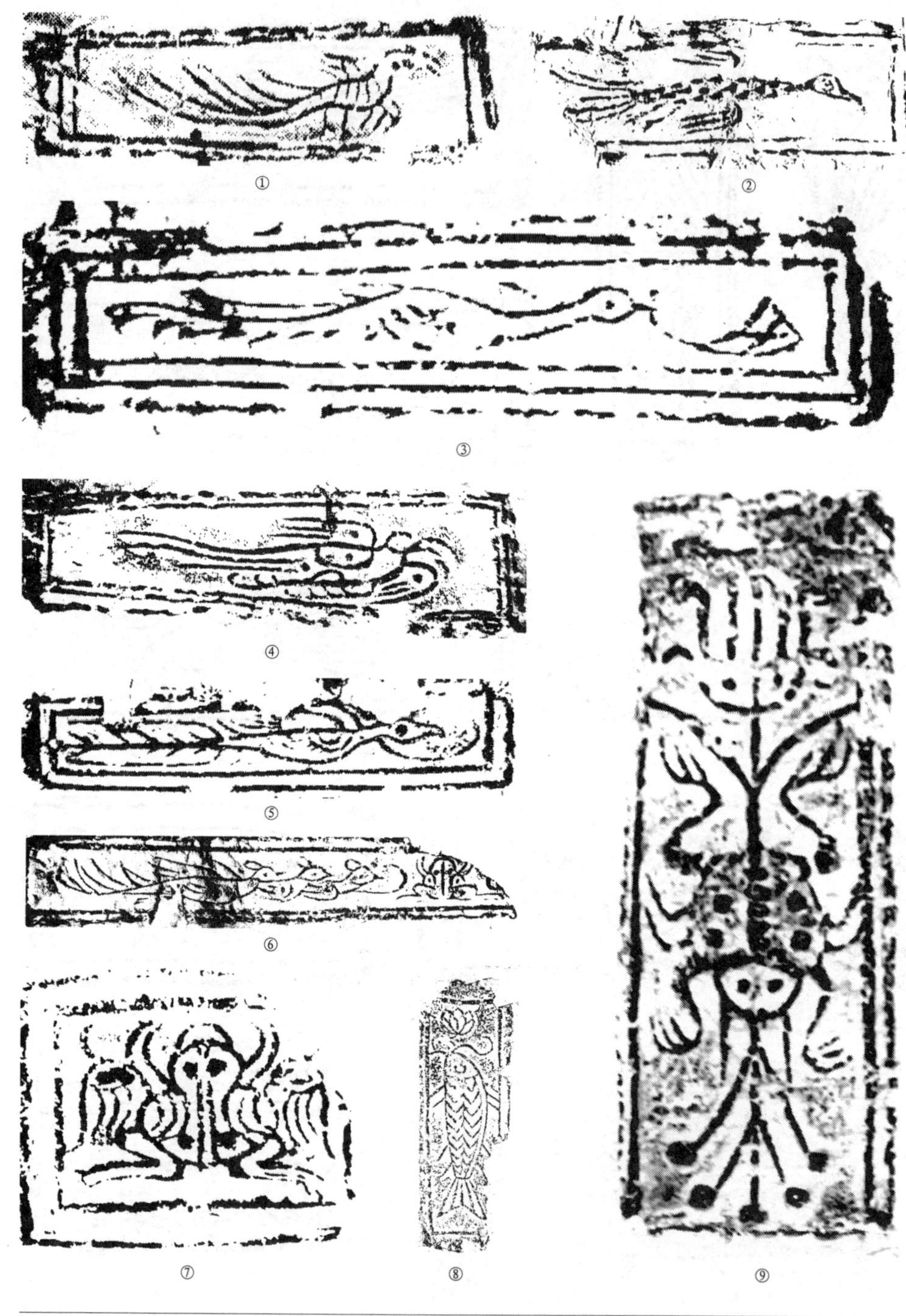

①飞鸟　晋代　嵊州　拓本
②飞鸟　晋代　嵊州　拓本
③飞鸟　晋代　嵊州　拓本
④飞鸟　晋代　嵊州　拓本
⑤飞鸟　晋代　嵊州　拓本
⑥飞鸟蟾纹　西晋　嵊州　拓本
⑦蟾蜍　晋代　嵊州　拓本
⑧鱼莲纹　西晋　嵊州　拓本
⑨蟾蜍　晋代　嵊州　拓本

①鱼钱纹　西晋　嵊州　拓本
②鱼钱纹　西晋　嵊州　拓本
③鱼莲纹　西晋　嵊州　拓本
④鱼　西晋　嵊州　拓本
⑤鱼莲纹　东晋　嵊州　拓本
⑥鱼钱纹　西晋　嵊州　拓本
⑦鱼钱纹　西晋　嵊州　拓本
⑧鱼　晋代　嵊州　拓本
⑨鱼　晋代　嵊州　拓本
⑩鱼　晋代　嵊州　拓本
⑪鱼钱纹　西晋　嵊州　拓本

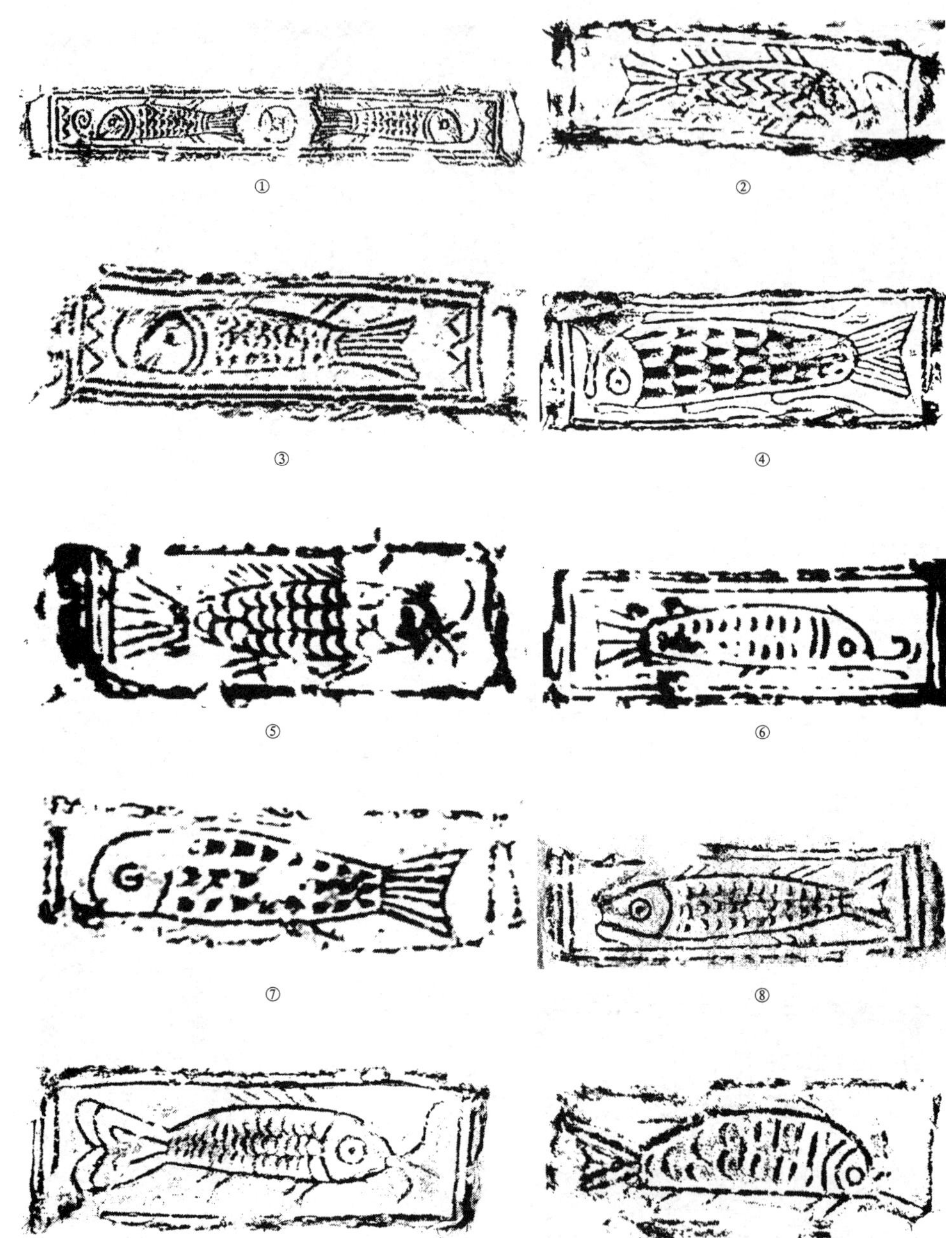

①　②
③　④
⑤　⑥
⑦　⑧
⑨　⑩

①鱼钱纹　晋代　嵊州　拓本
②鱼　晋代　嵊州　拓本
③鱼　晋代　嵊州　拓本
④鱼　晋代　嵊州　拓本
⑤鱼　晋代　嵊州　拓本
⑥鱼　晋代　嵊州　拓本
⑦鱼　晋代　嵊州　拓本
⑧鱼　晋代　嵊州　拓本
⑨鱼　晋代　嵊州　拓本
⑩鱼　晋代　嵊州　拓本

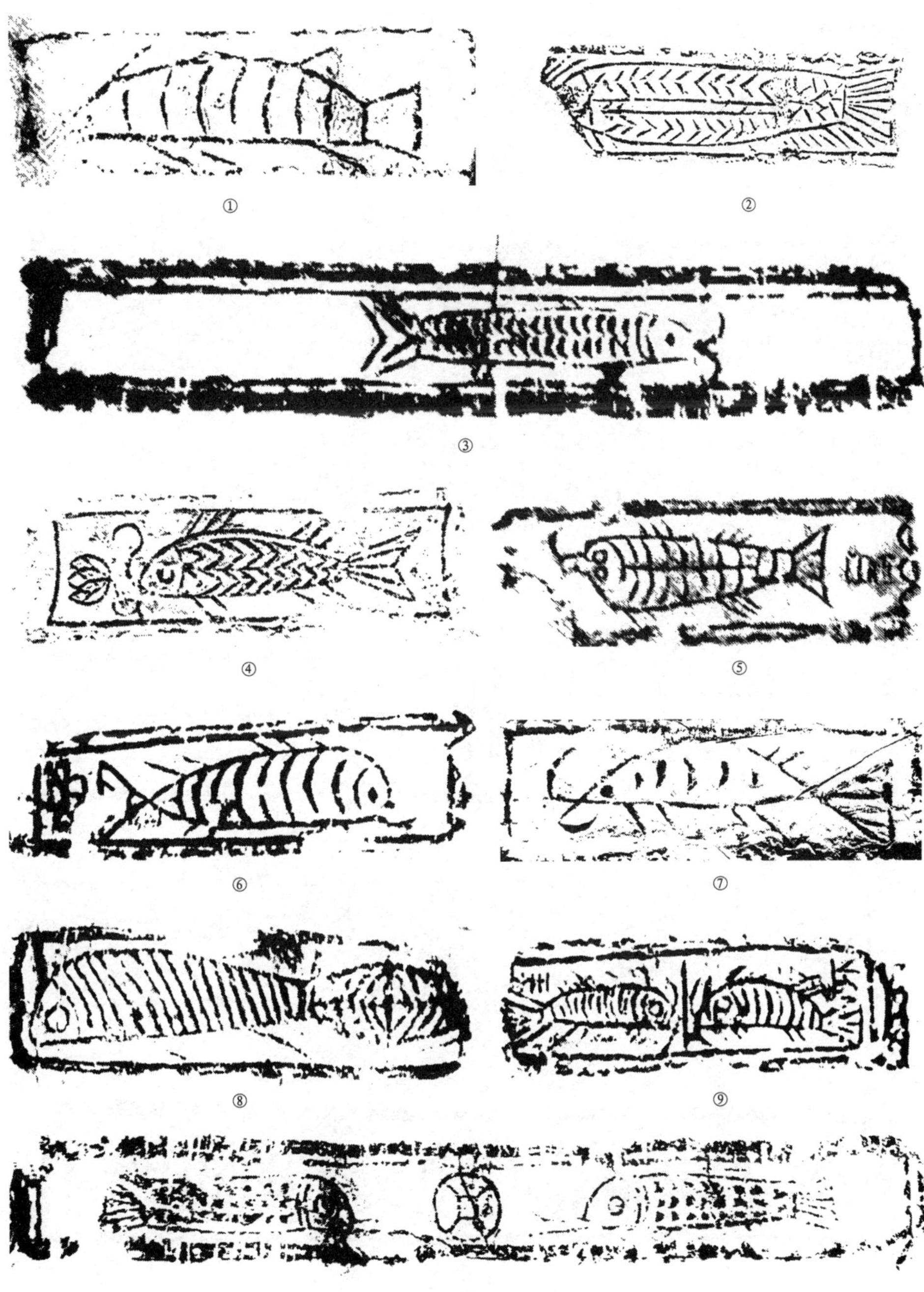

①鱼　晋代　嵊州　拓本
②鱼　晋代　嵊州　拓本
③鱼　晋代　嵊州　拓本
④鱼　晋代　嵊州　拓本
⑤鱼　晋代　嵊州　拓本
⑥鱼　晋代　嵊州　拓本
⑦鱼　晋代　嵊州　拓本
⑧鱼　晋代　嵊州　拓本
⑨双鱼　西晋　嵊州　拓本
⑩鱼钱纹　晋代　嵊州　拓本

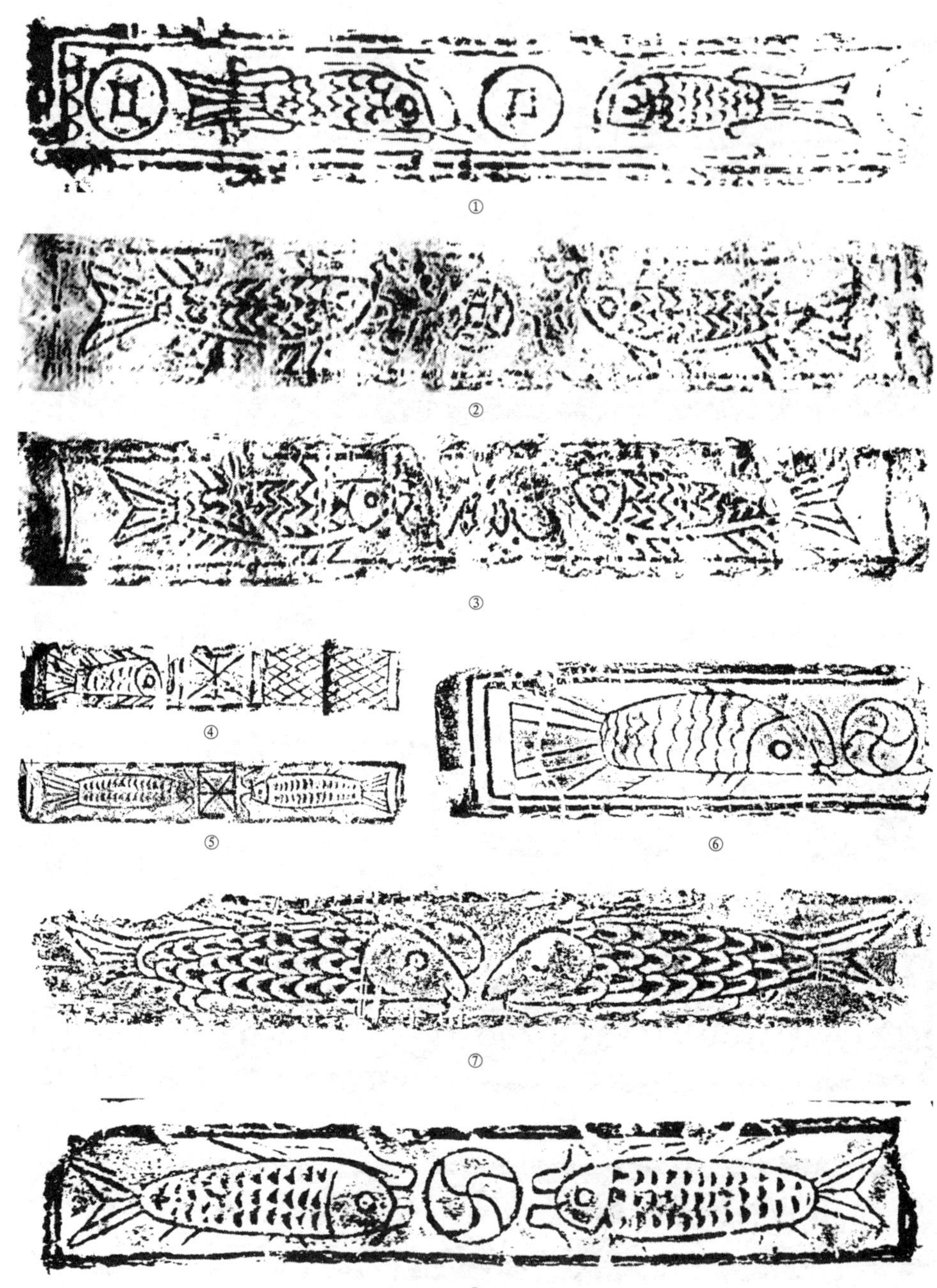

①鱼钱纹　晋代　嵊州　拓本
②鱼钱纹　晋代　嵊州　拓本
③鱼莲纹　晋代　嵊州　拓本
④鱼　西晋　嵊州　拓本
⑤双鱼　晋代　嵊州　拓本
⑥鱼　西晋　嵊州　拓本
⑦双鱼　晋代　嵊州　拓本
⑧双鱼　西晋　嵊州　拓本

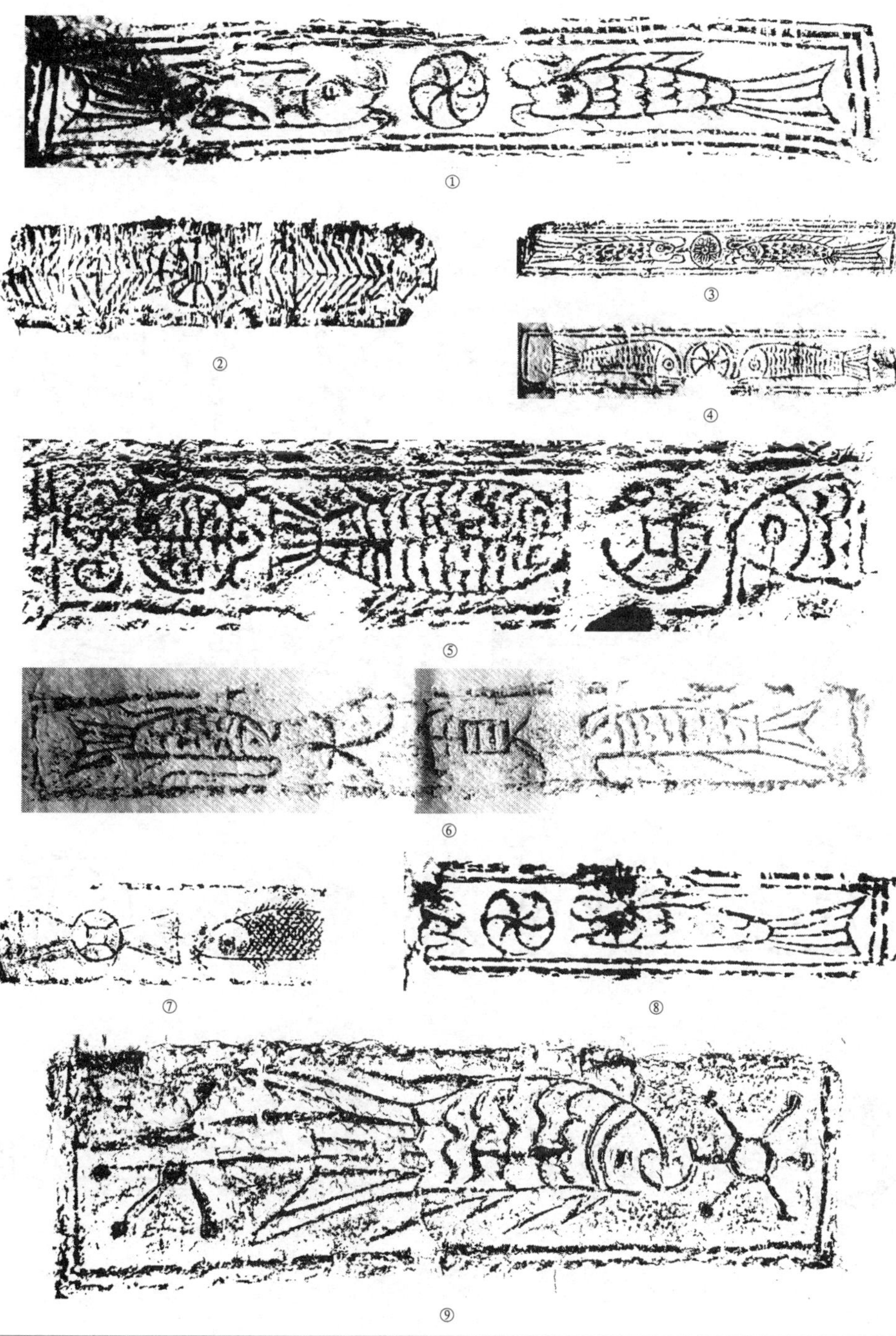

①双鱼　晋代　嵊州　拓本
②双鱼　西晋　嵊州　拓本
③双鱼　晋代　嵊州　拓本
④双鱼　晋代　嵊州　拓本
⑤鱼钱鳖　晋代　嵊州石璜　拓本
⑥鱼　东晋　嵊州　拓本
⑦鱼胜钱纹　西晋　嵊州　拓本
⑧鱼　西晋　嵊州　拓本
⑨鱼　晋代　嵊州　拓本

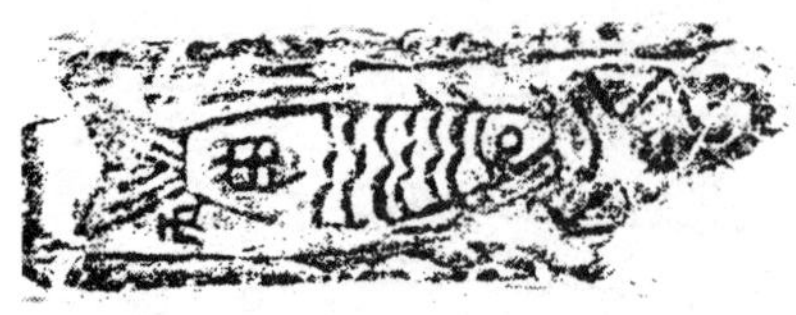

①

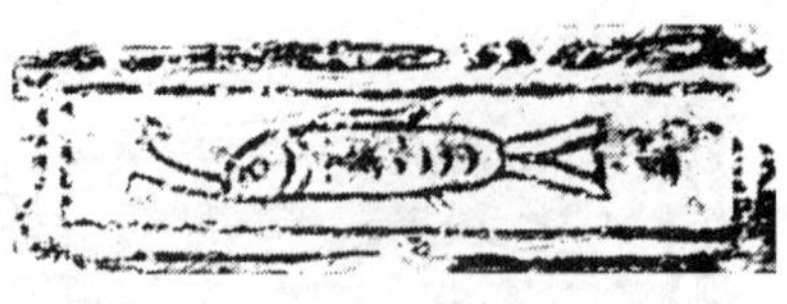

②

③

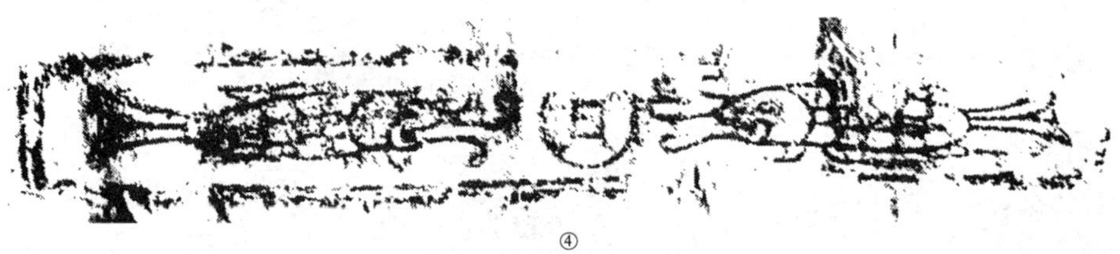

④

⑤

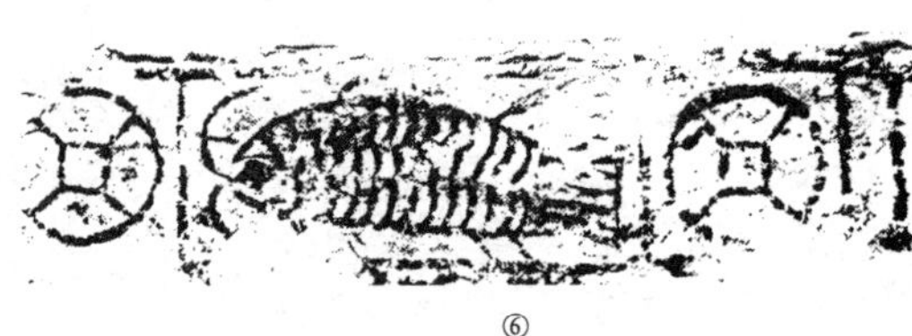

⑥

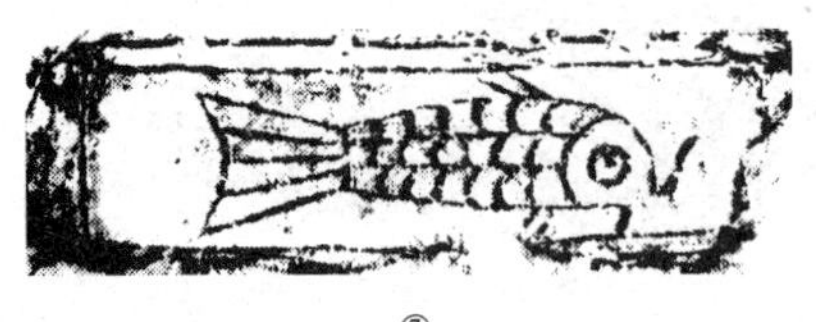

⑦

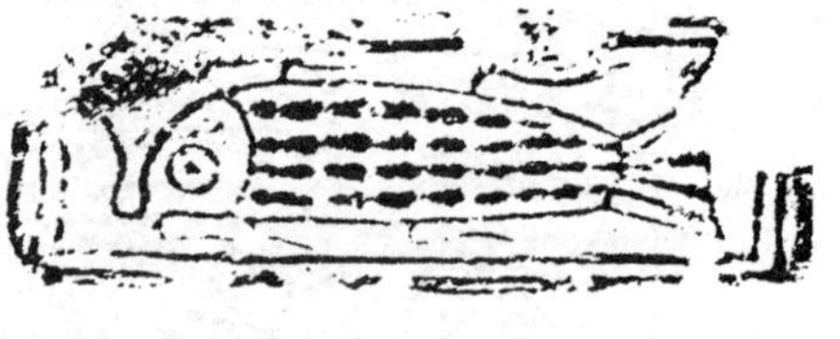

⑧

①鱼　晋代　嵊州　拓本
②鱼　晋代　嵊州　拓本
③鱼钱纹　西晋　嵊州甘霖　拓本
④双鱼　晋代　嵊州　拓本
⑤鱼　西晋　嵊州　拓本
⑥鱼钱纹　晋代　嵊州　拓本
⑦鱼　东晋　嵊州　拓本
⑧鱼　西晋　嵊州　拓本

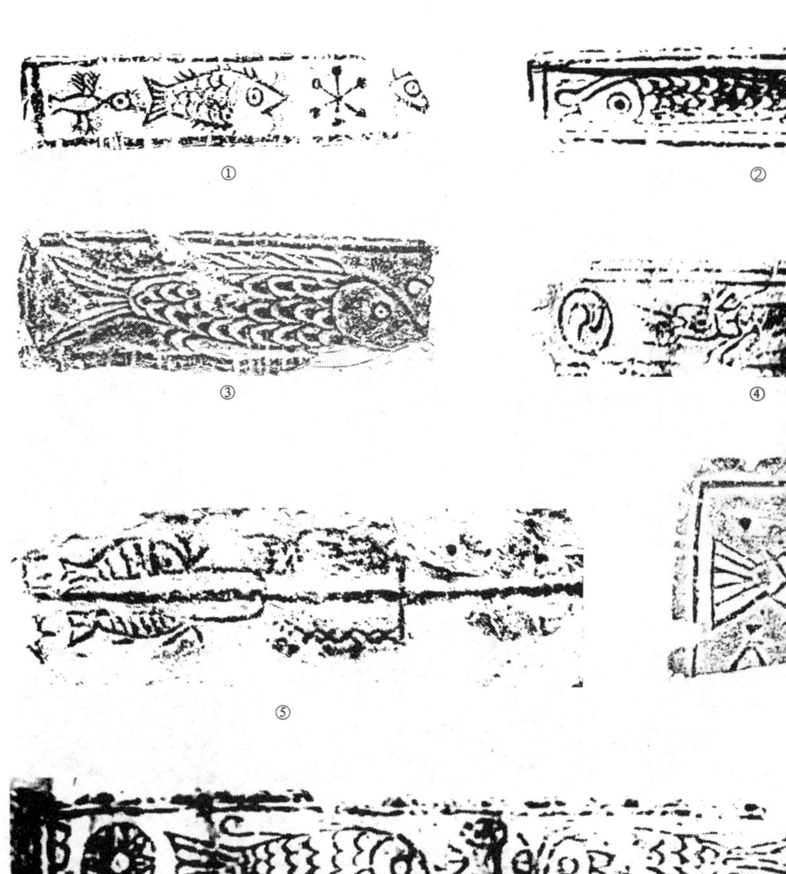

①　②　③　④　⑤　⑥　⑦

⑧

①鱼鸟纹　晋代　嵊州鹿山街道　拓本
②鱼　晋代　嵊州　拓本
③鱼　晋代　嵊州　拓本
④虾　西晋　嵊州鹿山街道　拓本
⑤双鱼　晋代　嵊州　拓本
⑥鱼　晋代　绍兴　拓本
⑦双鱼　晋代　嵊州　拓本
⑧鱼钱纹　晋代　嵊州　拓本

（4）植物类画像砖

①莲纹　东晋　安吉　拓本
②莲纹　东晋　安吉　拓本
③莲纹　东晋　安吉　拓本
④植物轮纹　晋代　临安　拓本
⑤莲纹　东晋　安吉　拓本
⑥莲纹　晋代　嵊州　拓本
⑦莲纹　东晋　安吉　拓本

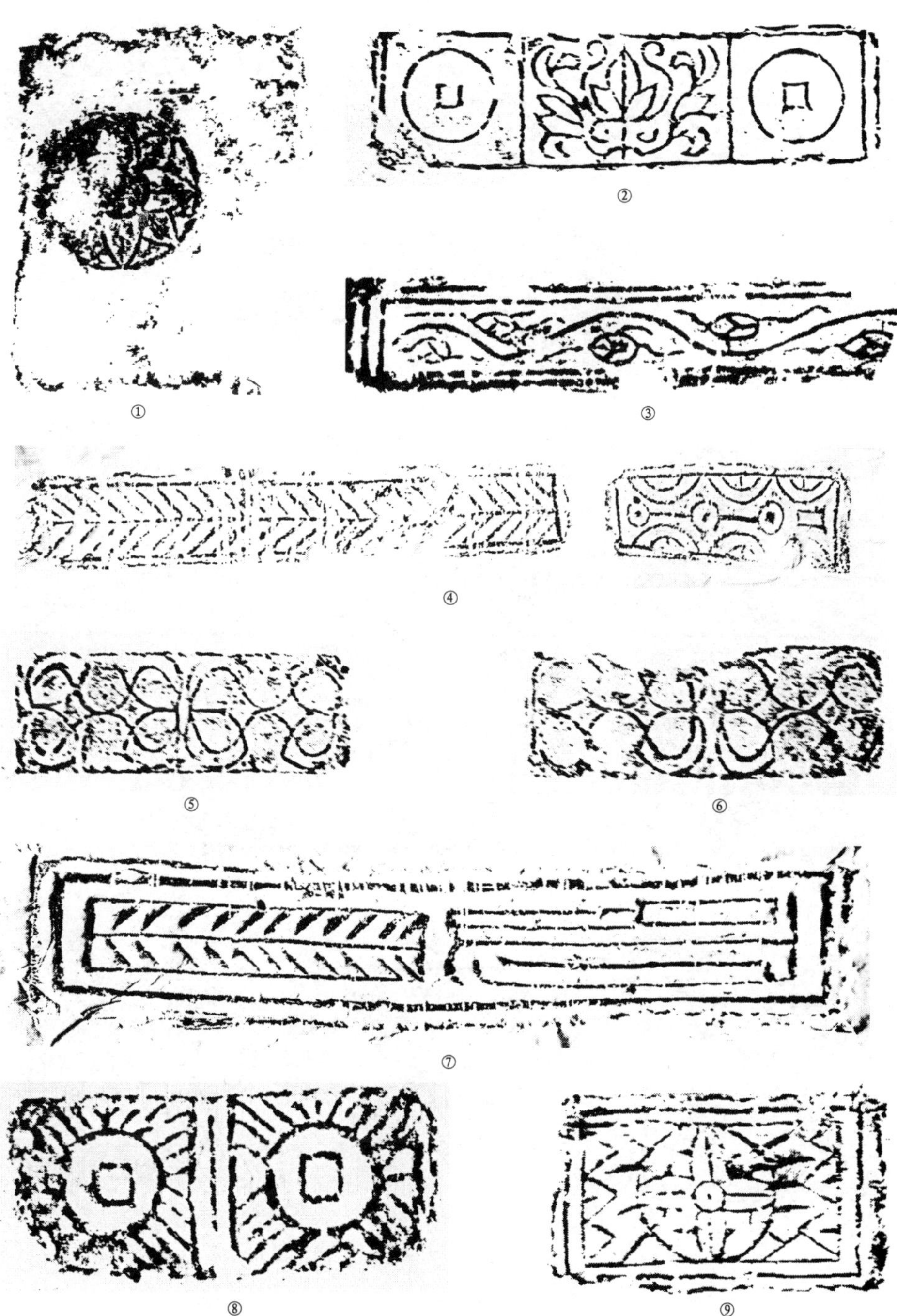

①莲纹　晋代　嵊州　拓本
②花卉钱纹　东晋　安吉　拓本
③花草纹　西晋　嵊州　拓本
④植物纹　晋代　临安於潜　拓本
⑤花草纹　东晋　安吉　拓本
⑥花草纹　东晋　安吉　拓本
⑦植物回纹　晋代　临安於潜　拓本
⑧花卉钱纹　西晋　安吉　拓本
⑨花卉纹　西晋　嵊州　拓本

①

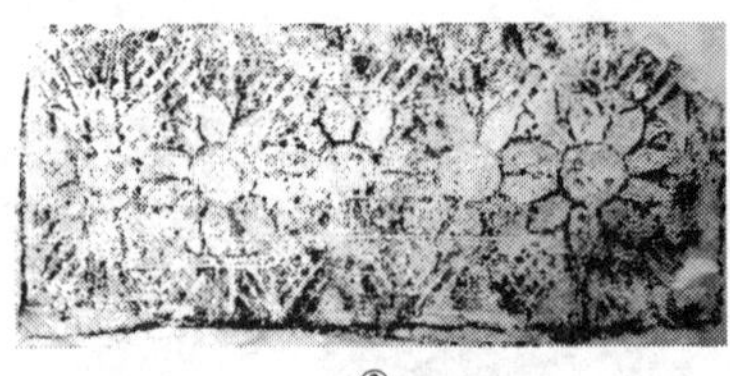

②

③

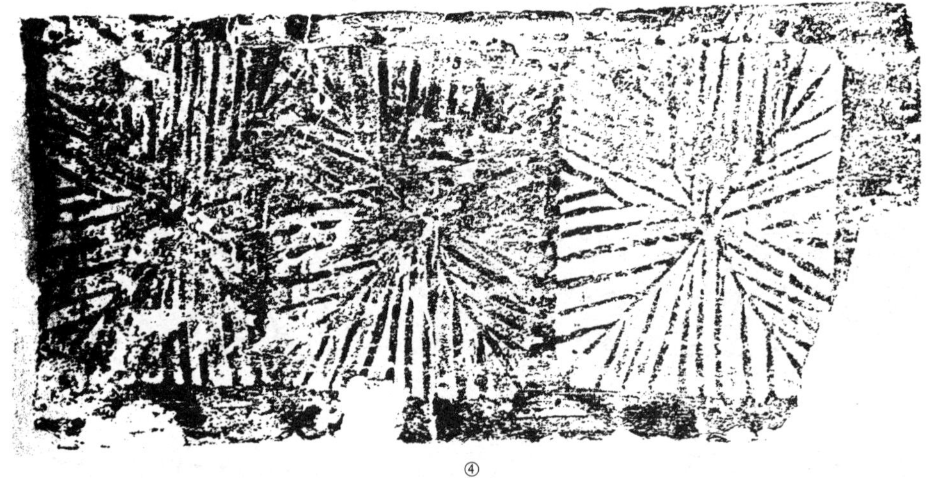

④

⑤

⑥

⑦

①植物钱纹　西晋　嵊州　拓本
②花卉纹　晋代　嵊州　拓本
③植物变化纹　晋代　嵊州　拓本
④类植物纹　西晋　湖州　拓本

⑤柿蒂纹　晋代　绍兴　拓本
⑥柿蒂纹　晋代　绍兴　拓本
⑦柿蒂纹　晋代　绍兴　拓本

（5）几何纹饰类画像砖

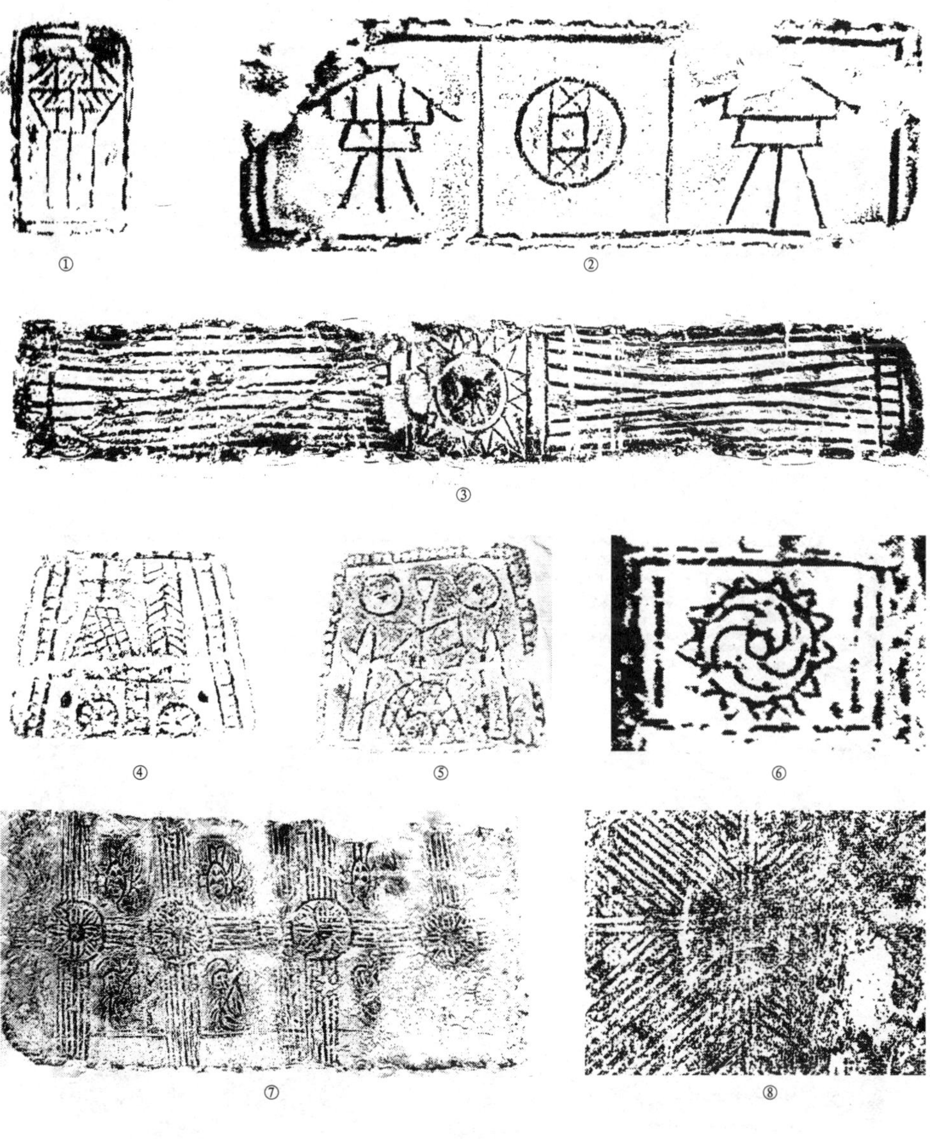

①②③④⑤⑥⑦⑧

①建筑纹　西晋　嵊州　拓本
②建筑纹　晋代　嵊州崇仁　拓本
③太阳纹　西晋　嵊州　拓本
④建筑纹　晋代　绍兴　拓本
⑤建筑纹　晋代　绍兴　拓本
⑥太阳纹　西晋　嵊州　拓本
⑦花鸟纹　晋代　嵊州　拓本
⑧太阳纹　西晋　上虞　拓本

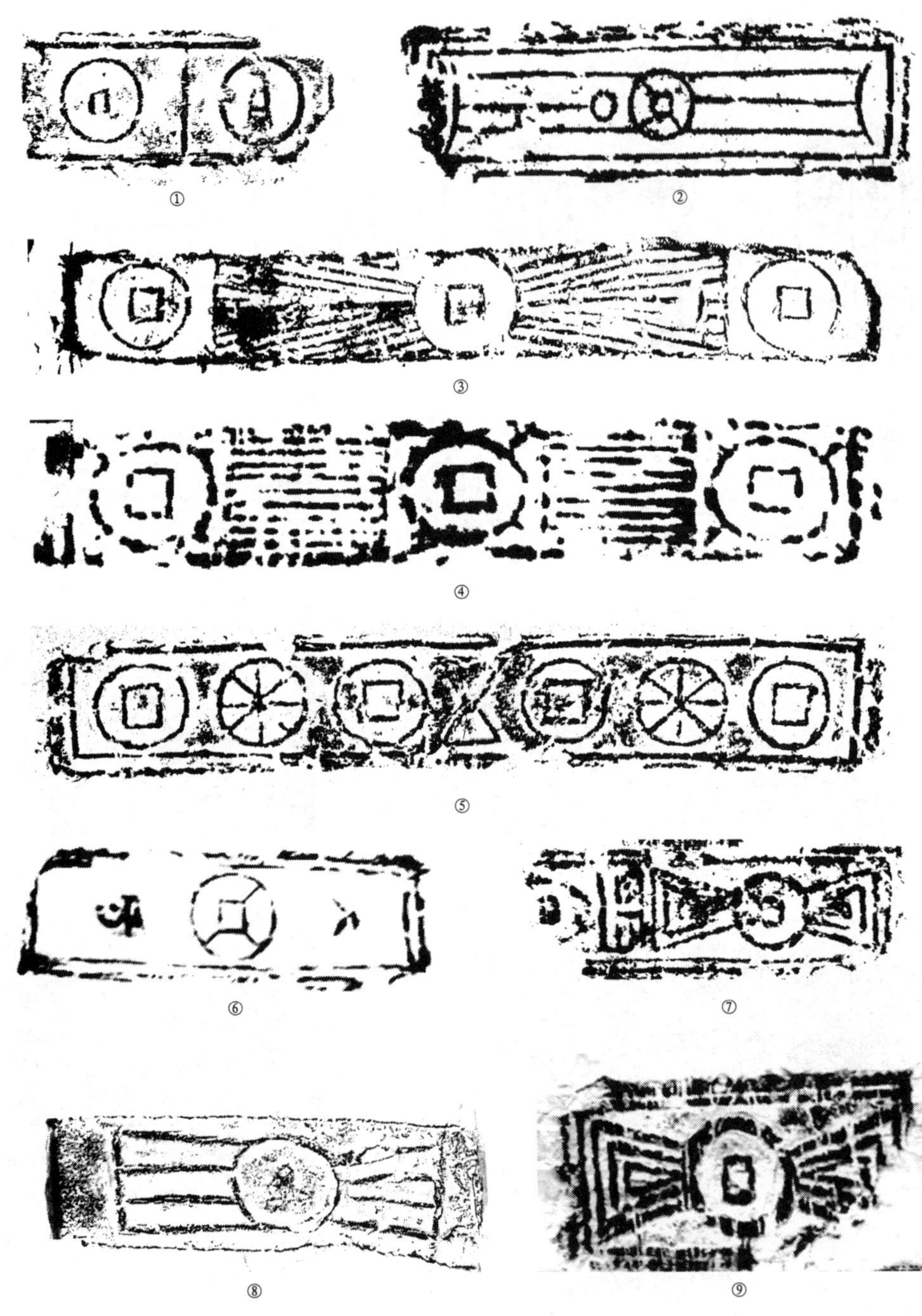

①双钱纹　晋代　临安　拓本
②钱纹　晋代　嵊州　拓本
③三钱纹　西晋　嵊州　拓本
④三钱纹　西晋　嵊州　拓本
⑤四钱轮胜纹　西晋　临安於潜　拓本
⑥钱纹　西晋　嵊州　拓本
⑦钱胜纹　西晋　嵊州　拓本
⑧钱胜纹　西晋　嵊州　拓本
⑨钱胜纹　西晋　嵊州　拓本

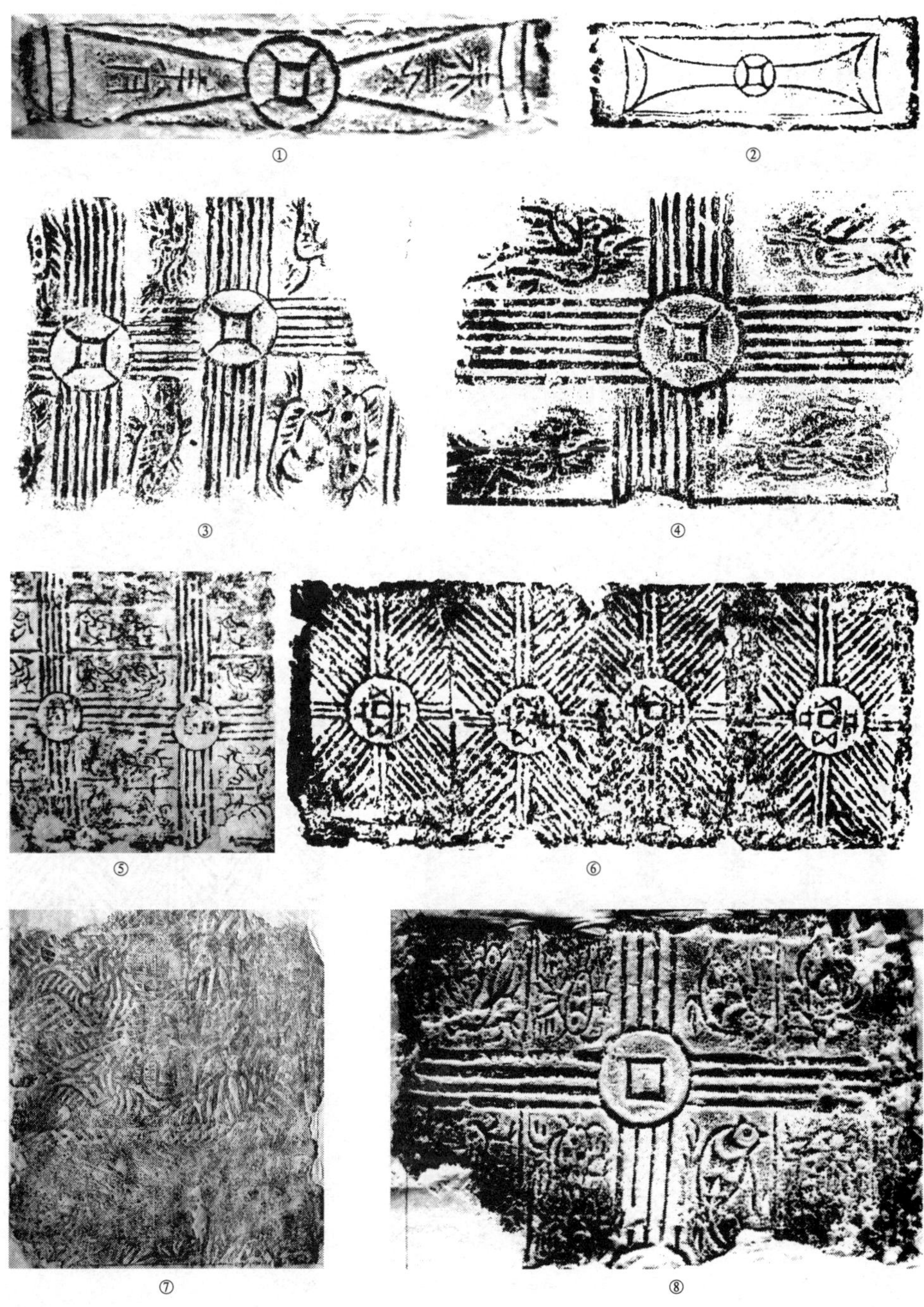

①钱胜纹 东晋 嵊州 拓本
②钱胜纹 晋代 嵊州 拓本
③钱鸟纹 晋代 嵊州 拓本
④钱鸟纹 晋代 嵊州 拓本
⑤钱鸟纹 西晋 嵊州 拓本
⑥钱植物纹 西晋 嵊州 拓本
⑦钱鸟纹 晋代 嵊州甘霖 拓本
⑧钱鸟纹 晋代 嵊州 拓本

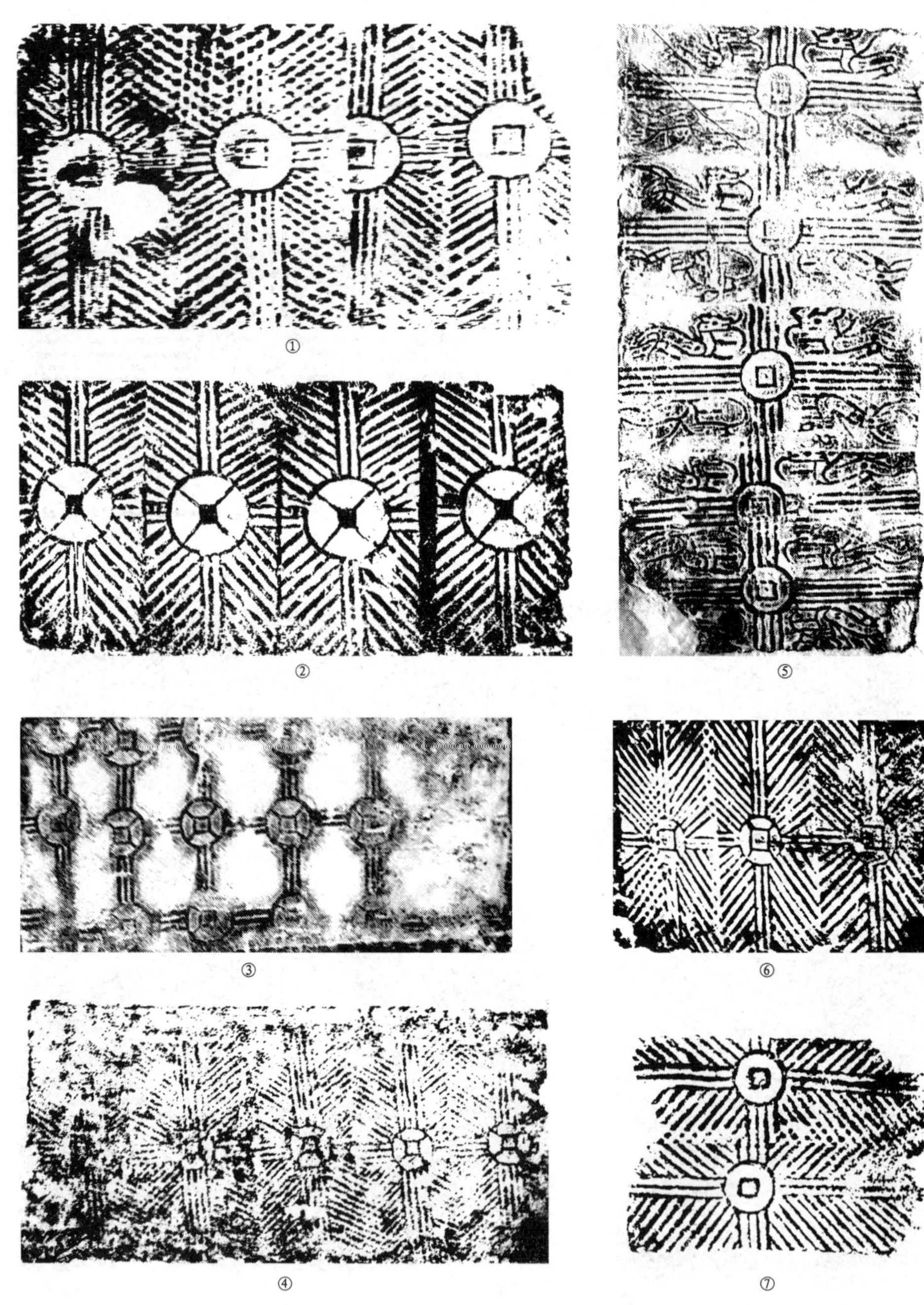

①钱植物纹　晋代　嵊州　拓本
②钱植物纹　晋代　嵊州　拓本
③联钱纹　西晋　嵊州　拓本
④钱植物纹　西晋　嵊州　拓本
⑤钱兽纹　晋代　嵊州甘霖　拓本
⑥钱植物纹　西晋　嵊州　拓本
⑦钱植物纹　西晋　嵊州　拓本

①钱植物纹　西晋　嵊州　拓本
②钱鸟兽纹　西晋　嵊州　拓本
③钱植物纹　西晋　嵊州　拓本
④钱直线纹　晋代　嵊州　拓本

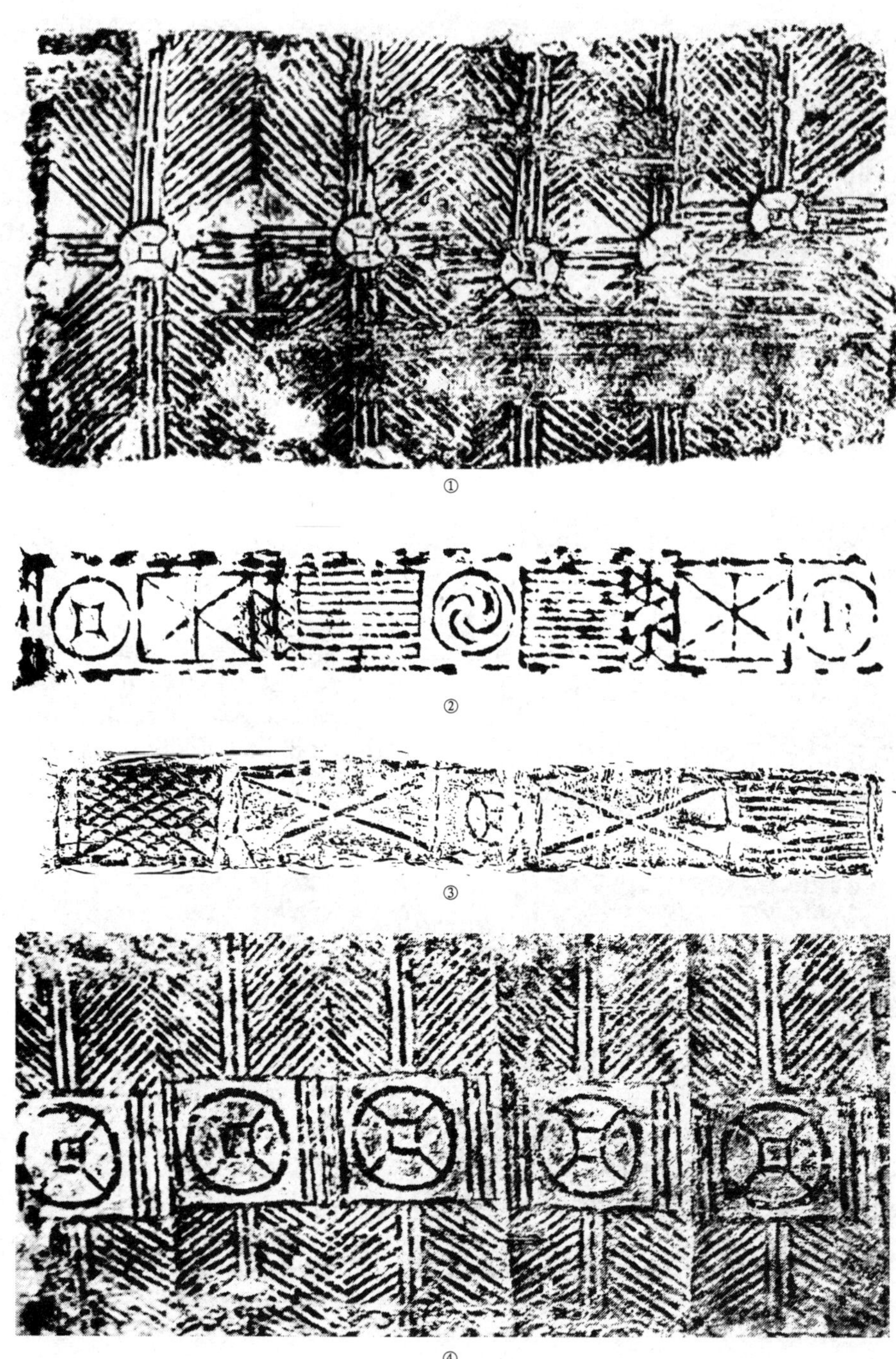

①

②

③

④

①钱植物纹　晋代　嵊州　拓本
②钱米字纹　晋代　嵊州　拓本
③钱胜纹　晋代　嵊州　拓本
④钱植物纹　西晋　嵊州　拓本

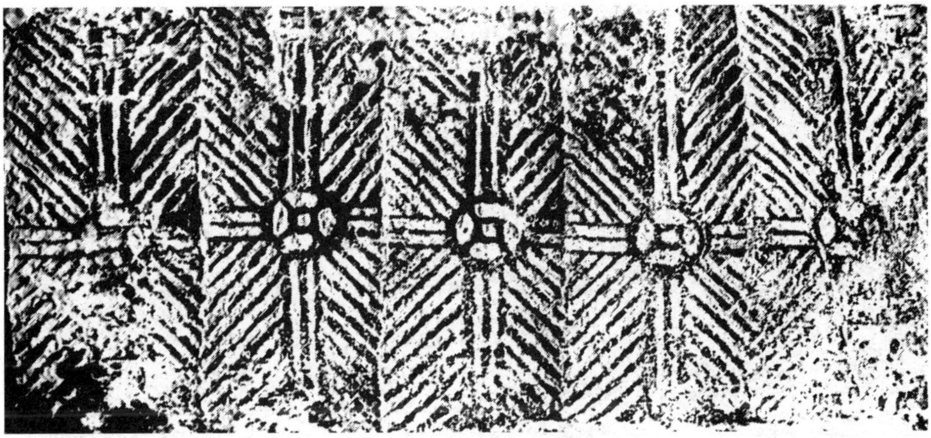

①

②

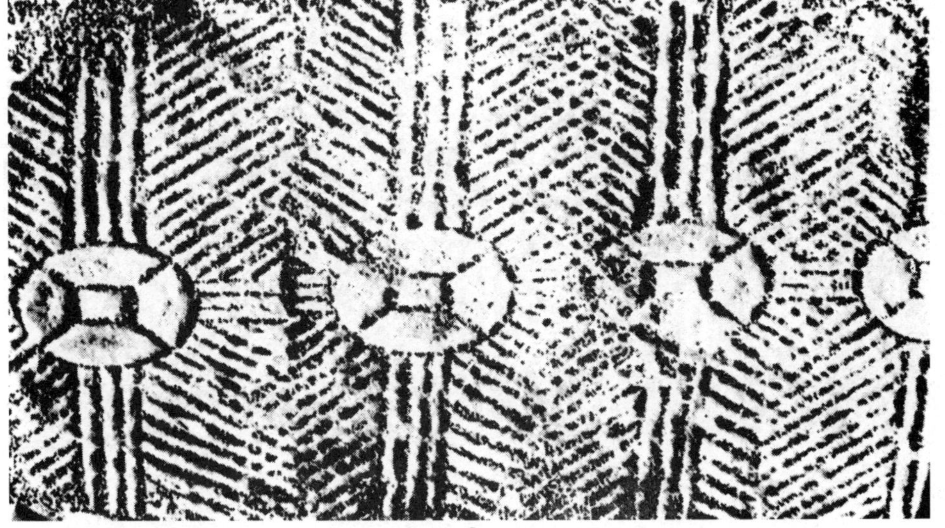

③

①钱植物纹　西晋　嵊州　拓本
②梳子纹　晋代　嵊州　拓本
③钱植物纹　西晋　嵊州　拓本

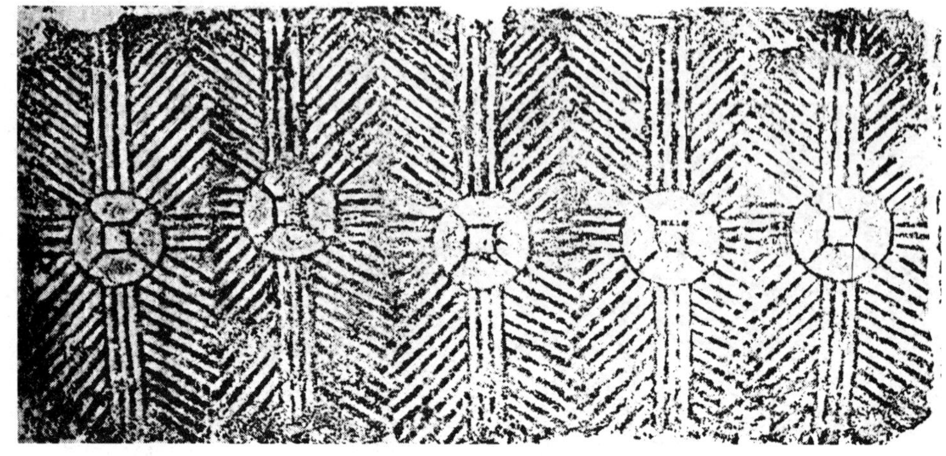

①

②

③

①钱植物纹　西晋　嵊州　拓本
②钱胜纹　晋代　嵊州　拓本
③钱植物纹　西晋　嵊州　拓本

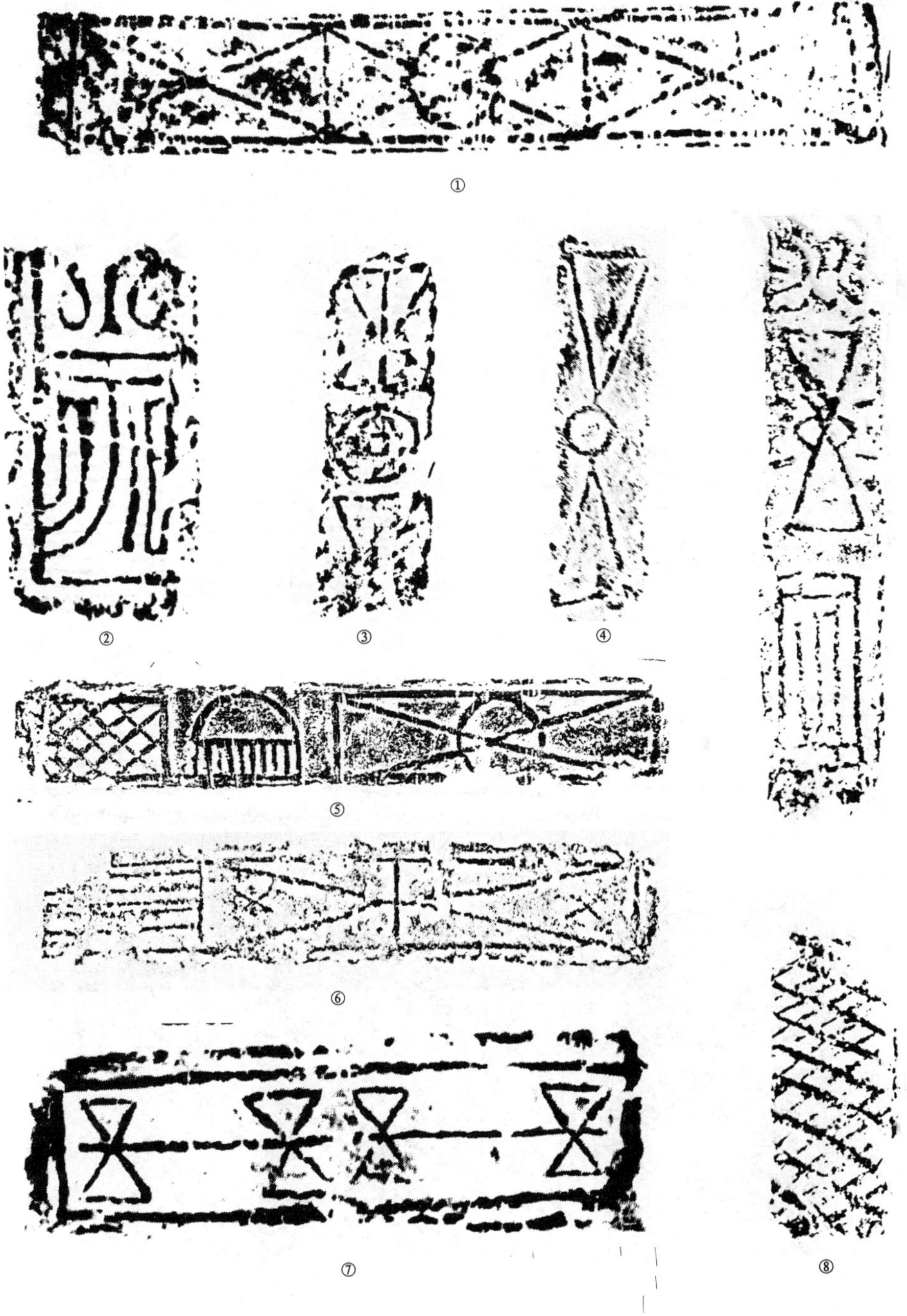

①钱五字纹 西晋 绍兴 拓本
②类文字纹 晋代 湖州 拓本
③钱胜纹 西晋 嵊州 拓本
④胜纹 晋代 临安 拓本
⑤胜梳网纹 晋代 临安於潜 拓本
⑥胜弦纹 晋代 临安 拓本
⑦胜纹 晋代 嵊州 拓本
⑧胜回纹 晋代 临安 拓本

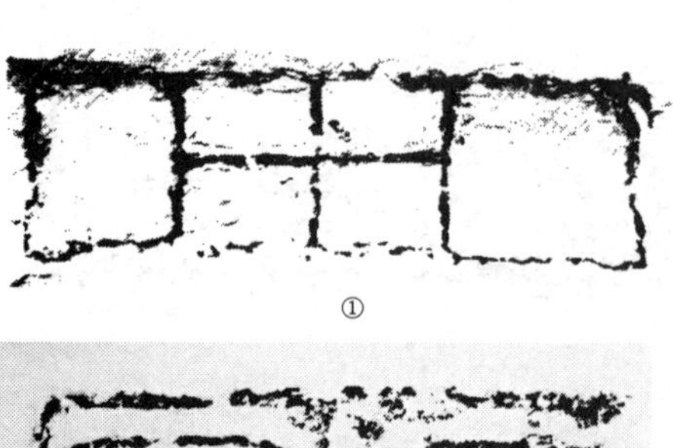

①

②

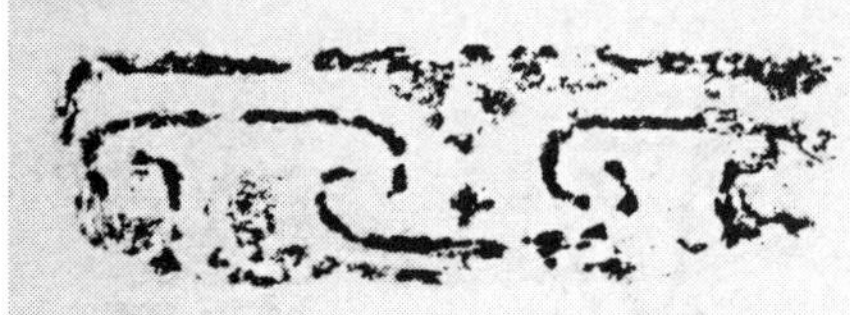

③

④

⑤

⑥

⑦

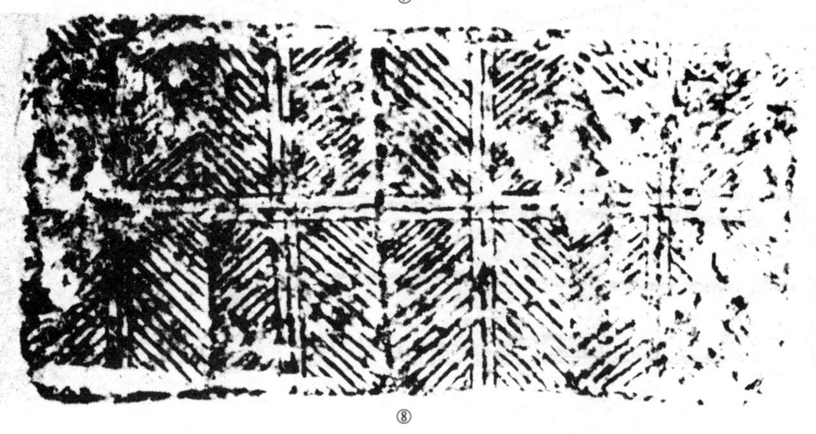

⑧

①十字纹　晋代　嵊州　拓本
②五字纹　晋代　临安　拓本
③卷云纹　西晋　安吉　拓本
④网纹　西晋　临安　拓本

⑤卷云纹　西晋　安吉　拓本
⑥钱弦纹　西晋　嵊州　拓本
⑦卷云纹　西晋　嵊州　拓本
⑧直线纹　西晋　余姚　拓本

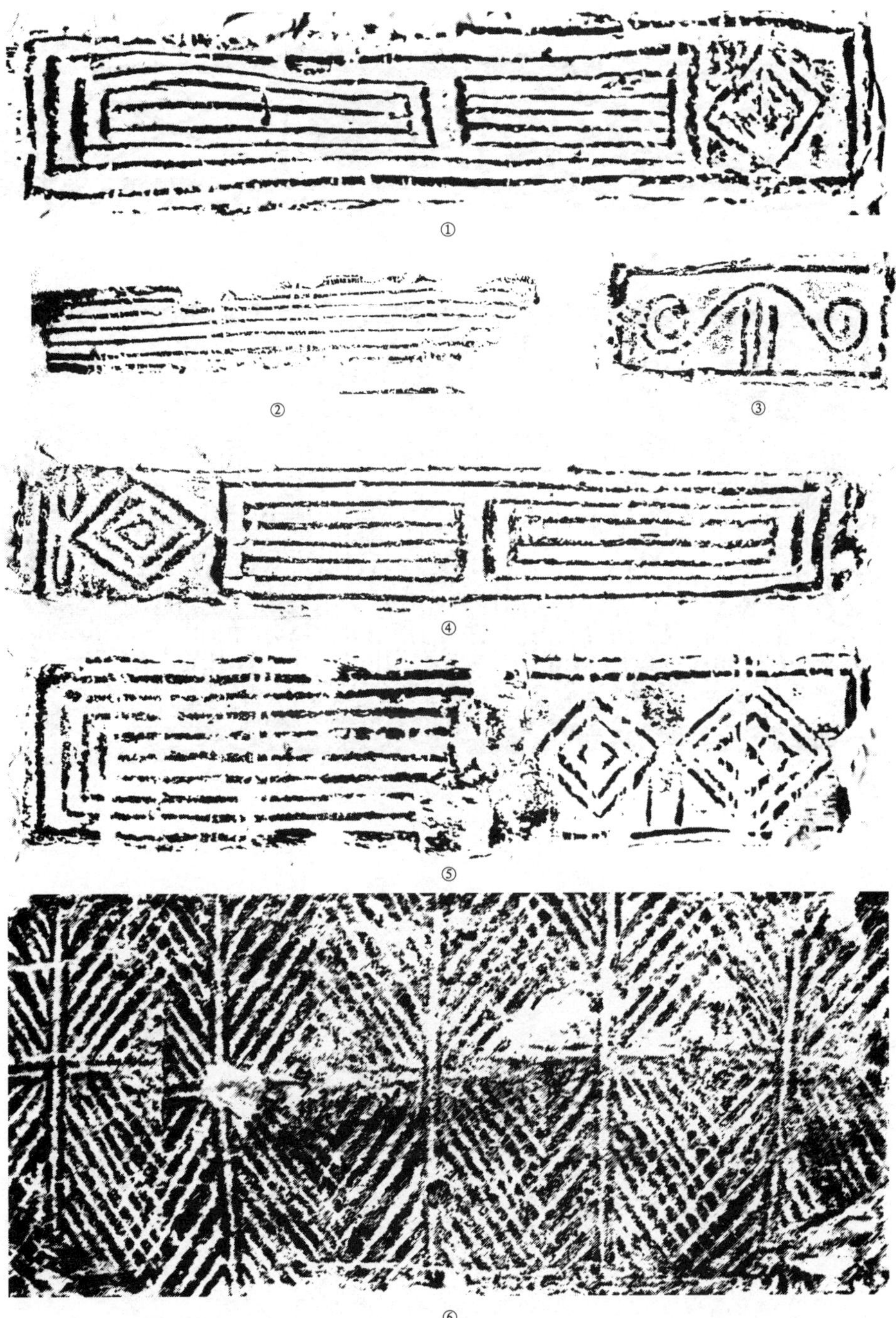

①田回纹　晋代　临安　拓本
②弦纹　东晋　嵊州　拓本
③乐器纹　晋代　临安　拓本
④弦回纹　晋代　临安　拓本
⑤弦回纹　晋代　临安　拓本
⑥米字纹　西晋　嵊州　拓本

①

②

①五字梳纹　晋代　临安　拓本
②文字纹　晋代　宁波　拓本

第二节　两晋文字砖的书法艺术

书圣王羲之在浙江兰亭书写出天下第一行书绝非偶然，分析其原因我们最起码可以说在晋代浙江有一个良好的书法大环境，也可以说天下第一行书和书圣的诞生其实反映出晋代浙江书法艺术的辉煌成就。这一点，我们从晋代浙江非凡的文字砖中便可看出端倪。浙江晋代文字砖以其丰富的字体种类和高超的艺术成就闻名天下。

一、丰富的字体种类

综观两晋的文字砖，字体的丰富性无以复加，几乎称得上中国书法艺术的字体库。浏览两晋文字砖画面，犹如打开电脑字库一样丰富多彩，任人选用。

我们大体可以把两晋文字砖的字体分成两大类：

（1）书法艺术体

目前公认的书法艺术体包括正书、草书、隶书和篆书四大类，这四类书体在两晋文字砖中均可以寻觅得到。不仅如此，我们大家都知道，篆书有大篆和小篆之分，正楷也有不同的流派，行书、草书也如是。在两晋的文字砖中，我们可以欣赏到这些书体不同流派艺术风格的丰富性。如两晋文字砖中的篆书，结体有高低之别，笔画有粗细曲直之变，神韵有静动之分，我们完全可以看到甲骨文的古朴、金文的生涩，几乎是篆书品种的大荟萃。两晋画像砖中的正楷字体也很丰富，可以看到不同流派的影子。也可以这么理解，由于参与两晋文字砖创造制作的书法家和工匠很多，他们的审美能力和艺术表现思维不尽相同，一个书法家、一个制砖工匠至少展示出一种文字的气象面貌，所以，他们创造出来的文字砖自然也就呈现出百花齐放的局面，字体的丰富性是可想而知的。

(2) 美术字体

美术字是以美术手法结合汉字的造型创造出来的字体。因为美术字的概念是现代人提出来的，我们往往以为美术字是现代人创造出来的，这种观念是错误的。古人有“书画同源”的结论，现代艺术家有“画是写出来的，字是画出来的”的感叹。正如毕加索所言“每个汉字都是一个绝妙的构图”，罗马尼亚艺术家博巴也有“每个汉字就是一幅美丽的素描”的赞美。其实，书法艺术作为造型艺术的一部分，本身就是美术作品。与一般书法艺术相比，美术字只不过是用更多的形式美元素、用更多的美术变化来美化和修饰文字而已。

从现代美术字是经过加工、美化、装饰而成的文字的观念来看，两晋画像砖中美术字的字体是很丰富的。在这里既有粗细一致、端庄肃穆的黑体字，又有敦厚可爱的琥珀体……

砖中的文字要经过雕刻印模压印才产生，所以印模的制作对文字砖艺术表现的作用是很大的。印模一般为木质材料，在雕刻印模时要充分考虑木料的性能，明快、简练应该是最可取最高效的表现方法，因此，用齐头等粗横平竖直的黑体字表现更加便捷，其他雕刻表现相对“简洁化”的手法便产生不同艺术效果的美术字。再者，刻制印模时要考虑脱模的便利化，一般砖中文字的线条往往是上窄下宽的梯形或三角形状态，这也容易促成印出的文字产生“异样”的艺术效果。

二、高超的艺术成就

从浙江两晋文字砖中，我们可以真切地感受到两晋时期浙江书法艺术的辉煌成就。因年代久远，两晋时期的纸帛类法帖难以保存至今，就连书圣王羲之的《兰亭序》现在究竟存不存在也成了历史之谜，好在我们从浙江两晋文字砖中可以清晰地感受到其书法字体的丰富性、书法艺术表现技法的丰富性。每一座墓室的文字砖都是一个或者多个书法家和制砖工匠的杰作，如此多的两晋墓葬、如此多的文字砖，是无数书法家、制砖工匠书法艺术成就的结晶。换句话说，正是众多的书法家、制砖工匠营造出的书法艺术的大环境才托起了书圣王羲之，才托出了天下第一行书《兰亭序》。

1. 丰富的章法构成形式

章法又称经营位置，是中国传统造型艺术对画面构图的一种称谓，书法艺术中的构图往往称作章法。在浙江两晋文字砖中，少的一个砖面仅一二字，多的近四十字。砖的小端面一般宽 5—7 厘米、高 10—20 厘米，砖的侧面一般宽 10—20 厘米、长 30 厘米左右，这么小的画面要“塞”进数十个文字无疑需要在经营位置方面大伤脑筋。

巧妙利用框边进行画面分割是浙江文字砖构成的一个重要方式。对画面进行分割整理，再合理安排文字及图像，这就是现代设计专业必修的课程——平面构成。上虞出土的太康四年西晋墓室中有一个文字砖，上刻 16 个文字：“呜呼哀哉处斯幽冥潜神居土何时后生。”富有智慧的工匠巧妙地把画面进行分割，上下端 2 个小格，中间 1 个大方格，这句话被安置在不同的方形格框之中，上框是“呜呼”，中框是“哀哉处斯幽冥潜神居土何时”，下框中是“后生”。我们在欣赏平面构成的魔力的同时，还能够声情并茂地朗读出来：“呜呼！哀哉，处斯幽冥潜神居土，何时？后生！”出土于余姚的太康五年“吴故牙门将”砖，画面宽 5 厘米、高 37 厘米，如此狭小的砖面上竟然有 34 个字，真不知道是怎么做到的！画面由竖条框分为左右两部分，左部安排 18 字，右部放入 16 字，字数并非平均分配。然而，左部分字数多却显得疏朗，右部分字数少却感到十分拥挤，因为左部分的字多为简单的数字，故既利用字数进行了数量对比又实现了画面的疏密对比，真是了不起。

综合看，两晋文字砖绝大部分设计有边框，多数为单框，亦有少量双边框者。文字砖的这种表现形式与汉代的泥封、印章等章法的设计是非常一致的，再加上其制作中雕刻印模发挥着非常重要的作用，因此，两晋文字砖也是中国篆刻艺术的重要组成部分。

2. 富有艺术表现力的线条

篆书的线条一般是粗细均匀的，这与甲骨的刻画、金文的铸印成型技术不无关系。毛笔这一具有中国特色的书画工具运用到汉字的书写时，便自觉地去追求书写速度的疾缓和运笔提按的变化，有了运笔速度与提按的变化，中国书法的线条魅力就产生了。书法发展史中的隶变标志就是由篆书粗细一致横平竖直的笔画变成了一波三折的蚕头燕尾形式，汉字中的笔画便变得神采飞扬、富有运动感了。

浙江两晋文字砖绝大多数是由印模压印出来的，雕刻印模的过程其实就是篆刻或制作金文的雕模过程，这些过程中要考虑印模从砖泥上顺畅地脱离的因素，笔画线条粗细一致、横平竖直显然是最为方便的选择。然而，两晋文字砖中字的笔画却能有粗细、顿挫、疾缓的变化，产生出只有毛笔书写才能生成的生动的书写效果，一方面我们可以看出制作画像砖的工匠们不俗的审美能力和高超的艺术表现力，另一方面我们还要明白：书写印模文字范样的书法家雄厚的书法功底同样重要。

附图

(1) 纪年砖

①　②　③　④　⑤

①太康元年　西晋　绍兴　拓本
②太康元年　西晋　余姚　拓本
③太康元年　西晋　湖州　拓本
④太康二年　西晋　余姚　拓本
⑤太康二年　西晋　余姚　拓本

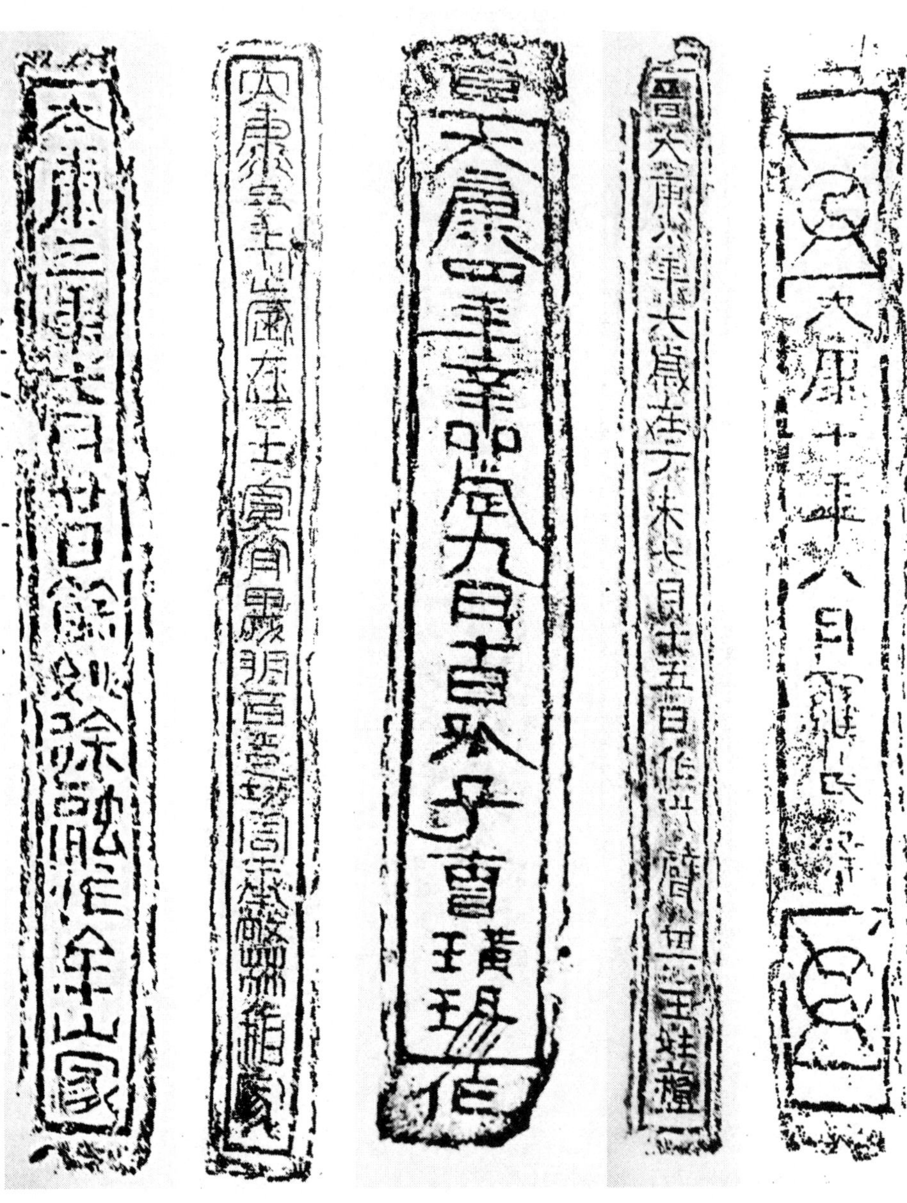

① ② ③ ④ ⑤

①太康三年　西晋　余姚　拓本
②太康三年　西晋　上虞　拓本
③太康四年　西晋　余姚　拓本
④太康六年　西晋　嵊州　拓本
⑤太康十年　西晋　余姚　拓本

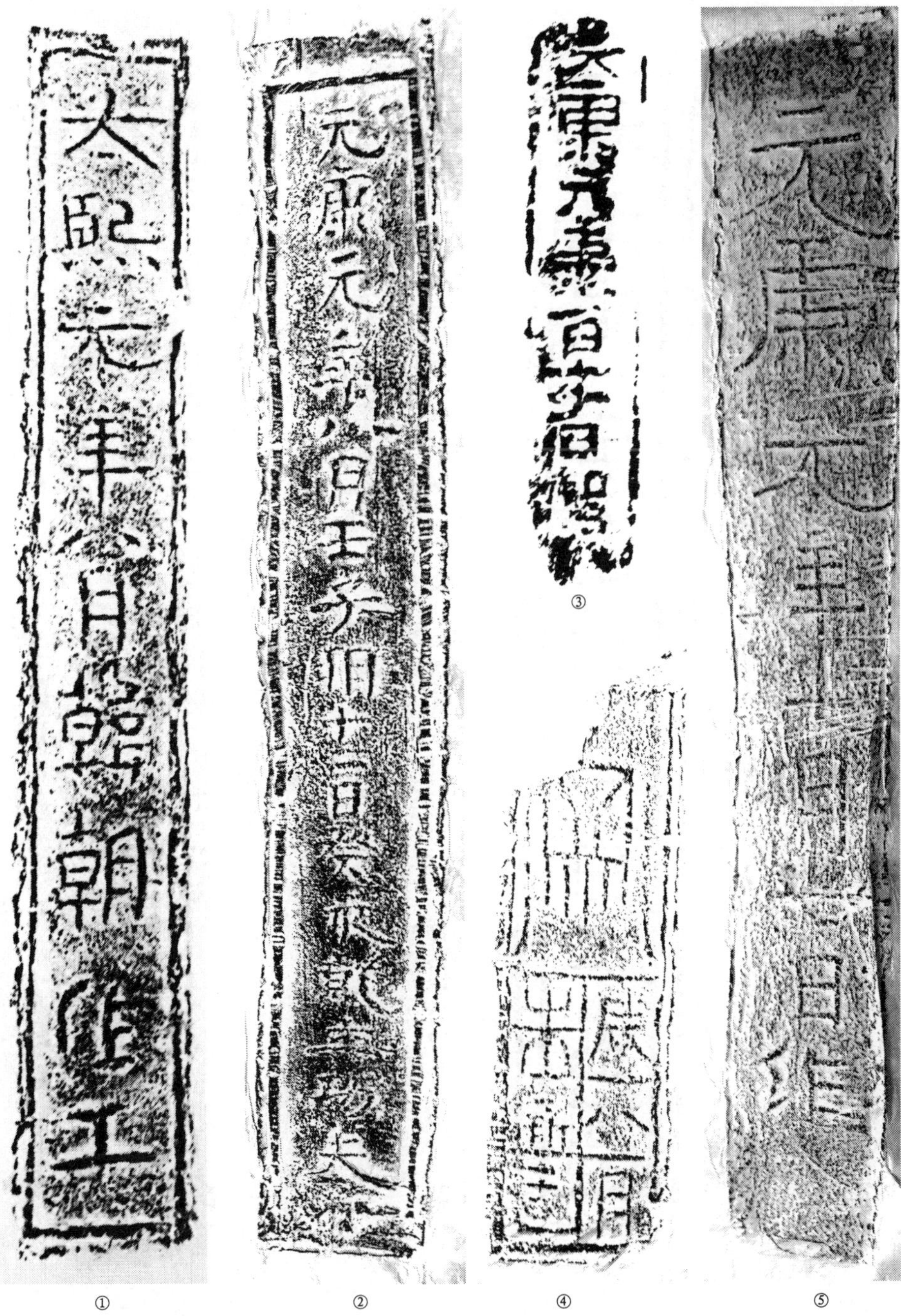

①太熙元年　西晋　宁波　拓本
②元康元年　西晋　嵊州　拓本
③元康元年　西晋　嵊州　拓本
④元康元年　西晋　嵊州　拓本
⑤元康元年　西晋　湖州　拓本

①元康元年　西晋　嵊州　拓本
②元康元年　西晋　嵊州　拓本
③元康二年　西晋　上虞　拓本
④元康二年　西晋　宁波　拓本
⑤元康二年　西晋　余姚　拓本

①　②　③　④　⑤

①元康三年　西晋　上虞　拓本
②元康三年　西晋　绍兴　拓本
③元康三年　西晋　嵊州　拓本
④元康五年　西晋　余姚　拓本
⑤元康六年　西晋　绍兴　拓本

①元康七年　西晋　绍兴　拓本
②元康七年　西晋　绍兴　拓本
③元康八年　西晋　绍兴　拓本
④元康八年　西晋　德清　拓本
⑤元康八年　西晋　余姚　拓本
⑥元康九年　西晋　绍兴　拓本

①

②

③

④

①元康九年　西晋　嵊州　拓本
②元康十年　西晋　绍兴　拓本
③永康元年　西晋　湖州　拓本
④永宁元年　西晋　湖州　拓本

①

②

③

④

⑤

①永宁元年　西晋　绍兴　拓本
②太安二年　西晋　余姚　拓本
③太安二年　西晋　湖州　拓本
④太安二年　西晋　绍兴　拓本
⑤永安元年　西晋　上虞　拓本

①　②　③

④

⑤

①永安元年　西晋　上虞　拓本
②建武元年　西晋　宁波　拓本
③建武元年　西晋　宁波　拓本
④建武元年　西晋　宁波　拓本
⑤建武元年　西晋　宁波　拓本

①

②

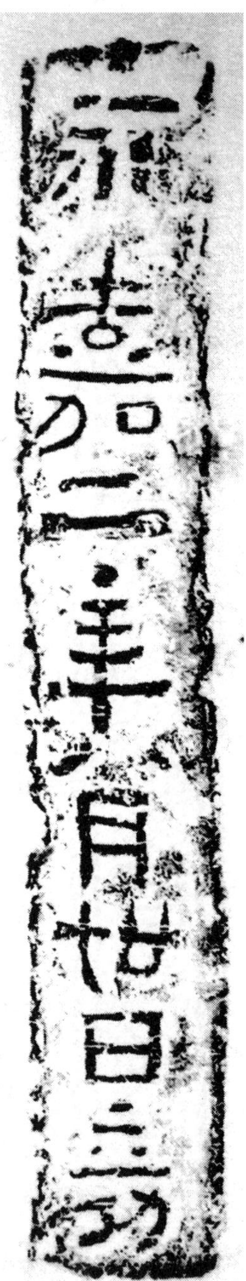

③

①永兴二年　西晋　余姚　拓本
②永嘉二年　西晋　上虞　拓本
③永嘉二年　西晋　湖州　拓本

①永嘉三年　西晋　绍兴　拓本
②永嘉六年　西晋　绍兴　拓本
③建兴二年　西晋　余姚　拓本
④建兴二年　西晋　余姚　拓本
⑤建兴四年　西晋　嵊州　拓本
⑥大兴元年　东晋　宁波　拓本

① ② ③ ④

①大兴元年　东晋　宁波　拓本
②大兴三年　东晋　宁波　拓本
③大兴三年　东晋　宁波　拓本
④永昌元年　东晋　余姚　拓本

①咸和元年　东晋　台州　拓本
②咸和七年　东晋　绍兴　拓本
③咸和七年　东晋　宁波　拓本
④咸康八年　东晋　宁波　拓本
⑤咸康八年　东晋　宁波　拓本

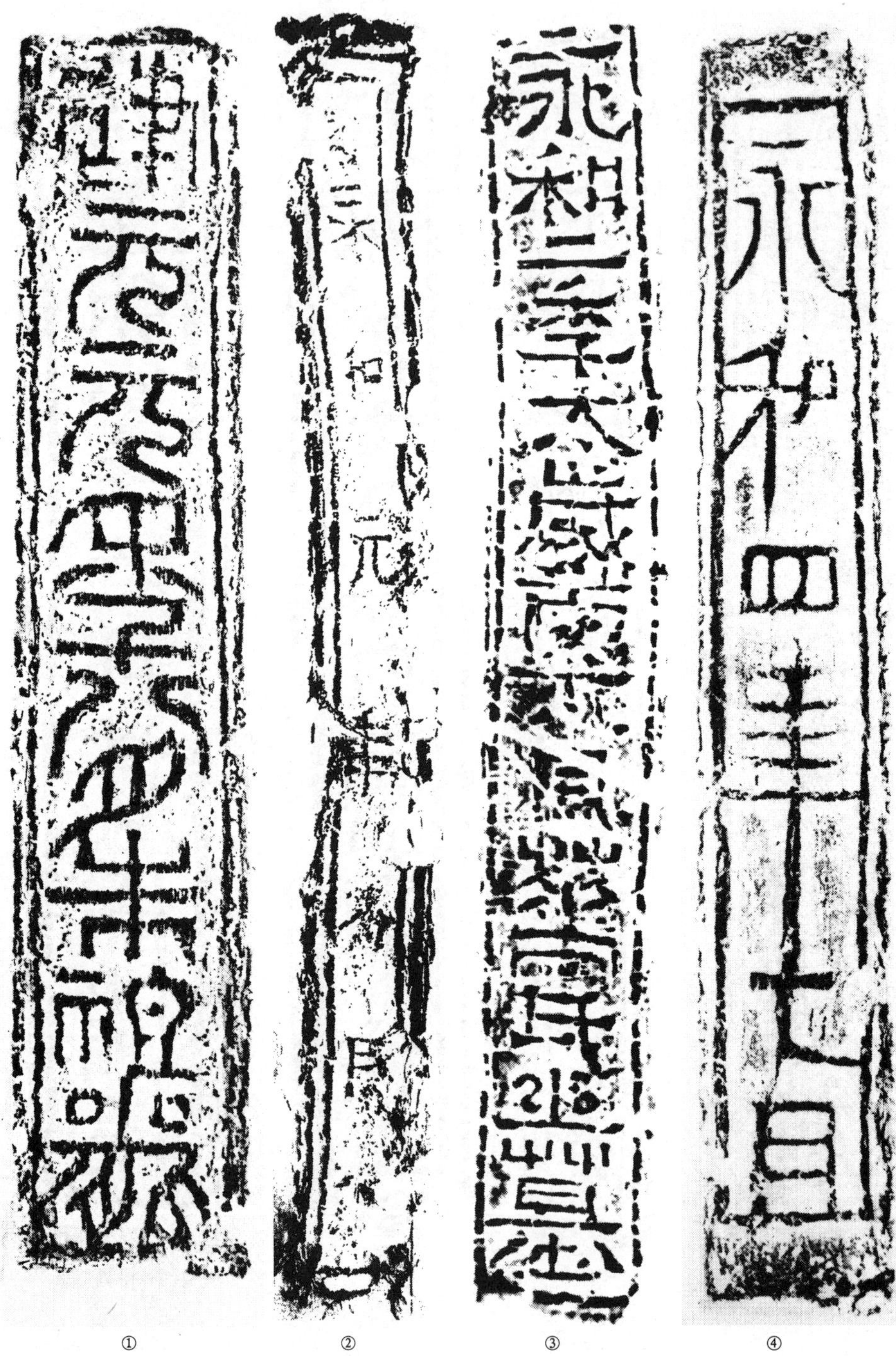

①　　②　　③　　④

①建元元年　东晋　绍兴　拓本
②永和元年　东晋　绍兴　拓本
③永和二年　东晋　湖州　拓本
④永和四年　东晋　绍兴　拓本

①永和四年　东晋　绍兴　拓本
②永和六年　东晋　绍兴　拓本
③永和六年　东晋　绍兴　拓本
④永和六年　东晋　绍兴　拓本
⑤永和九年　东晋　绍兴　拓本

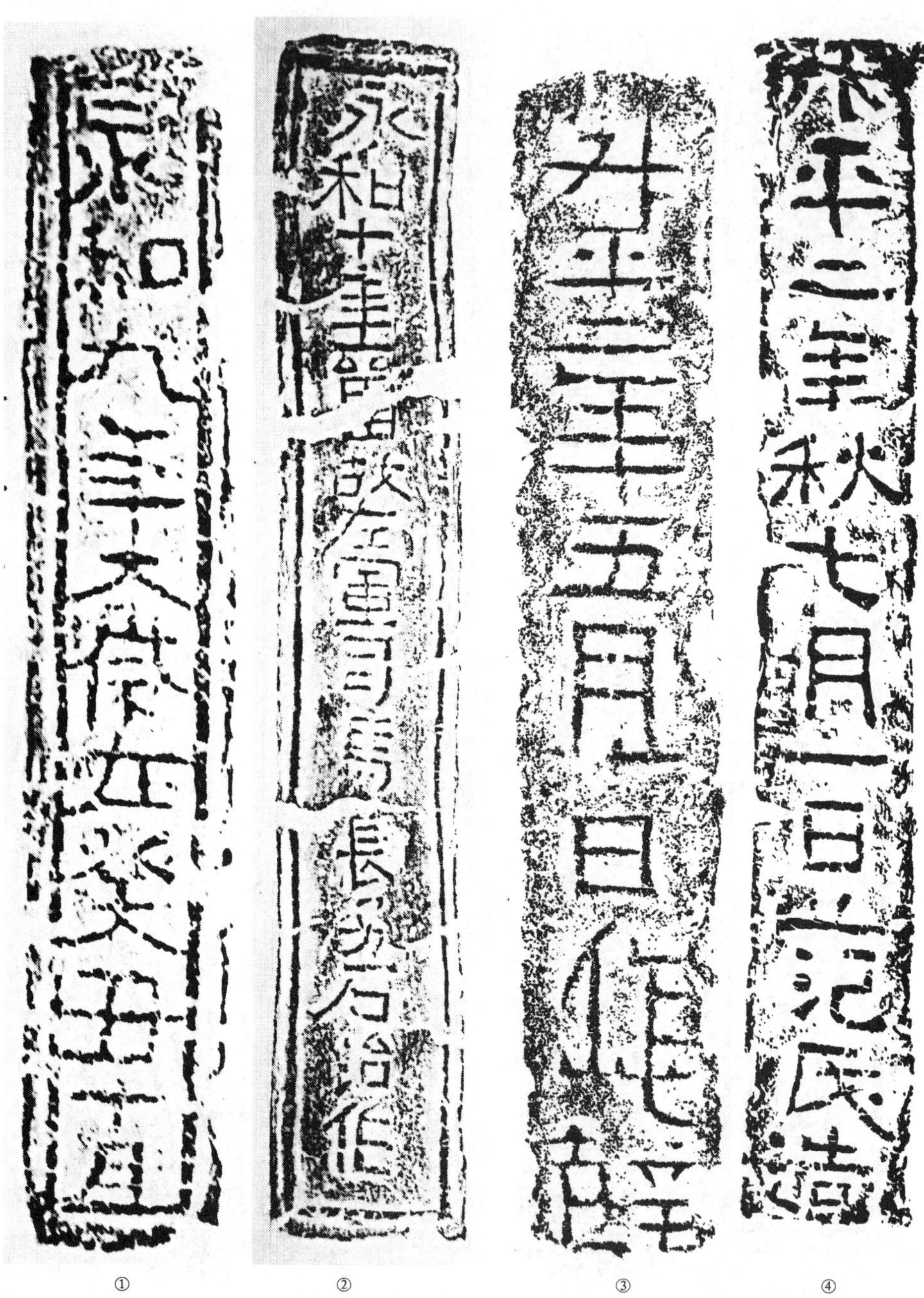

① ② ③ ④

①永和九年　东晋　绍兴　拓本
②永和十年　东晋　绍兴　拓本
③升平二年　东晋　绍兴　拓本
④升平二年　东晋　德清　拓本

①　　②　　③　　④

①隆和元年　东晋　绍兴　拓本
②泰和二年　东晋　余姚　拓本
③泰和六年　东晋　余姚　拓本
④太和六年　东晋　临安　拓本

①　②　③　④　⑤

①咸安二年　东晋　临安　拓本
②宁康元年　东晋　绍兴　拓本
③泰元二年　东晋　绍兴　拓本
④太元六年　东晋　湖州　拓本
⑤太元十一年　东晋　上虞　拓本

(2) 记名记事砖

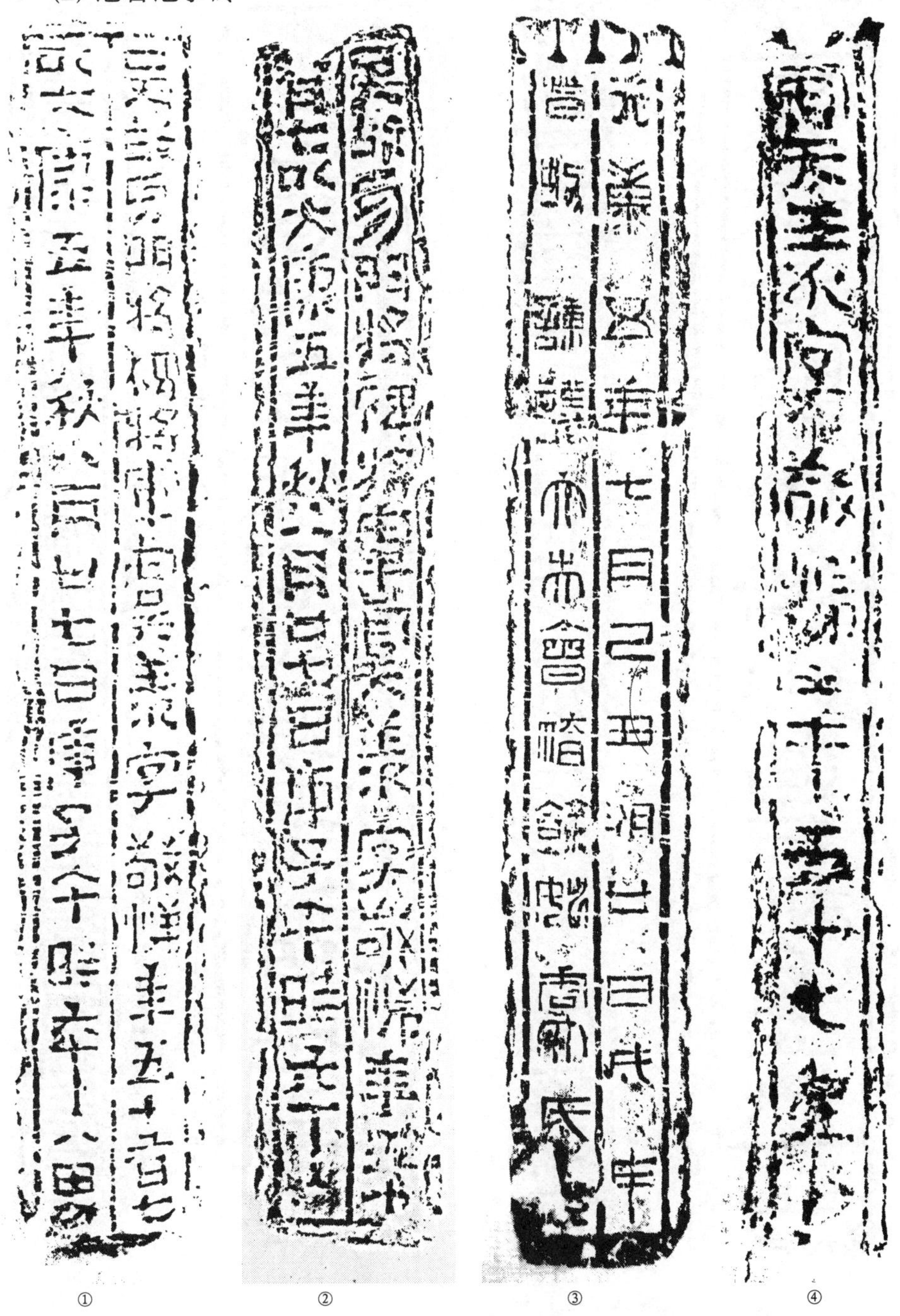

①　　②　　③　　④

①吴故牙门将　西晋　余姚　拓本
②吴故牙门将　西晋　余姚　拓本
③元康五年记事　西晋　余姚　拓本
④太康五年记名　西晋　余姚　拓本

①　　　　②

③

④

①吴故右郎中　西晋　余姚　拓本
②记名砖　西晋　绍兴　拓本
③记名砖　西晋　上虞　拓本
④记名砖　西晋　嵊州　拓本

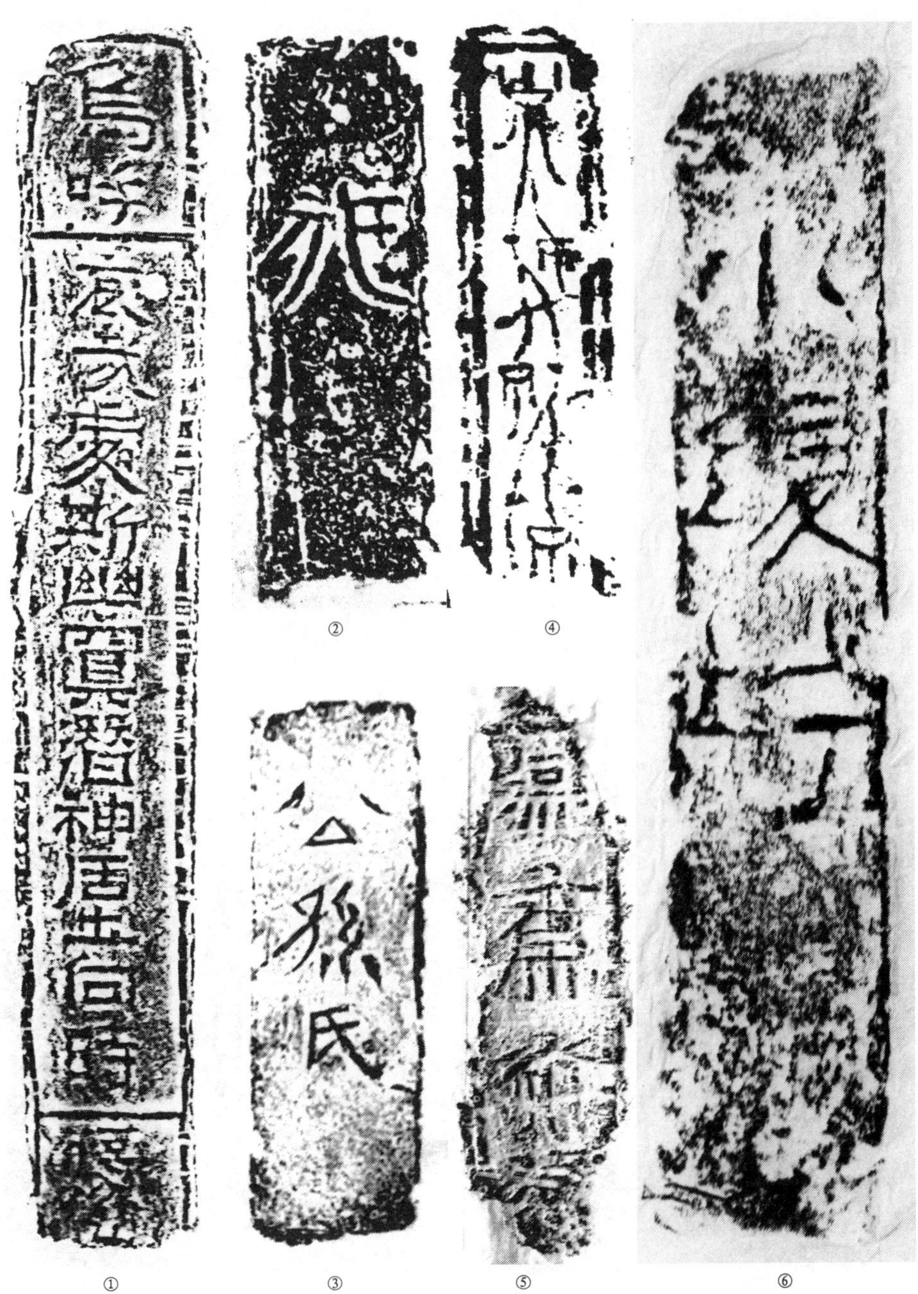

①哀伤告示　西晋　上虞　拓本
②名氏砖　西晋　德清　拓本
③名氏砖　西晋　绍兴　拓本
④记事砖　西晋　嵊州　拓本
⑤名氏砖　晋代　嵊州　拓本
⑥记事砖　晋代　余杭　拓本

①

(3) 吉语砖

② ③ ④ ⑤

①行书刻画砖　东晋　安吉　拓本
②长富贵　晋代　湖州　拓本
③黄家富贵冢　东晋　绍兴　拓本
④万岁累世　晋代　湖州　拓本
⑤万年　西晋　绍兴　拓本

①　②　③　④

①万岁不败　西晋　德清　拓本
②吉语砖　晋代　绍兴　拓本
③吉语砖　晋代　绍兴　拓本
④吉语砖　晋代　湖州　拓本

①　　②　　③　　④

①吉语砖　晋代　德清　拓本
②六方千年　西晋　嵊州　拓本
③吉语砖　东晋　奉化　拓本
④吉语砖　东晋　临海　拓本

第四章　拈花微笑

——浙江南朝画像砖艺术

第一节 浙江南朝画像砖辉煌的艺术成就

一、辉煌的艺术成就

从画像砖的整体发展历程来看，浙江起步似乎稍晚一些，不仅西汉时期画像砖量少质简，而且没有河南南阳和川渝地区汉代实心大砖的博大气势，没有陕西、豫中地区大型空心砖的富丽堂皇。然而，浙江画像砖在南北朝时期与全国画像砖的发展形成了同步，并且处于前列。大家都知道，中国画像砖艺术在南北朝时期发展到最后辉煌时期，我们甚至不妨说是一个回光返照时期，因为自此以后中国画像砖艺术日趋没落，再无盛景。在专家学者的印象中，南北朝时期的画像砖以江苏南京、河南邓州、湖北襄樊、江苏常州、江苏丹阳最为精美，其形象生动准确，线描艺术出类拔萃，既具有中国传统绘画以线为主的造型特征，又具有生动传神、气韵生动的中国传统造型艺术的精髓。然而，近年来通过考古发现和历史挖掘，人们发现浙江南朝画像砖同样精彩，同样卓尔不凡，既符合同时期中国画像砖的整体艺术特征，又具有自身独特的艺术魅力和人文特点。

南朝时期的浙江画像砖在整体数量上较三国两晋时期有所减少，分布范围也有所缩小，但从全国范围来看，却属于该时期画像砖最为集中的分布区域了。绍兴、嵊州、上虞、余姚等宁绍平原地区的画像砖在三国两晋巅峰时期的惯性作用下，仍然坚持在砖的小侧面上做文章，南朝时期依然能够焕发出新的生机。而此时浙江画像砖的华彩却在杭嘉湖平原的余杭地区灿烂绽放。从地缘因素分析，余杭地区的南朝画像砖艺术可能与常州、丹阳、南京等环太湖流域地区南朝画像砖艺术一脉相承；而从艺术风格、造型特点及文化内涵上看，浙江南朝画像砖又具有显著的特色和风格，它上承浙江汉晋画像砖的优良传统并且向前跨越了一大步，如以线为主的造型语言，从三国延续下来的对佛教题材的关注等。如果非要给它定位于一种文化归属的话，那就是钱塘江文化！

二、构成艺术特征

综观中国南朝画像砖的构成艺术特征，无外乎两种表现形式：一是单方画像砖画面的独立构成，也就是一砖一个独立完整的构成画面，以湖北襄樊、河南邓州南朝画像砖为代表；二是由多个小砖组合构成一个完整的大画面形式，以江苏南京、常州南朝画像砖为代表。浙江南朝画像砖的构成艺术兼顾了这两种形式，如余杭小横山的南朝画像砖墓中既有精彩、独立的单幅画面的画像砖，又有由多块画像砖组合成一个大画面的表现方法。

万岁莲花　南朝　余杭小横山　画像砖

余杭南朝画像砖中单幅独立构图的画像砖画面一反过去浙江画像砖善于经营狭窄侧面和端面的习惯，转而充分利用砖体的大面来表现物象，这样就大大增加了画幅的面积，使艺术表现的空间得以延伸。在墓室的分布中，画像砖的大面是面向墓室的，这在周围是砖体小侧面或小端面的环境下便显得非常突出和醒目，产生众星捧月般的艺术效果。多个砖体的小侧面聚集在一起，集腋成裘，也能创造大画面的辉煌。余杭南朝画像砖这种集小成大的构成方式比起江苏南京、常州南朝画像砖的构成形式更加灵活，具体分析，浙江南朝画像砖有三种集合构成形式：

（1）纯粹的砖体小端面的组合构成，构成形式规整有序。

（2）砖的小端面和侧面混合构成，巧妙运用大小面积对比，画面整体构成富有灵活性。

飞天　南朝　余杭小横山　画像砖

将军　南朝　余杭小横山　画像砖

(3) 砖的大面与侧面的集合构成，这种构成形式既包含灵活机动性，又能合理利用大砖面来表现画面中的重要部位。如余杭小横山南朝墓葬中，两个武士形象都是运用上部一个砖的大面接着三行砖的侧面或端面，再下是一个砖的大面，最下面是三行砖的侧面或端面。这就形成了一大三小接一大三小的富有音乐节律美感的构成形式，因为一个大砖面的高度和三行砖的侧面总和高度是基本一致的，也能实现尺寸数据上的统一。最上部的一个大砖面恰好能够表现出完整的、形象最为精彩的部分——人物的面部。

三、精妙的白描艺术

在大家常规印象中，白描艺术形成以至成熟是在唐宋时期，要举出白描艺术的经典范作，则一般会想起吴道子、李公麟等。其实，早在东汉时期，中国就已经有了较为成熟的白描艺术形式，而真正得到“普及”并达到一定艺术高度是在南北朝时期。浙江余杭南朝画像砖艺术堪称是中国传统白描艺术的典范。

浙江余杭南朝画像砖中的艺术形象多以纯线描形式表现，其线条语言细致精美、流畅自然、生动传神。不仅如此，其线条并非是粗细均匀的“平铺直叙”，而是粗细变化得当、顿尖兼用合理，充分表达出了白描用笔的速度变化之美和提按转换之美，可谓毛笔白描艺术风采的再现。观赏砖面犹如欣赏一幅绢纸上的绘画一样精彩、生动。江苏丹阳、南京的南朝画像砖如《竹林七贤》也是用纯线条塑造形象，其他如河南邓州、湖北襄樊、江苏常州则多是以线面相结合的形式塑造形象。但是，江苏南京的画像砖《竹林七贤》中的线条均匀流畅、粗细一致，没有毛笔运行的提按和疾徐的语言变化，如此一来，余杭南朝画像砖中“以画入砖”的独特魅力就凸显出来了。大家可以想象一下：用毛笔画出精致的白描尚需要高超的造型技艺，若在雕刻印模、压印形象之后还能完美“还原”出只有用毛笔才能画出的白描艺术效果，其技术难度可想而知。就白描艺术而言，目前所知的南北朝造型艺术中余杭画像砖成就最高应是不争的事实!

与敦煌艺术中同时代或者唐代及其以后的飞天相比，余杭画像砖中的飞天以其生动的气韵、准确的造型、精美绝伦的线条艺术语言独领风骚。

第二节　浙江南朝画像砖中的佛教文化

“南朝四百八十寺，多少楼台烟雨中。”南北朝时期，中国各地庙宇林立、僧尼满街。巍峨的摩崖佛龛大量出现在北方的大地上，江南盛开的佛莲、萌生的佛祖、飘逸的飞天安静地沉睡于地下。 真是“钱塘九百九十佛，多少微笑砖甓中”。

一、佛教氛围的营造

确切地说，浙江南朝墓室画像砖中纯粹、标准的佛像是不多见的，但是，整个墓室的佛教氛围却被装饰营造得淋漓尽致，浓郁而又纯粹。一个墓室的四壁中装饰着数个翩翩飞动的飞天、数株盛开的莲花及飞旋的法轮、菩萨的坐狮，佛教场所的气场多么充沛！

从这些以佛教题材来装饰墓室的因素上我们就判断墓主人是位纯粹的佛教徒未免有些武断，因为在余杭小横山南朝墓中还有代表永生的千秋、万岁，有神勇武将的把守，有乘龙仙人的装饰，这些都是道教的题材，它们的组合只是表达出一个理念，那就是九泉永生，这与汉画艺术所传达的基本理念是一致的。不过，余杭小横山等墓室的墓主人的确是具有中国传统文化素养、富有智慧的“投机者”，借道家的乘龙羽化、佛教的飞天畅想，要么九泉之下永生或羽化成仙，要么借法力无边的佛祖直上西天，二选一哪个都不错，合二为一岂不是好上加好！余杭南朝画像砖中反映出的既佛又道、既非纯粹佛又非纯粹道的思想不正说明那个时代大多数人的信仰吗?

二、佛的理想诞生

浙江南朝画像砖中关于佛诞生的画面很有意思，值得我们思考。浙江南朝人坚信佛非常人，佛是高尚圣洁的，有浙江南朝画像砖为证：一方莲花生佛画像砖上，一朵婀娜多姿、典雅圣洁的盛开的莲花中托起一个圆圆的太阳般的面孔，这张面孔平静而安详。另一方莲花生佛画像砖上，盛开的莲花花瓣间，拱手端立（端坐）的佛已露出大半身形，似乎是上方画像砖的动画连续或者说情节的继续，只不过右边多了个回首顾盼的雄狮。

人们常言：“理想很丰满。”那高高在上的佛自是圣洁、崇高无比的。莲，出污泥而不染的圣洁的化身，正是托生佛的载体。美神维纳斯能够从贝壳中诞生，莲花生佛岂不合情合理、理所当然！

附图

1. 图像类画像砖

(1) 人物神佛类画像砖

①

②

①飞天　南朝　余杭　拓本
②飞天　南朝　余杭　拓本

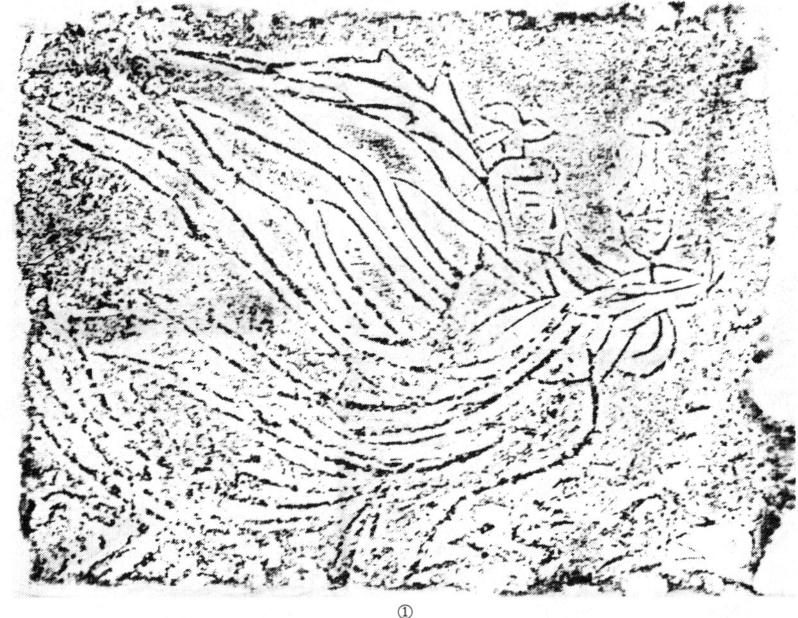

①

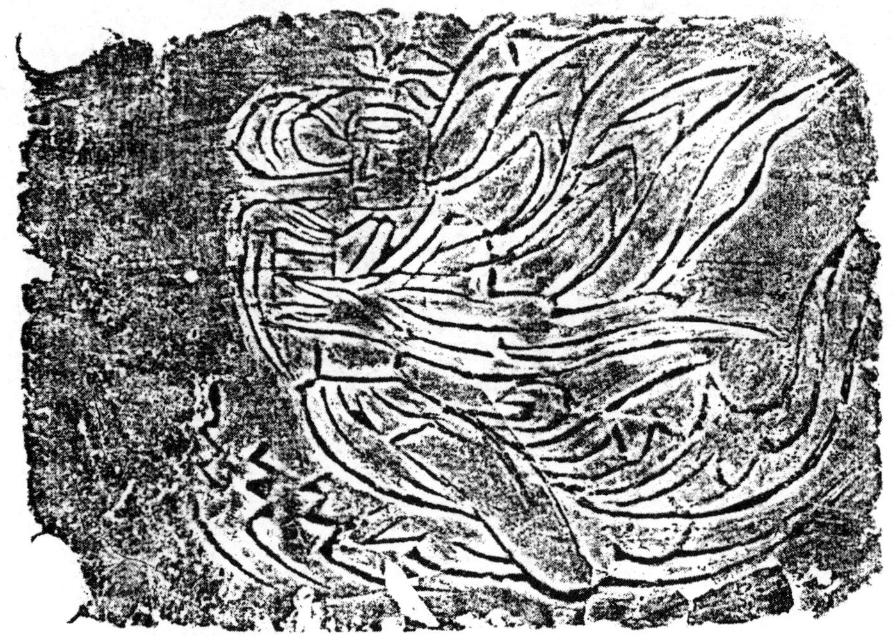

②

①飞天　南朝　余杭　拓本
②飞天　南朝　余杭　拓本

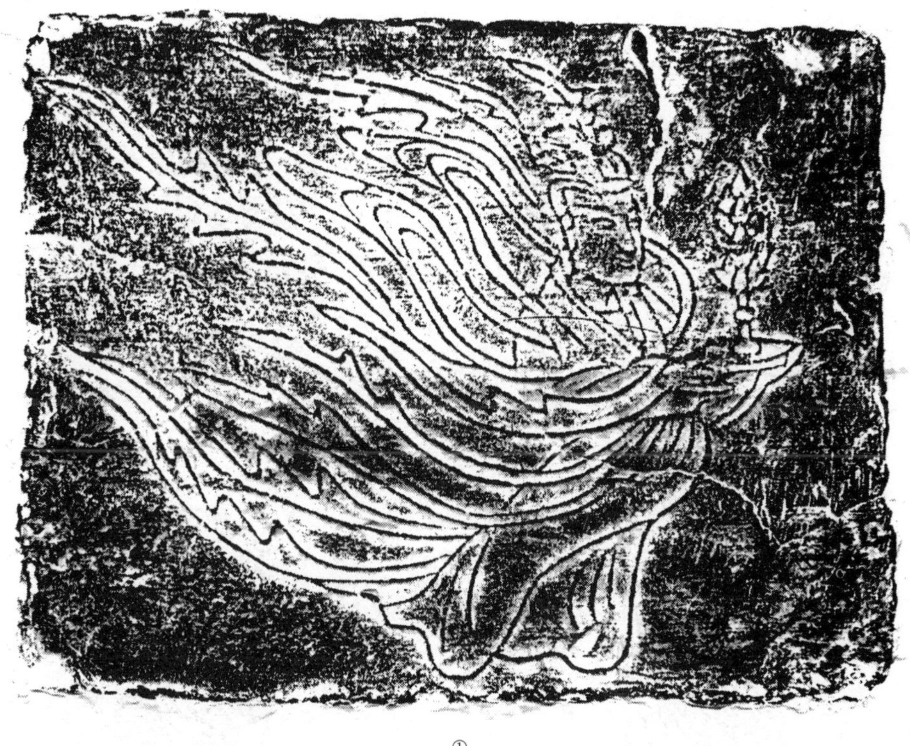

①

②

③

①飞天　南朝　余杭　拓本
②伎乐人物　南朝　余杭　拓本
③人物　南朝　余杭　拓本

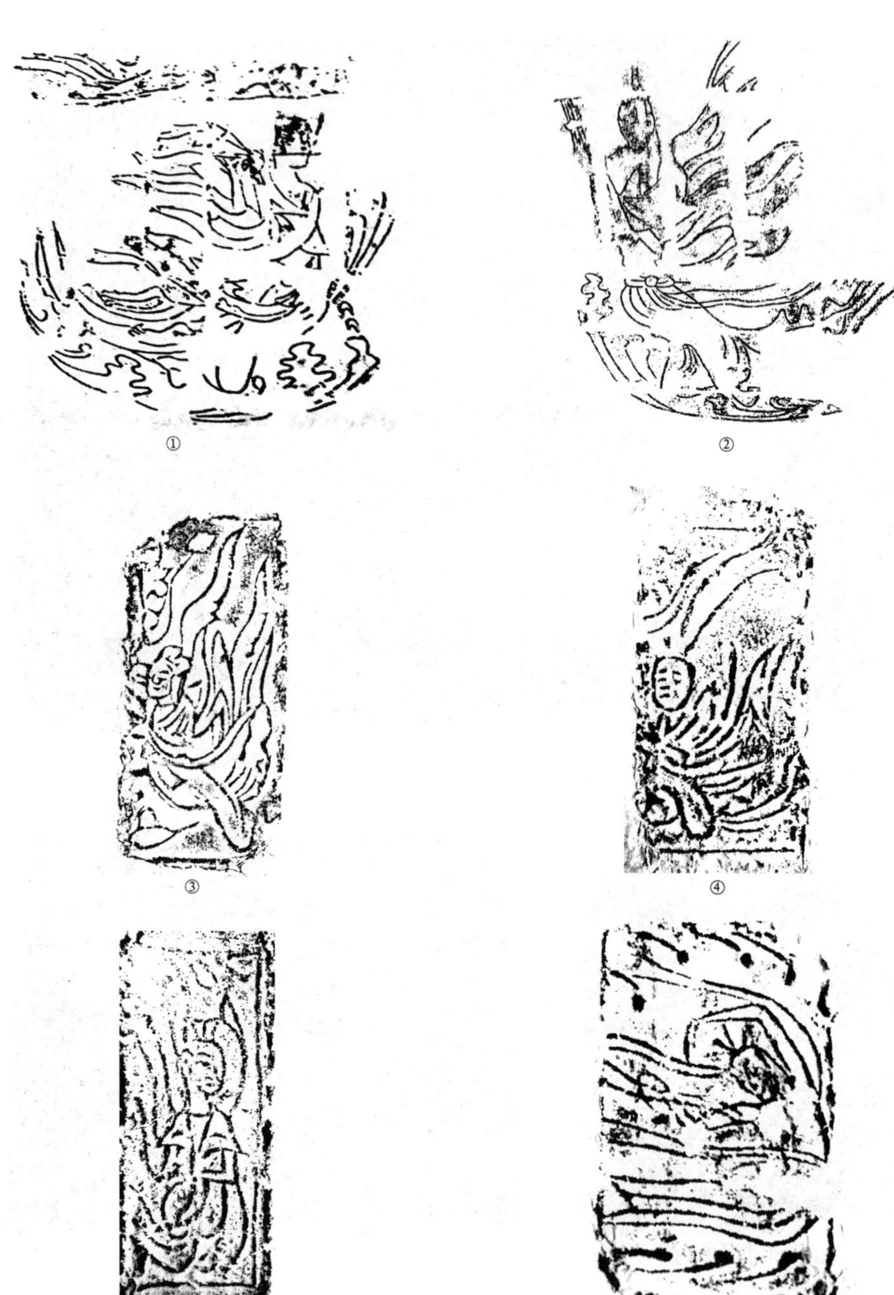

①飞天　南朝　余杭小横山　拓本
②飞天　南朝　余杭小横山　拓本
③飞天　梁　嵊州　拓本
④飞天　梁　嵊州城隍山　拓本
⑤飞天　梁　嵊州蛟镇　拓本
⑥飞天　梁　嵊州鹿山街道　拓本

①　　②

③

①飞天　梁　嵊州鹿山街道　拓本
②飞天　梁　嵊州甘霖　拓本
③双人　南朝　余杭　拓本

①

②

③

④

⑤

①人物　梁　嵊州　拓本
②执扇者　梁　嵊州　拓本
③人物　梁　嵊州　拓本
④将军　南朝　余杭小横山　拓本
⑤将军　南朝　余杭小横山　拓本

①高士　南朝　嵊州　拓本
②人物　南朝　嵊州甘霖　拓本
③人物　南朝　嵊州　拓本
④执扇者　梁　嵊州　拓本
⑤舞者　梁　嵊州　拓本
⑥吹竽者　齐　嵊州甘霖　拓本

①仙人乘虎　南朝　余杭小横山　拓本
②仙人御龙　南朝　余杭小横山　拓本

① ② ③

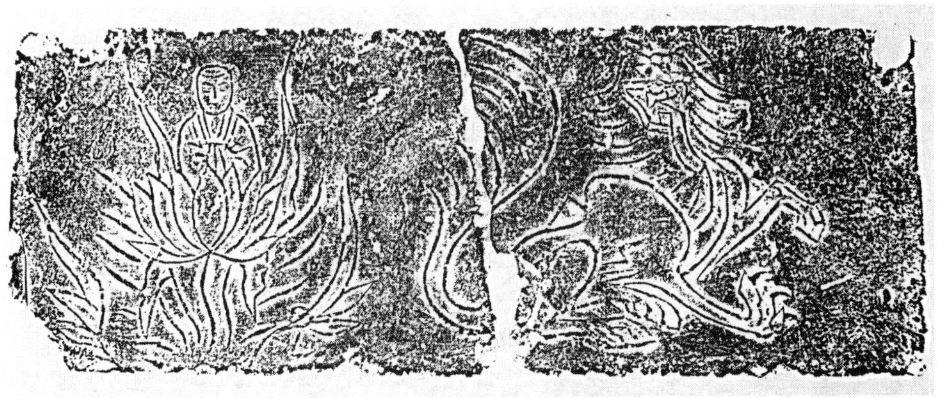

④

①太阳神　梁　嵊州　拓本
②太阳神　梁　嵊州　拓本
③莲花生佛　南朝　余杭　拓本
④莲花生佛狮座　南朝　余杭　拓本

（2）动物类画像砖

①　　　　②　　　　③

④

①狮　南朝　余杭　拓本
②万岁　梁　嵊州　拓本
③狮　南朝　余杭　拓本
④千秋　南朝　余杭　拓本

①

②

①比翼鸟　南朝　余杭　拓本
②凤鸟　南朝　余杭　拓本

①

②

①万岁　南朝　余杭　拓本
②万岁　南朝　余杭　拓本

①凤鸟　梁　嵊州甘霖　拓本
②凤鸟　梁　嵊州甘霖　拓本
③凤鸟　梁　嵊州鹿山街道　拓本
④凤鸟　南朝　余杭小横山　拓本
⑤兽首　南朝　嵊州　拓本

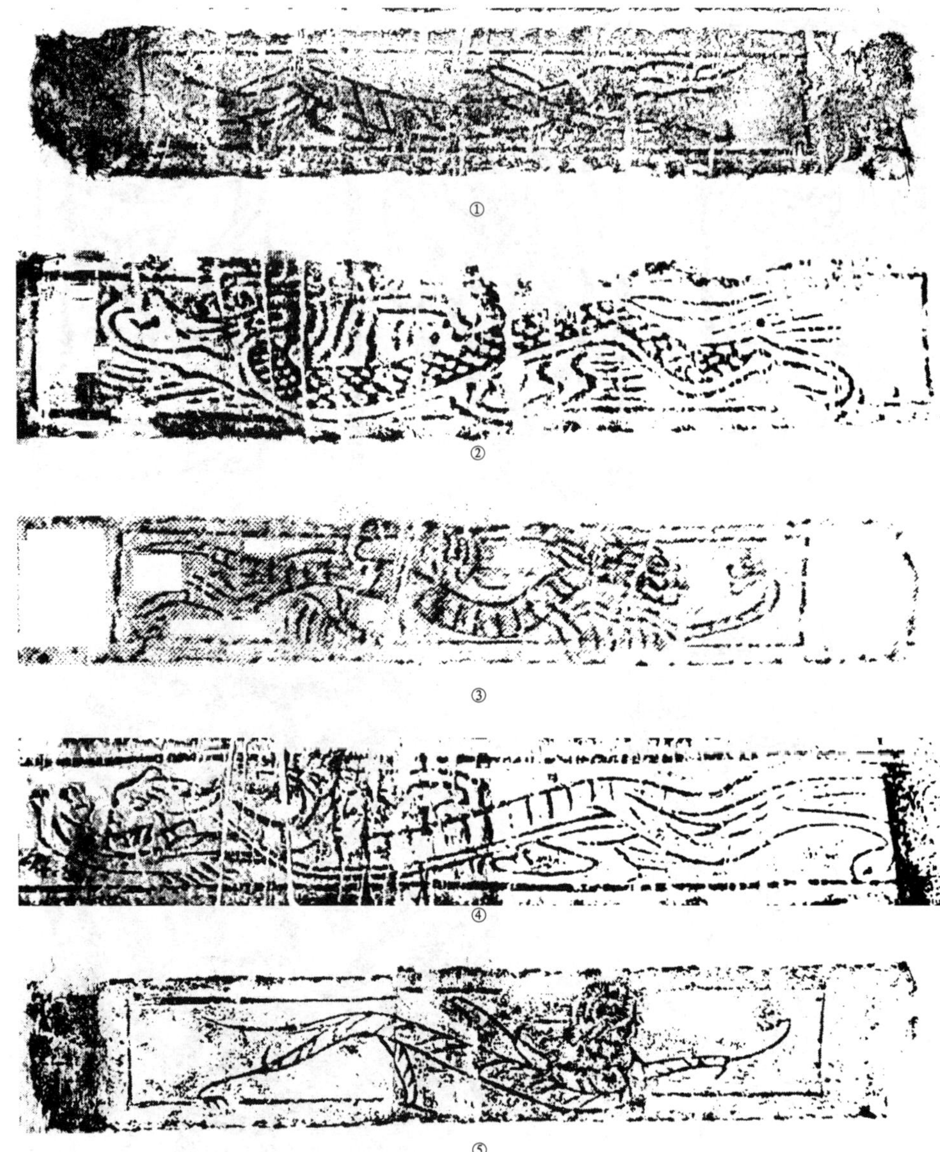

①龙　陈　嵊州崇仁　拓本
②龙　梁　嵊州城隍山　拓本
③虎　梁　嵊州　拓本
④虎　梁　嵊州崇仁　拓本
⑤虎　梁　嵊州鹿山街道　拓本

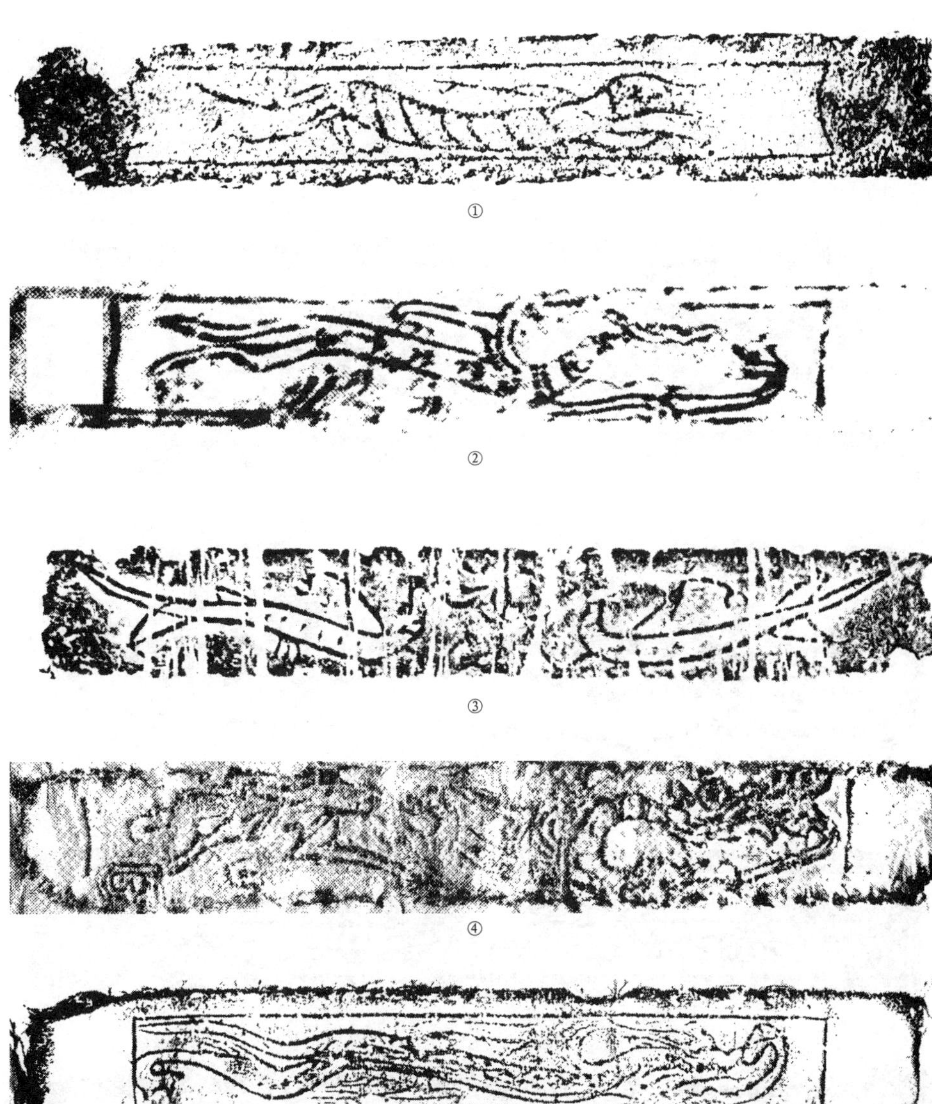

①

②

③

④

⑤

①虎　陈　嵊州崇仁　拓本
②龙　陈　嵊州　拓本
③双龙　梁　嵊州　拓本
④龙　陈　嵊州石璜　拓本
⑤龙　梁　嵊州崇仁　拓本

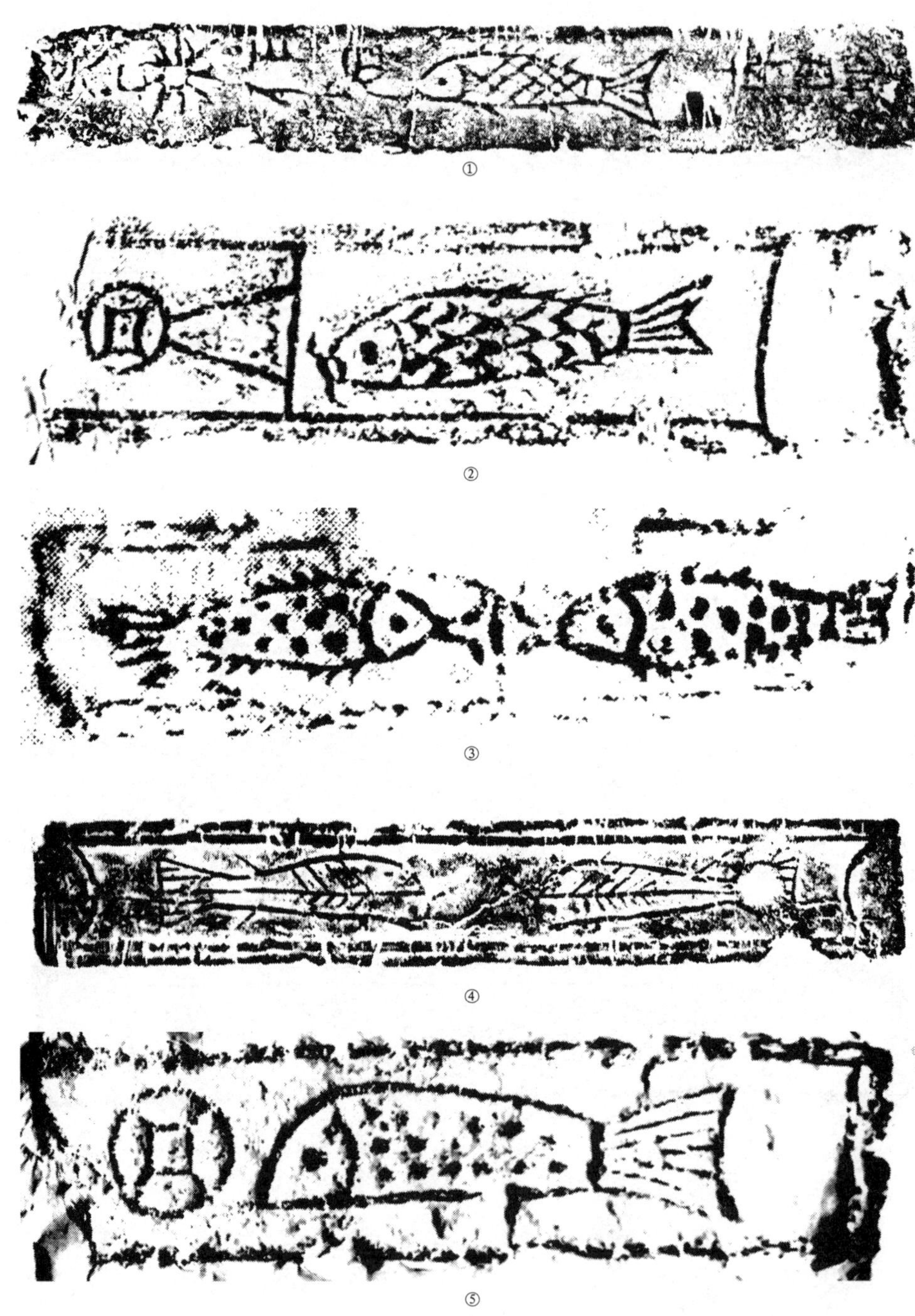

①

②

③

④

⑤

①鱼　梁　嵊州　拓本
②鱼钱　梁　嵊州鹿山街道　拓本
③双鱼　梁　嵊州　拓本
④双鱼　宋　嵊州　拓本
⑤鱼钱　南朝　嵊州　拓本

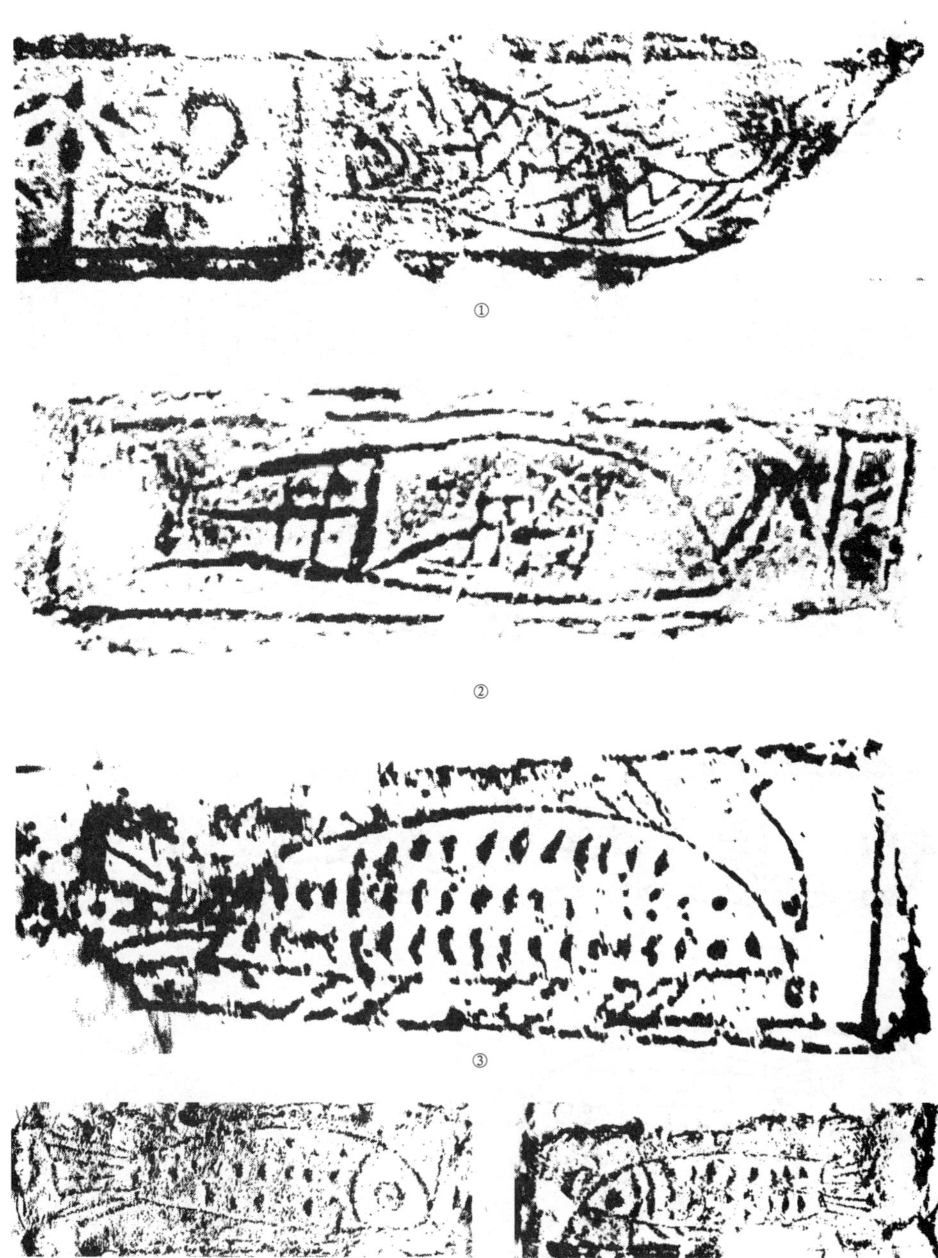

①

②

③

④

⑤

①鱼　梁　嵊州甘霖　拓本
②鱼　梁　嵊州鹿山街道　拓本
③鱼　南朝　嵊州石璜　拓本
④鱼　南朝　嵊州　拓本
⑤鱼　南朝　嵊州　拓本

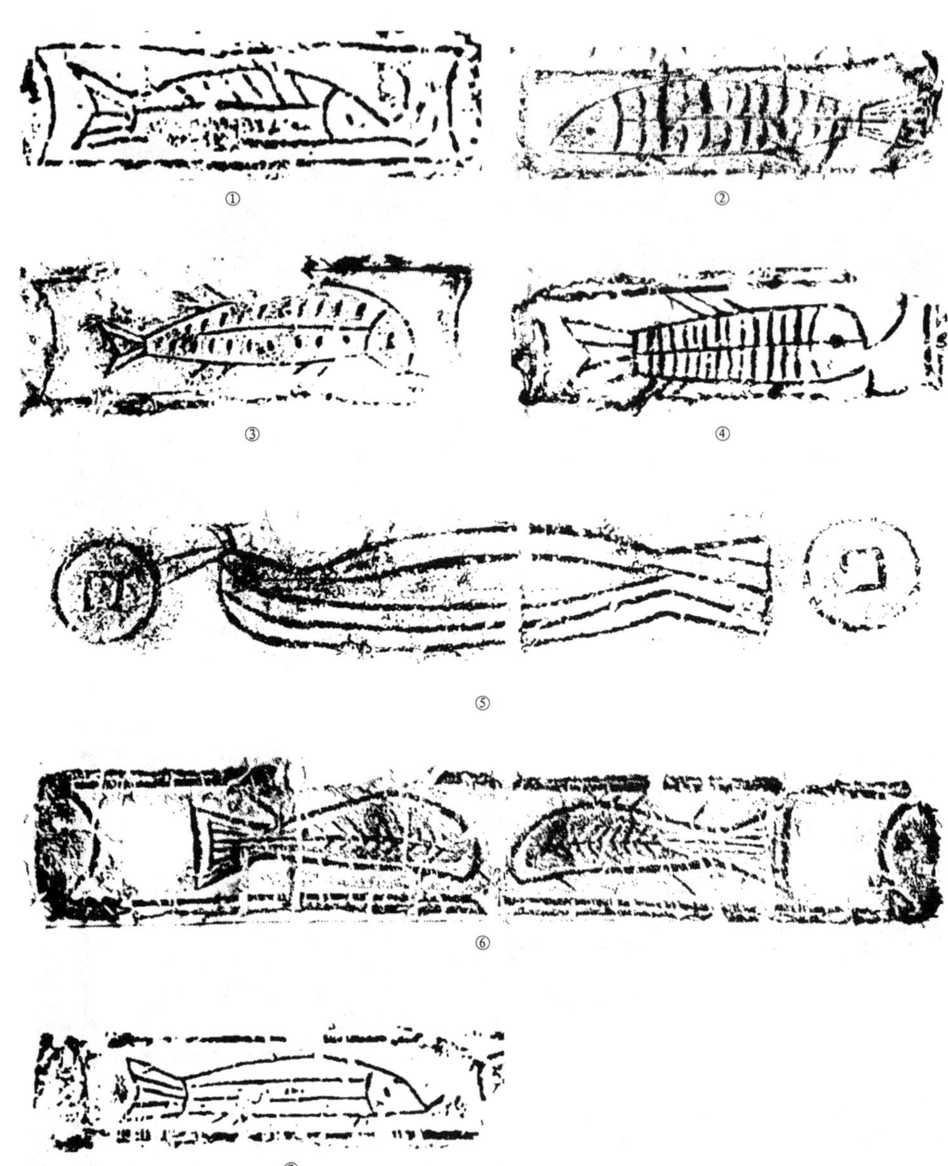

①鱼　南朝　嵊州鹿山街道　拓本
②鱼　南朝　嵊州　　拓本
③鱼　南朝　嵊州　　拓本
④鱼　南朝　嵊州　　拓本
⑤鱼钱　梁　嵊州浦口街道　拓本
⑥鱼　南朝　嵊州鹿山街道　拓本
⑦鱼　宋　嵊州石璜　　拓本

(3) 植物类画像砖

①宝瓶莲花　南朝　余杭小横山　拓本
②双莲　南朝　余杭小横山　拓本
③莲　南朝　余杭小横山　拓本
④莲　南朝　余杭小横山　拓本
⑤宝珠莲花　南朝　余杭　拓本
⑥宝瓶莲花　南朝　余杭　拓本
⑦莲　南朝　余杭　拓本

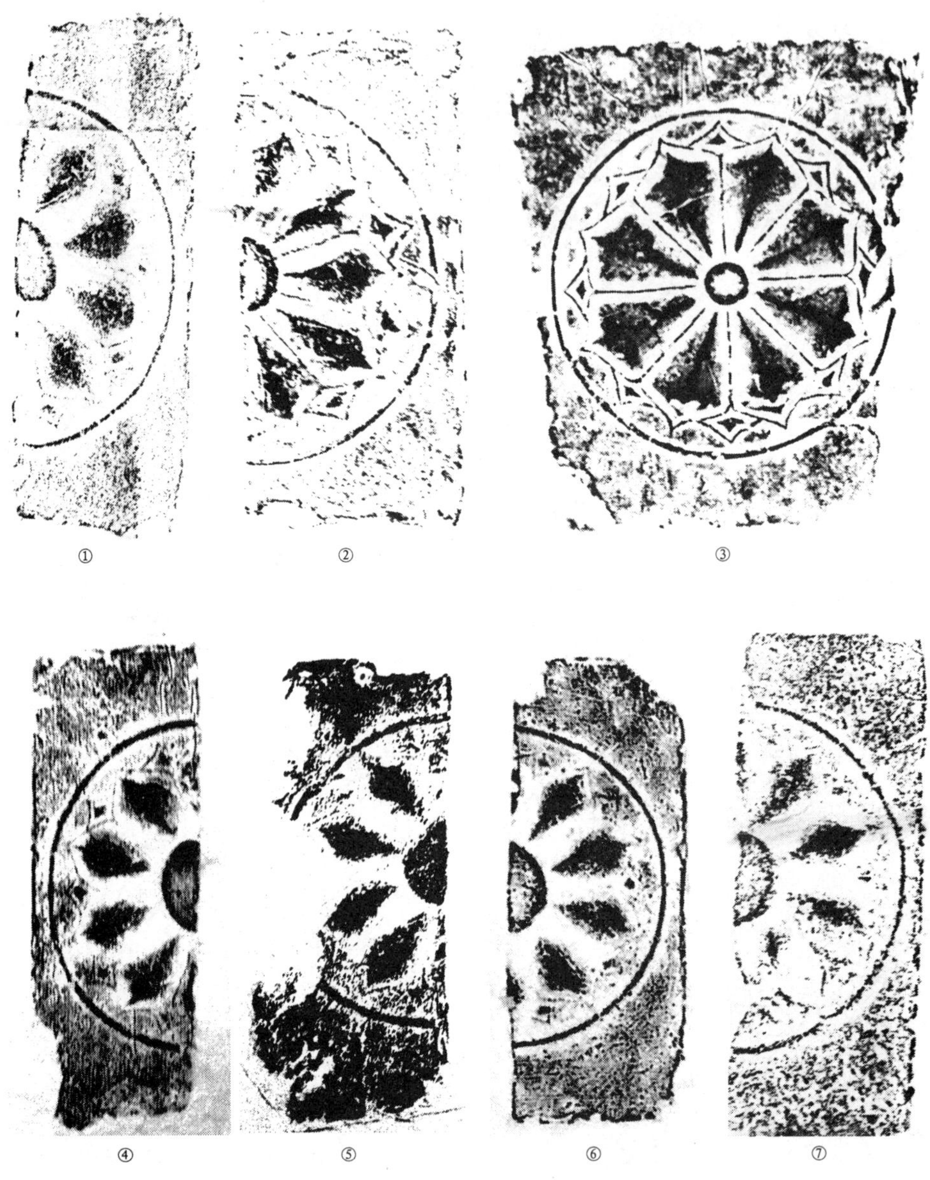

①　②　③

④　⑤　⑥　⑦

①莲纹　南朝　余杭　拓本
②莲纹　南朝　余杭　拓本
③莲纹　南朝　余杭　拓本
④莲纹　南朝　余杭　拓本
⑤莲纹　南朝　余杭　拓本
⑥莲纹　南朝　余杭　拓本
⑦莲纹　南朝　余杭　拓本

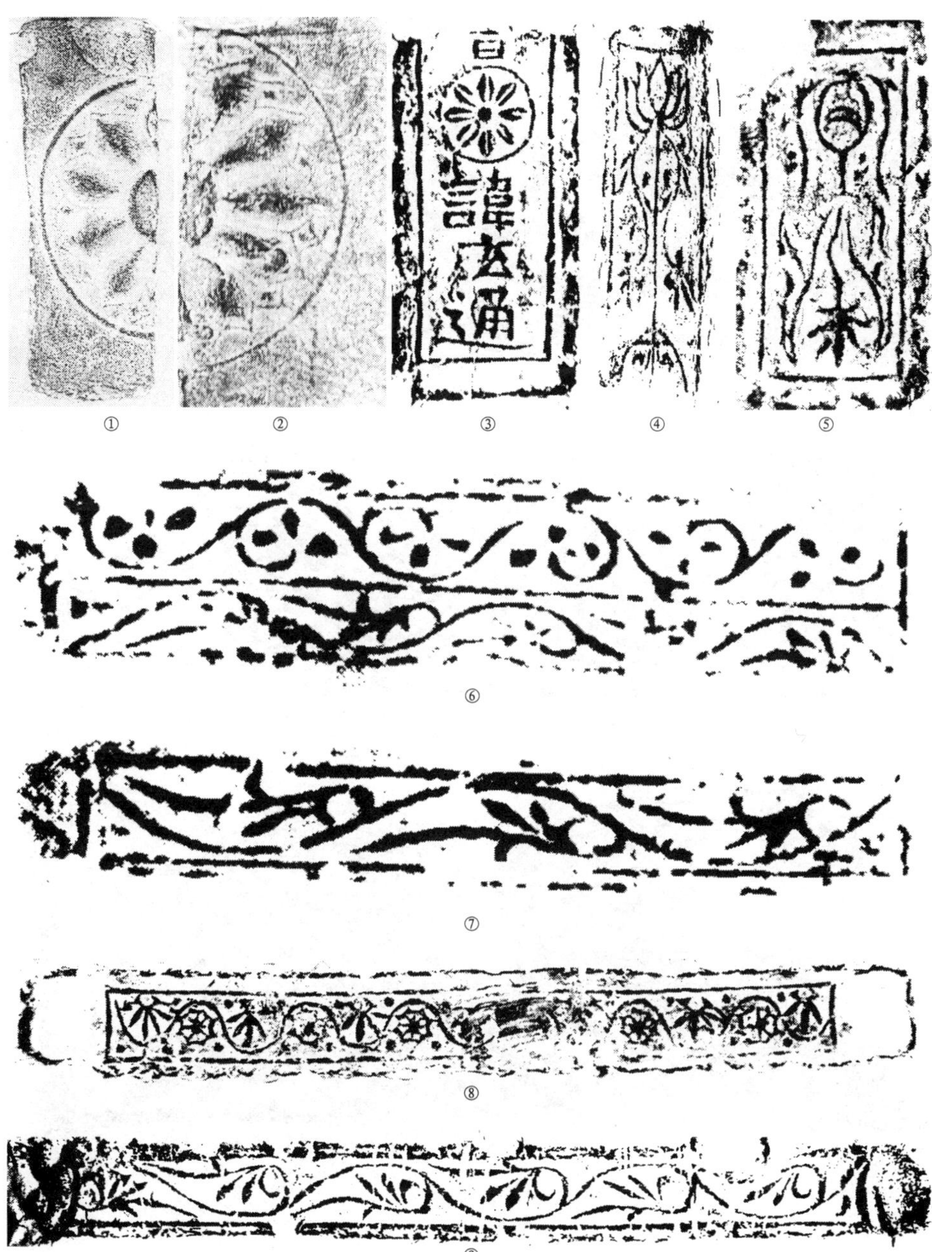

①　②　③　④　⑤

⑥

⑦

⑧

⑨

①莲纹　南朝　余杭　拓本
②莲纹　南朝　余杭　拓本
③莲纹文字　南朝　嵊州崇仁　拓本
④莲　梁　嵊州鹿山街道　拓本
⑤花卉纹　梁　嵊州鹿山街道　拓本
⑥卷草纹　梁　嵊州　拓本
⑦卷草纹　梁　嵊州　拓本
⑧卷草纹　梁　嵊州城隍山　拓本
⑨卷草纹　梁　嵊州石璜　拓本

①

②

③

①莲纹　南朝　嵊州　拓本
②花卉纹　梁　嵊州鹿山街道　拓本
③花卉纹　梁　嵊州鹿山街道　拓本

（4）几何纹饰类画像砖

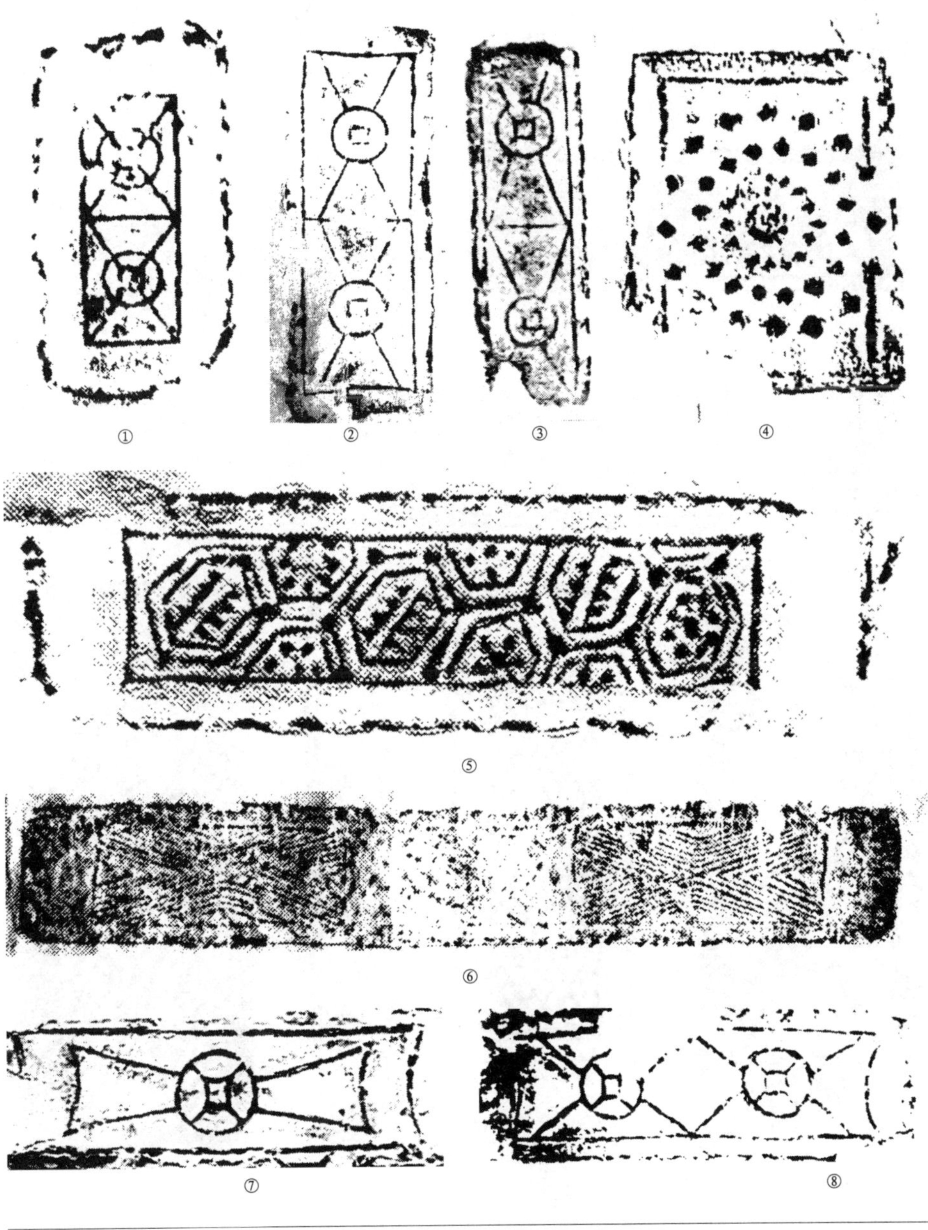

①　②　③　④

⑤

⑥

⑦　⑧

①钱胜纹　宋　嵊州鹿山街道　　拓本
②钱胜纹　梁　嵊州鹿山街道　　拓本
③钱胜纹　梁　嵊州　拓本
④乳钉纹　梁　嵊州鹿山街道　　拓本
⑤龟甲纹　齐　嵊州甘霖　　拓本
⑥折线纹　宋　嵊州鹿山街道　拓本
⑦钱胜纹　梁　嵊州城隍山　　拓本
⑧钱胜纹　南朝　嵊州崇仁　　拓本

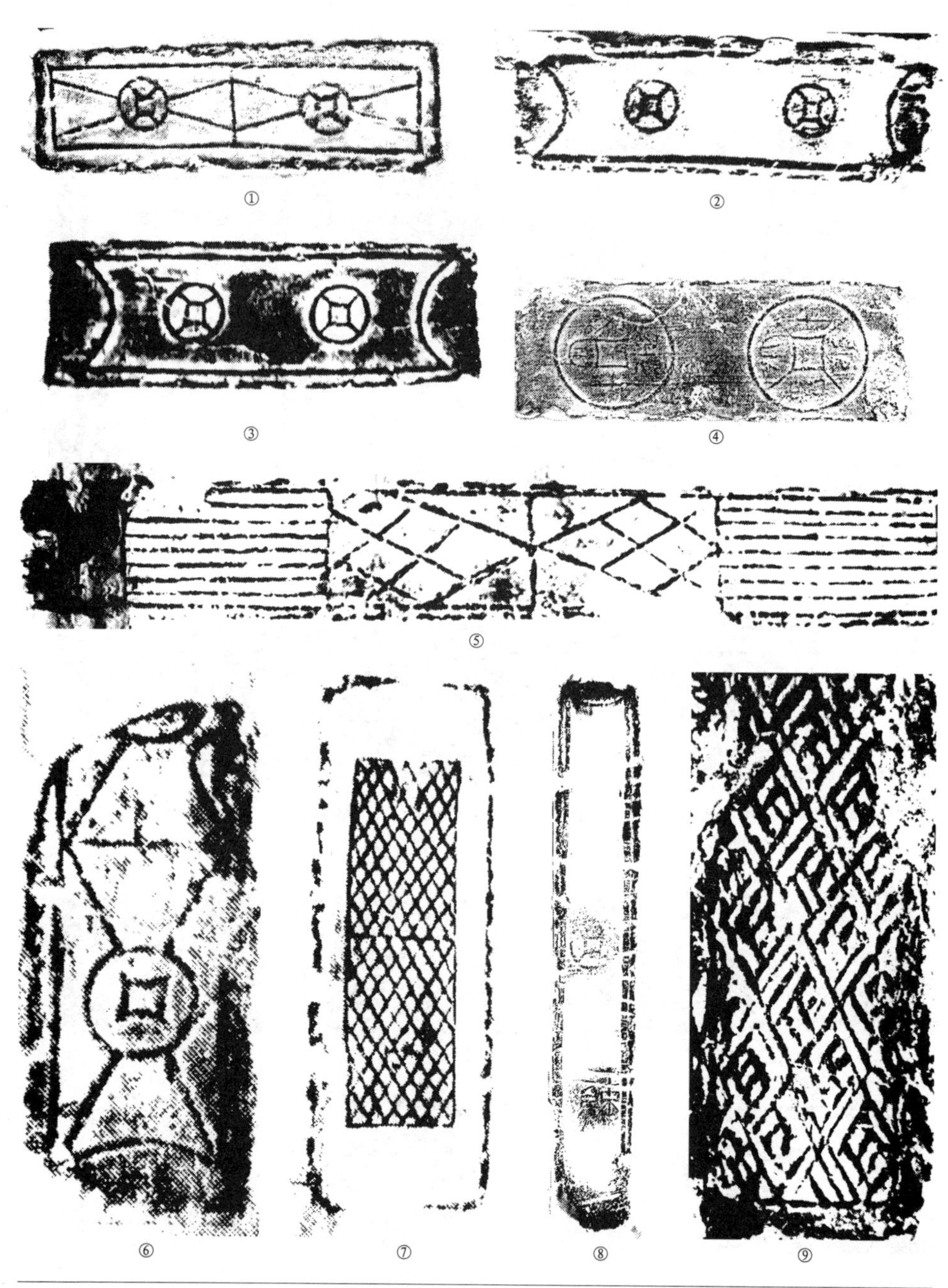

①钱胜纹　梁　嵊州崇仁　　拓本
②钱纹　宋　嵊州石璜　　拓本
③钱纹　宋　嵊州　　拓本
④钱纹　南朝　余杭　　拓本
⑤方格弦纹　南朝　嵊州　　拓本
⑥钱胜纹　陈　嵊州石璜　　拓本
⑦网纹　宋　嵊州鹿山街道　　拓本
⑧钱纹　南朝　嵊州甘霖　　拓本
⑨席纹　南朝　嵊州　拓本

①

2. 文字类画像砖

(1) 纪年砖

② ③ ④

⑤

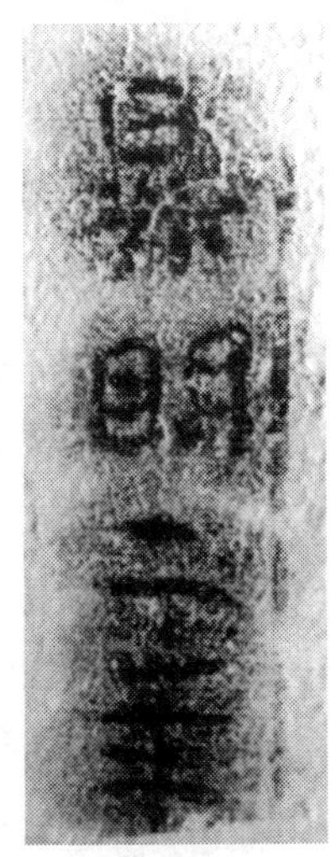

⑥

①旋纹　南朝　余杭　拓本
②宋元嘉二十七年　南朝　嵊州城隍山　拓本
③宋孝建二年　南朝　上虞　拓本
④宋大明四年　南朝　嵊州甘霖　拓本
⑤宋泰始六年　南朝　嵊州鹿山街道　拓本
⑥宋昇明二年　南朝　嵊州鹿山街道　拓本

①

②

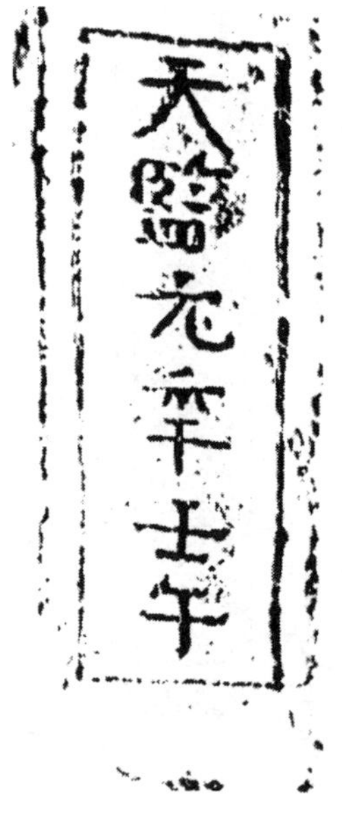

③

④

①齐建元二年　南朝　上虞　拓本
②齐永元元年　南朝　嵊州甘霖　拓本
③梁天监元年　南朝　嵊州鹿山街道　拓本
④梁天监六年　南朝　嵊州　拓本

①

④

②

③

⑤

①梁天监七年　南朝　嵊州城隍山　拓本
②梁天监十年　南朝　南朝　嵊州城隍山　拓本
③梁天监十二年　南朝　嵊州崇仁　拓本
④梁普通元年　南朝　嵊州　拓本
⑤梁大同七年　南朝　嵊州　拓本

①

②

③

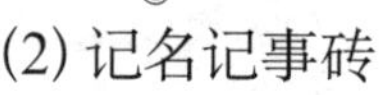
(2) 记名记事砖

④

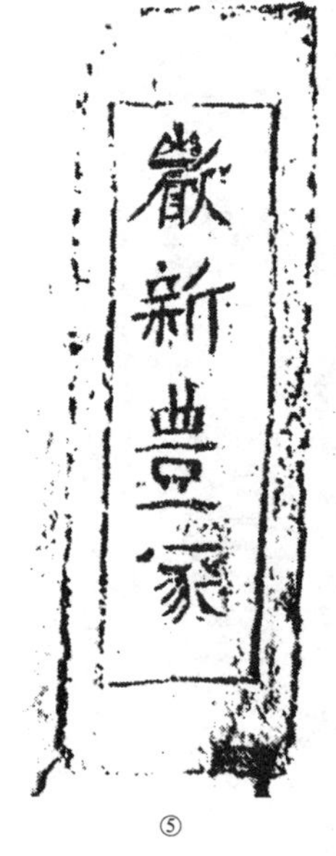
⑤

⑥

①梁大同九年　南朝　嵊州甘霖　拓本
②梁太平四年　南朝　绍兴　拓本
③陈太建六年　南朝　嵊州崇仁　拓本
④记名砖　南朝　嵊州甘霖　拓本
⑤记名砖　南朝　嵊州鹿山街道　拓本
⑥记名砖　南朝　嵊州　拓本

①

②

③

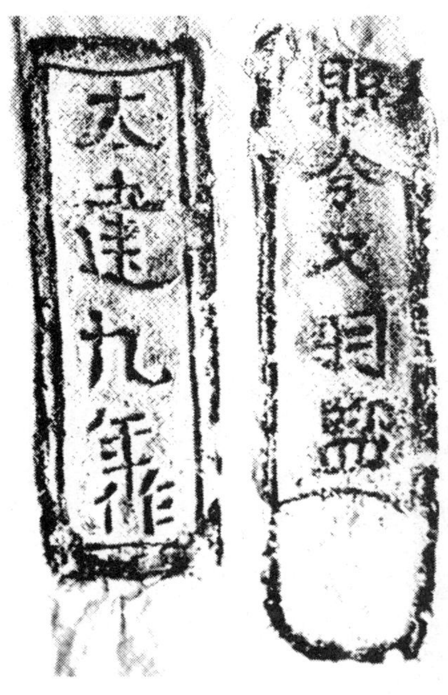

④

⑤

①记名砖　南朝　嵊州城隍山　拓本
②记名砖　南朝　嵊州　拓本
③记名砖　南朝　嵊州甘霖　拓本
④记名砖　南朝　嵊州石璜　拓本
⑤记名砖　南朝　嵊州城隍山　拓本

①

②

③

④

⑤

①记名砖　南朝　嵊州鹿山街道　拓本
②记名砖　南朝　嵊州　拓本
③记名砖　南朝　嵊州　拓本
④记名砖　南朝　嵊州甘霖　拓本
⑤记事砖　南朝　余杭　拓本

①

②

①记事砖　南朝　嵊州浦口街道　　拓本
②记事砖　南朝　嵊州浦口街道　　拓本

(3) 吉语砖

①

②

①吉语砖　南朝　嵊州石璜　拓本
②吉语砖　南朝　嵊州鹿山街道　拓本

第五章　涛声依旧

——浙江隋唐及以后画像砖艺术

从汉末到隋代，历经300多年的战乱不休、地方割据、朝代频繁更迭，中国历史终于再次走进了大统一的时代。隋唐以后，虽有近60年的五代十国的混乱时期，但总体上沿着宋、元、明、清统一的王朝轨道延续下来，难能可贵。正是这种国家长期统一发展的状态，有效地保持着中国传统文化的绵绵延续。但令人遗憾的是，隋唐以降，画像砖艺术步入低谷，原画像砖主产地绝大多数都出现了画像砖消失的现象，有画像砖的地方凤毛麟角。隋唐时期，画像砖多集中出现在浙江、陕西；宋元时期则集中出现于甘肃；明清时期，中国大地上的墓室画像砖基本消失，以徽派建筑为代表的砖雕艺术登堂入室。到如今，我们在民居建筑上依然能见到“画像砖”的影子，这是弥足珍贵的。

第一节 浙江隋唐时期的画像砖艺术

汉代是中国画像砖艺术发展的高峰时期，究其原因，一是由于汉代推行举孝廉制度，二是因为汉代盛行厚葬之风。从中国历史上最著名的盗墓者曹操提倡薄葬发展到曹丕发布政令推广薄葬以来，厚葬之风日趋减退，主要用于装饰墓室的画像砖相应也逐渐减少。当然，画像砖日趋减退的原因还有可能是受佛教的影响，因为佛教是重视人生现世修行、强调因果报应而忽略逝后丧葬对人生终极目标的作用的。整体看来，虽然在南北朝时期画像砖似乎出现了复兴现象，但从此以后就一蹶不振却是不容争议的事实。

隋唐时期，陕西长安是国家的政治、经济、文化中心，高官、富豪多集中于此，因此，陕西成为隋唐时期画像砖的重要产地理所当然；相对偏僻、远离政治中心的浙江地区成为隋唐时期画像砖的繁荣地，则令人不解，让人深思。出现如此局面，原因可能是多重的，不过，浙江地区繁荣昌盛的两晋、南朝画像砖艺术的“余威”影响更应该值得我们注意，因为，在事物的发展中，突变的概率往往小于逐渐变化的概率。

一、隋唐时期浙江画像砖的发展状况

进入隋唐时期，浙江画像砖与全国的画像砖发展步伐基本一致，步入了相对低沉的发展阶段，表现出以下几个特点：

(1) 数量少、范围小

与汉晋画像砖的发展状态相比，浙江隋唐时期的画像砖在出土的数量上明显减少，目前记录于书籍或报道的画像砖在百块之内。在考古现场，汉晋时期数个或十数个画像砖墓紧密聚集的状况难得一见，很多砖构墓室的砖材多是素面示人，不加修饰。《千甓亭古砖图释》等书籍关于该时期浙江画像砖的载录也变得微不足道，仅数幅图片而已。

与汉晋画像砖的发展状态相比，隋唐时期浙江画像砖的出土地域也出现明显的萎缩现象，虽说宁绍平原和杭嘉湖平原依然是两大中心出土地，但仅临安、湖州、绍兴、嵊州、余姚等地有所发现，其他地区罕见隋唐时期的画像砖。

(2) 质量粗、形制单

与汉晋及南朝的浙江画像砖相比，隋唐时期的浙江画像砖在制作质量上显得相对粗糙。

一是这些画像砖体与前期常规的长条实心画像砖相比明显变得“瘦小”了许多，尺度上多呈现瘦身现象。

二是从画像砖制作的工整程度上看，明显变得粗糙和低劣，如砖坯泥土的炼制显然不如前朝细致，砖质酥松而不够坚实，难以见到汉代临安砖上出现的青釉琉璃厚达 1—2 毫米，敲之发出金石之声的现象。尽管年代上较前朝离现在更近一些，但出土时大多残损，图像模糊，这些足以说明该时期画像砖的制作不够精到。

三是从画像砖的形制上看，隋唐时期的画像砖相对单一，绝大多数属于长方形、条形小砖，难以见到汉晋、南朝画像砖那种楔形、刀形、榫卯结构等形态大小丰富多彩的局面。

二、隋唐时期浙江画像砖的艺术特征

(1) 内容欠丰

从现今发现的浙江隋唐画像砖来看，其表现内容大体可以分成图像和文字两大类，但是，多数砖是集图像与文字于一砖的，单一的文字砖相对不多，可能是“节约”或集中展现的观念所致吧。从现存浙江隋唐画像砖的图像上看，人物、神灵、动物等形象均已不多见，多数为卷草纹、卷云纹和莲花纹，较汉晋南朝的画像砖而言，隋唐画像砖题材减少了许多，内容则显得相对单一。

(2) 造型简洁

或许是因为粗糙砖坯的材质所限，隋唐时期画像砖的印模制作相对草率。在形象塑造上，南朝的一些画像砖线条细若发丝，但凸起清晰、流畅连贯，我们不难想象其砖坯练泥的细致、印模制作的精美、压印技术的精准状况，相比而言，隋唐时期的画像砖就显得简洁和粗犷许多。

浙江汉晋南朝画像砖的图像以线为主造型，因为印模创作过程中构思精心、表达细致，压印出的画像砖往往呈现出精致的韵味来。隋唐时期浙江画像砖的形象，一般多为面（或许用粗线描述更合适）的形式表现，再加上形象本身相对简单，整体形象的艺术效果就显得简洁和明确。

从隋唐时期文字砖的造型来看，也是简洁的艺术风采。当然可能是由于该时期文字砖数量有限，缺乏可比性，仅就目前所发现的隋唐时期的文字砖来说，其字体的构成和表现明显让人感到简单。就字体表现的精细、工整程度看，隋代相对于唐代要好一些。在浙江汉晋画像砖中，我们不仅可以欣赏到正、草、隶、篆不同字体的艺术风采，就其制作表现的工细程度上来说也明显优于隋唐时期。浙江隋代文字砖字体较为方正，笔画较细而均匀；浙江唐代文字砖的字体往往有一种类似简化了的楷书的感觉，字体的大小不够一致，笔画粗细的变化相对缺乏，不过倒有一种朴实无华的感觉。

(3) 契合时代

正如石涛所言："笔墨当随时代。"一件艺术品是那个时代社会风尚的一朵浪花，里面折射出的是那个时代的内在力量。虽然浙江隋唐画像砖的形象相对简单，或者说有些单纯，但是它们也是大隋、盛唐富丽堂皇形象的反映。那简洁明快的卷草纹充满着 S 形曲线的动感魅力，与隋唐时期充满活力的盛世景象是那样若合符节。盛唐的艺术中充斥着莲花的圣洁、牡丹的雍容，反映着该时代佛教的盛行、盛世的富足，它们合二为一就是宝相花，这是只有在盛唐时期才产生出的一种具有中华民族特色的装饰纹样。唐代的浙江画像砖中多见盛开的莲花，这些莲花瓣排列有序、规则而显得富贵、圣洁，具有宝相花的神韵。隋唐时期浙江的纪年砖也非常契合时代，如浙江隋代纪年砖中多见开皇年代，唐代纪年砖中则多见大唐贞观纪年和开元纪年。开皇是隋代第一个年号，反映出人们对于久乱后国家一统的渴望和珍重；贞观之治、开元盛世都是唐代乃至整个中国封建社会历史中难得一见的辉煌时期。从现实的角度讲，只有在国家统一稳定时期、在国富民丰的盛世时期，人们才能有心思、有财力去营造自已心中美好的地下世界。当然，从这些画像砖中我们可以对当时浙江的社会经济生活有一个大致的了解。

第二节　浙江五代及以后的画像砖艺术

一、五代两宋浙江画像砖

唐朝末年社会动乱，各路诸侯割据一方，政权更迭，战争频仍，后梁、后唐、后晋、后汉及后周即为五代，再有吴越国等10个地方政权相继称雄，史称“十国”。60年左右的时间里风云变幻，你方唱罢我登场，政治的昏乱、腐败，经济的凋敝，文化的衰败是可想而知的。

该时期，浙江这块热土是幸运的，临安人钱镠“一剑霜寒十四州”，占据今浙江大地及福建省、江苏省部分地区，定都于杭州，浙江的政治、文化中心从此由绍兴北上于杭，固化至今。吴越国历代国王坚持和平，笃信佛教，与民休息，浙江大地有了难得的安定发展环境。后来吴越国和平归顺大宋，浙江人避免了生灵涂炭之苦，社会经济、文化继续发展。南宋“偏安”临安，杭州变成了中国的政治文化中心，浙江迎来了有史以来最好的发展机遇。由五代十国至南宋灭亡的三百多年时间可谓是浙江的黄金发展期。正是在这个黄金发展期里，浙江的画像砖艺术得以延续、生存，放眼全国，堪称奇迹。

五代两宋时期的浙江画像砖主要分布在绍兴、黄岩、安吉、宁波、湖州等地。画像砖分布在这些地方并不奇怪，如长期以来绍兴曾是浙江的政治文化中心，又是南宋皇室的重要墓地；宁波曾是南宋高官的集中所在地，史家终南宋一代曾“一门三宰相，四世两封王”，因家乡近在咫尺，没有皇帝因欲归埋河南巩义而简葬的困惑，他们隆重安排后事是理所应当的事。

1987年大修黄岩灵石寺塔，在塔的二、三、四、六层发现五代、宋初佛像、菩萨、金刚和吴越四代国王像画像砖，这是浙江现存最为精美的五代两宋画像砖。这批画像砖可分成长方形砖和正方形砖两类。长方形砖一般长（或高）32—36 厘米、宽 15—17 厘米，正方形砖长、宽各 30.5 厘米。难能可贵的是，这批画像砖均为阴线刻形式，应该是用工具直接刻画在砖体之上的，这种造型方式在浙江画像砖中是不多见的，即便在全国历代画像砖中也是罕见的。妙的是这批画像砖虽说是人工直接刻画，却绝对没有手工直接刻画很容易产生的粗糙感，用“精美绝伦”来描绘这批画像砖是比较合适的。从画面上看，这批画像砖均为“白描”形式，线条均匀、流畅、舒适、飘逸，有春蚕吐丝、高天流云般的美感，堪称中国线描艺术精品，绝非一般匠人所能雕刻出来。其人物造型结构合理、比例精准、神情毕现，在同时代的人物造型艺术中亦属上品。综合分析，这些画像砖应该是宫廷艺术家或专业艺术家的精品。

二、浙江画像砖的今日衍化

明清以后，以印模造型艺术为主的墓室画像砖消失殆尽，再无复兴，不能不说丧葬礼俗的变迁是一个重要的因素。取而代之的是地上建筑装饰中以雕刻为主要造型手段的砖雕艺术，其典型代表当数徽派建筑。

令人不解的是，毗邻徽州的浙江建筑虽也有徽派建筑的大体形式，也有木雕、石刻的精彩，却鲜见精美的砖雕。其中的原因并不难理解。浙江画像砖在明清已经完成了从地下到地上的完美转身，只不过它并不是从模印艺术转换到砖雕艺术，而是坚持和发展了模印技术。浙江大地上明清传承至今的建筑屋脊，多由外观方正、内部有拱弧状凹陷正好可以盖压屋脊部分的砖体构成，这些砖用印模压印着精美形象。这种装饰精美、遍布浙江大地的屋脊砖以宁绍平原、杭嘉湖平原最为常见，与辉煌的浙江汉晋、南朝画像砖的主产区完全重叠，不是偶然现象。这些屋脊砖表现的题材同样可以分成两种：图像和文字。仔细调查、观摩，你会目瞪口呆：这些屋脊砖上面的形象有些几乎与汉晋、南朝、隋唐画像砖一致，很多图像特别是几何纹饰几乎是汉晋画像砖的完美拷贝！有一次，笔者远看这些砖，以为是汉晋画像砖，欣喜异常；近观却发现是近现代建筑的屋脊砖，更让人产生意料之外的惊喜。还有一次，在北仑新农村建设活动中发现一块汉菱形纹画像砖，老乡说上世纪 70 年代建房因建材不足利用了古代墓砖，笔者发现周围的屋脊上都是与这种纹饰一模一样的上世纪七八十年代生产的屋脊砖。真乃奇迹！相距近 2000 年，却有同一种造型，这就是画像砖文化的传承！文化应当反映时代，浙江现代屋脊上的文字砖的内容自然不是昔日的甲子、乙丑、大吉羊、宜子孙，而是带有鲜明的时代特色，如“人民公社好”“社会主义好”“红太阳”“毛主席万岁”等。这种画像砖由地下墓室完整地转化到地上现代建筑的现象仅见于浙江，属于特例，应该引起画像砖艺术研究者、建筑艺术研究者认真关注！

不仅如此，古老的画像砖技艺还在我们现今的日常生活中衍化！如在临安等地民间有很多鼓形陶器，直径 10 厘米左右，高 5 厘米左右，上面一般有圆形或方形凹池，它的腰身、上下鼓面（特别是上面）都装饰着精美的纹饰，多为几何纹、植物纹，有些是具有吉祥意味的“暗八仙”“八宝”等纹饰。这些纹饰都是用小印模压印出来的，制作原理、制作程序及造型手法与汉晋画像砖一模一样。多数人说这是镇纸，但从其形制、实用性上说，它更像是汉晋席镇。

浙江人现在常见的花糕制作过程如下：选择合适大小的木质方框，用米粉（或者加馅料）填满，刮平，以木质画模压印成型，最后上锅蒸制。我们发现，这个过程与传统的画像砖制作非常相似，只不过用米粉代替了炼制过的泥土、蒸制取代了窑烧而已，我们不妨说浙江花糕就是传统画像砖艺术借食物载体的现代复活。我们也可以这样说：为什么浙江盛产精致美味的花糕？那是因为浙江人民热爱美的事物，那是因为浙江有着 2000 年以上的画像砖艺术史，画像砖艺术之魂已经融入浙江人的生活之中。

附图

(1) 隋代画像、文字砖

①开皇二年　隋代　临安於潜　拓本
②开皇十五年　隋代　绍兴　拓本
③开皇十七年　隋代　临安　拓本
④纪年　隋代　临安　拓本
⑤记名　隋代　临安　拓本

①

②

③

（2）唐代画像、文字砖

④

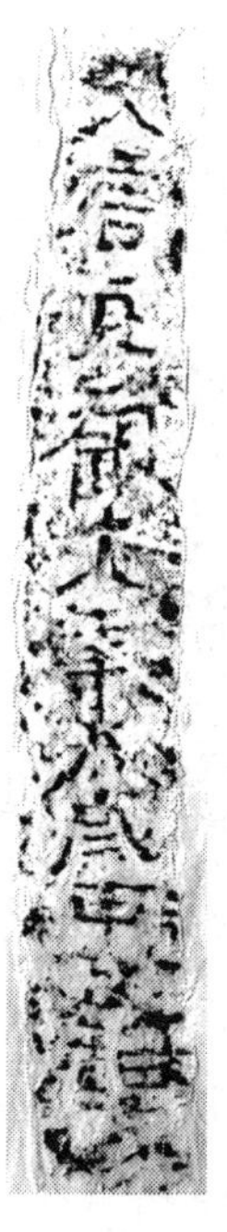

⑤

⑥

⑦

①几何纹　隋代　临安　拓本
②钱纹　隋代　临安　拓本
③五字纹　隋代　临安　拓本
④武德八年　唐代　绍兴　拓本
⑤贞观六年　唐代　临安　拓本
⑥贞观六年记名砖　唐代　临安　拓本
⑦贞观六年记名砖　唐代　临安　拓本

①　②　③　④　⑤

⑥　⑦

①贞观六年　唐代　临安　拓本
②贞观十年　唐代　嵊州　拓本
③纪年砖　唐代　上虞　拓本
④纪年砖　唐代　上虞　拓本
⑤至德二年　唐代　嵊州　拓本
⑥咸通二年砖刻　唐代　余姚　拓本
⑦咸通二年　唐代　余姚　拓本

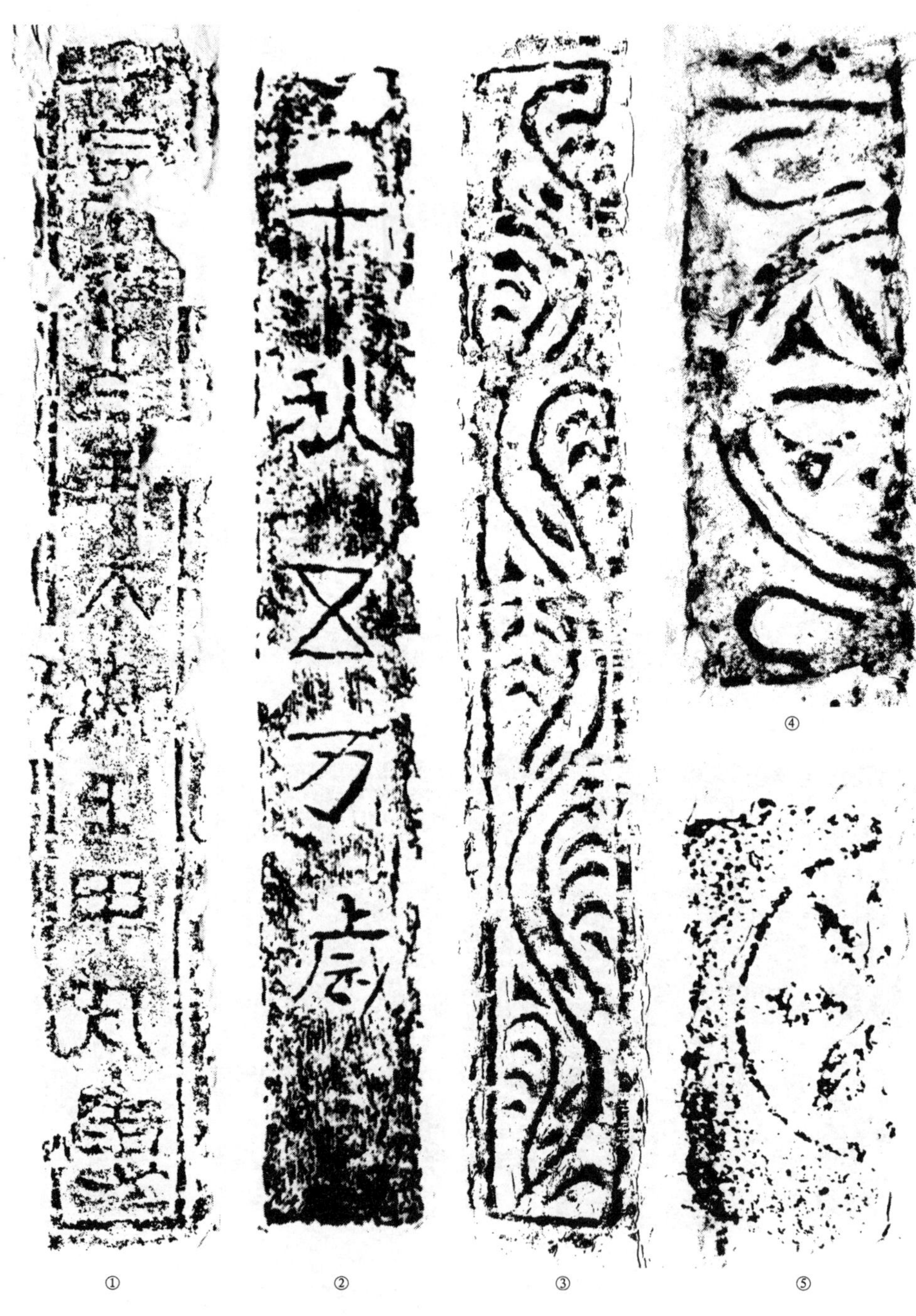

①纪年砖　唐代　临安　拓本
②吉语砖　唐代　宁波　拓本
③卷草纹　唐代　临安　拓本
④莲花嘉禾纹　唐代　临安　拓本
⑤莲花纹　唐代　临安　拓本

①　②　③

(3) 五代及以后画像、文字砖

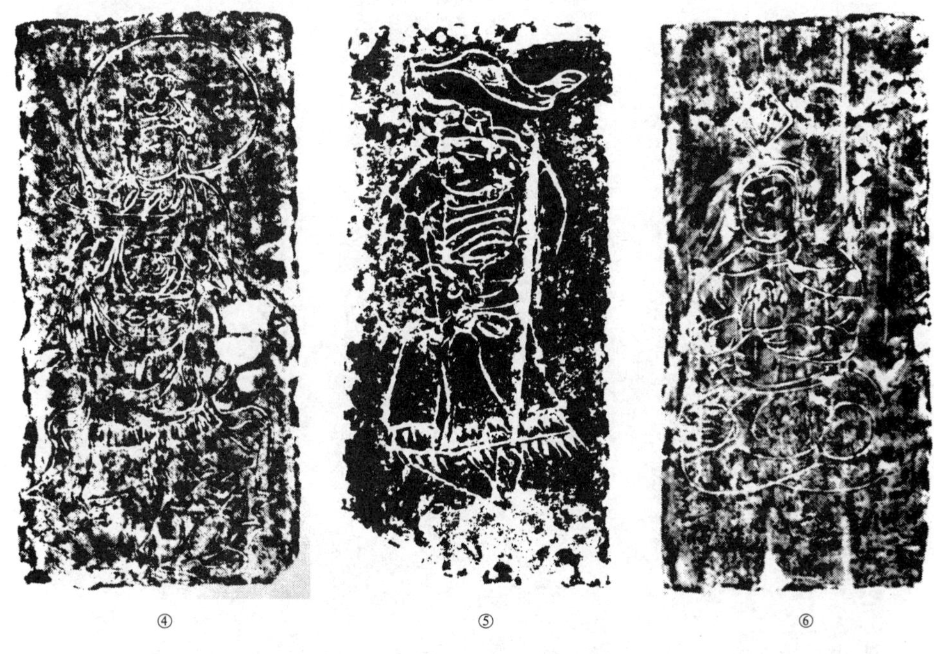

④　⑤　⑥

①莲花纹　唐代　临安　拓本
②莲花纹　唐代　临安　拓本
③斗拱纹　唐代　临安　拓本
④观音　五代宋初　黄岩灵石寺塔　拓本
⑤将军　五代宋初　黄岩灵石寺塔　拓本
⑥将军　五代宋初　黄岩灵石寺塔　拓本

①

②

①武士　五代宋初　黄岩灵石寺塔　拓本
②文官　五代宋初　黄岩灵石寺塔　拓本

①

②

①记事砖　宋代　绍兴　拓本
②记事砖　南宋　上虞　拓本

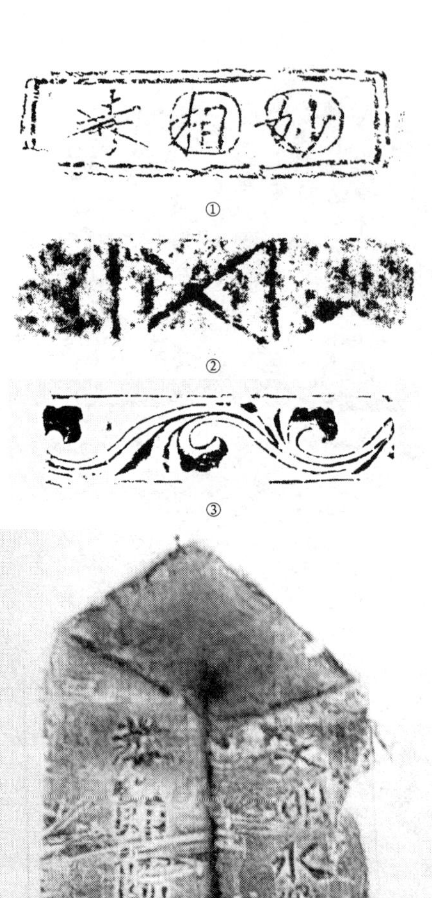

①

②

③

④

⑤

①寺名　南宋　宁海妙相寺　拓本
②五字纹　南宋　宁波北仑　拓本
③水波纹　宋代　安吉　拓本
④记名砖　明代　嵊州崇仁　拓本
⑤记事砖　明代　嵊州崇仁　拓本

①水波纹　现代　临安　拓本
②钱纹　现代　临安　拓本
③寿纹　现代　临安　拓本
④弦纹　现代　临安　拓本
⑤寿纹　现代　宁波北仑　拓本

第六章　文茂质丰

——浙江画像砖艺术文化特征

第一节 浙江画像砖艺术文化特征

一、浙江文字砖的历史价值

从事考古工作的人们最为期盼的就是能在遗迹或墓葬中发现文字，活生生的文字往往是判断遗迹或墓葬主人身份、年代并还原历史真相的金钥匙。

浙江文字砖从西汉到现代连绵不断，其内容极为丰富，这是其他地区画像砖甚至画像石所不具备的，堪称中国历史的奇迹。我们最起码可以得出这么一个结论：古代浙江人是热爱并且善于记录历史的。浙江的文字砖大体可以分成三大类：纪年砖、记名记事砖和吉语砖。

纪年砖中记载着清晰而又具体的年月甚至日期和具体时辰，让人一目了然，这对于我们判断墓室年代有着重要的作用，因为这笔画的刻画之间其实就产生了信史。通过调查统计发现，浙江的纪年文字砖从西汉到大唐贞观年间，几乎没有大的年号断层，特别是从东汉永元元年到南朝结束的500年间，纪年砖的年号几乎可以不间断地连接起来。这种现象充分反映出浙江画像砖由汉到唐宋的持续发展历史，也反映出浙江古人对历史记录的重视程度，更是浙江地区政令、文化传播的晴雨表。

浙江的记名记事砖多见于对墓主人姓名、身份和制砖工匠名讳的记录。这对于研究浙江历史、浙江手工业发展史、中国画像砖制造史、中国书法发展史、中国美术史均有着非凡的意义。以中国美术史为例，晋代顾恺之以前有关中国美术家的记载非常少，中国美术史中重视对宫廷艺术和绘画艺术的记录，而对民间美术和雕刻、建筑、工艺美术等造型艺术的记录比较少，浙江的记名记事砖恰好可以在浙江美术史层面弥补其不足。再以中国书法史为例，由汉至隋唐期间的书法名家历历可数，其书法范本亦有数可查，数量上的不丰满、代表的全面性欠缺都是显而易见的不足，浙江文字砖正好可以弥补这些不足。如在临安发现了一块开皇十年的文字砖，上有“展子虔”的名讳记录，或许是与隋代大画家重名者，但若是对大画家展子虔的真实记录的话，则堪称轰动吧？

吉语砖，简单地说就是展示吉祥话的砖。追求祥和是每一个中国人的理想，用吉祥话相互问候也是中国人人际交往的一种惯例。浙江吉祥砖可以真切展现出传统中国人的吉祥理想及浙江先人们的祥和理念。万岁不败、富贵、宜子孙、宜侯王、大吉羊（祥）、安乐、长寿安乐等都是浙江画像砖中较为常见的展示吉祥意义的文字。富有新意、不落俗套的吉祥语在浙江画像砖中也屡见不鲜，如绍兴东汉砖文“去苦努力相思”直接吐露爱意，不加掩饰；东晋绍兴砖文“黄家富贵冢”堪称家族墓广告；东晋临海砖文“作此砖清且端千秋万岁宜子孙”，把画像砖的功用给予大大弘扬；西晋上虞砖文“呜呼哀哉处斯幽冥潜神居土何时后生”既充满悲痛和思念之情，又饱含着对逝者复生的渴望。这些吉语砖让我们对浙江先民乐观、励志、重情的精神品质有了很好的了解。

二、浙江画像砖的文化内涵

浙江画像艺术，上承河姆渡文化、良渚文化绮丽、浪漫的远古文明，植根于“吴根越地”交相辉映的双重文化热土之中，浸润了山川、水乡农耕、渔猎社会生产生活的多元色彩，继承和发展了黄河流域、长江流域主流汉画艺术博大雄浑的艺术因子，又从神秘浪漫的荆楚文化、源远流长的海上丝路文化、异域舶来的佛教文化中汲取了丰富的营养，最终变得瑰丽多彩也就不足为怪了。

东汉末年以后，处于政治中心的北方军阀混战、朝代更替、民不聊生，而浙江地区却处于难得的相对安定的环境，从而吸引了大批移民的进入，成为魏晋南北朝时期民族文化大交融的最大受益者。因此，浙江汉画像艺术虽然与汉画主产区存在着一定的距离，但仍然以其多维的视角、丰富的题材内容、多元化文化的浸染和特异的地域风格而独秀于画像艺术之林。

浙江画像艺术是浙江传统文化的有机组成部分，是反映浙江社会生活、民风民俗和意识形态的珍贵图像资料，是文史资料的有益补充，有着补史、证史的重要作用，同时也是浙江美术史乃至中国美术史不可或缺的重要组成部分。

冯其庸先生称汉画艺术为“敦煌前的敦煌”，作为中国汉画的重要组成部分，浙江汉画像砖艺术自然也就是“敦煌前的敦煌”的一部分。三国至南朝甚至到唐代的浙江画像砖中富含佛教元素的现象与敦煌的佛教主旨是非常一致的，浙江画像砖艺术的发展与敦煌艺术的发展有着神奇的相似之处，我们不妨称浙江画像砖艺术是深埋在地下的江南敦煌艺术。

早在三国时期，浙江墓室画像砖就蕴含着丰富的佛教文化，在中国汉画艺术中属于特例；魏晋南北朝时期是中国佛教石窟艺术的大发展时期，该时期佛教形象却是浙江墓室画像砖的重要题材，其造型并不逊色于敦煌形象，的确是中国画像砖艺术或者说是中国造型艺术中的奇迹。浙江画像砖最先把佛教文化运用到墓葬文化中，较为清晰地展示出了佛教传入中国之初图像艺术的状况，是研究佛教文化和佛教艺术的珍贵图像资料，对于探索中国佛教发展史特别是佛教在江南的传播状况具有重要意义。

1. 浙江画像砖艺术“三谜”之地下佛像

佛教在汉代传入中国是大家公认的，至于是西汉还是东汉尚有争论，专家学者一般倾向于东汉明帝时期。目前中国存留的汉代佛教遗迹并不多见，地上有江苏连云港孔望山摩崖石刻，至于河南方城小史店佛教摩崖石刻，有学者认为是汉代创刻，但仍有争议；地下佛像仅存留山东沂南北寨汉墓画像石、四川汉摇钱树数幅。从这些早期的佛像遗迹及三国早期绍兴佛像画像砖的情况，我们应该对佛教沿着海上丝绸之路传播的可能给予关注。浙江绍兴出土建衡二年佛像画像砖，十分难得，佛像类画像砖在两晋时期持续发展，至南朝时期达到鼎盛。浙江佛像画像砖出现年代早且长期延续发展是一个神奇之谜。

佛教传入中国以后便受到上层社会的推崇和国家层面的弘扬，也正因如此，佛教才能在全国范围内逐渐发展壮大，在其发展历程中，佛教又与中国传统文化密切结合，上至皇帝下至平民，都对佛教顶礼膜拜，佛教成为中国最为重要的宗教之一。然而，佛教在中国的发展并非一帆风顺，中国也曾发生过数次“灭佛运动”，佛教可谓是历经磨难。但是，不管经历多少挫折，那端庄、慈祥甚至有点高傲的佛像依然矗立在豪华庙堂或山崖洞窟之中。高高在上的佛被“凝固”于冰冷生硬的小砖并深埋于地下墓穴，伴随着逝者的灵魂，从三国到南朝直至唐朝数百年时间，这种现象恐怕只存在于浙江！

那么，把佛像长期留存于九泉究竟是什么原因所致，又带有什么样的含义呢？是佛教受打击才转移到地下，犹如基督教早期因被打压而不得不在地下进行活动，还是一定礼俗发展的需要？从中国早期佛教形象多出现于墓室（目前确认的汉代地上佛像仅存于江苏连云港）并且不是以“主神”身份出现的状况来看，汉代人佛与道的神灵观念区分并不是很大，墓室中的佛像只不过是与道家观念中予人长生的神灵一样“护佑”墓主人安享九泉生活而已。其实，重视厚葬、精心经营墓室的人，无论他是皇帝王公、高官富豪还是平常百姓，都坚信九泉下能够得到另外一种人生，也就是说视死如生。出现佛像画像砖的墓主人并不属于皇帝、王公贵族等上层统治阶层，而是低层官员或者中产人士，也可以说地下佛像画像砖代表着浙江从三国到南朝、隋唐时期大部分社会阶层对待佛教的观念和态度。

以上仅仅是对浙江画像砖中的一个神奇现象的分析和思考，很难给出一个具体而准确的结论。无论如何，浙江画像砖中佛教形象均埋藏于地下与死者为伴，且出现较早、历程较长，这个现象对于我们研究佛教的传播史、佛教在中国的发展史是具有非常重要的意义的。

2. 浙江画像砖艺术“三谜”之隐藏着的最精美的密码

用砖体砌垒墙面是有一定的规则的，只有遵循这些规则才能保证墙体的坚固和平整。一般情况下，面向墓室的是砖的侧面或端面，所以，绝大部分图像或文字会装饰在砖的侧面或者端面。从实用性角度分析，每块砖体其实只需要装饰一个面向墓室的画面也就足够了，其他地方装饰画面不仅费工费时，而且毫无用途。浙江汉晋画像砖中却常见二面装饰，有的装饰砖的二端面，有的装饰砖的二侧面；有的是三面装饰；还有的画像砖对两个端面和两个侧面全都进行装饰，直把原本生硬呆滞的方砖美化成一件艺术品。

如果说二侧面或二端面装饰图像或文字在砌墙时可以有选择的余地的话，那么，三面装饰和四面装饰难道是为了可以任意选择吗？恐怕没有那么简单。如绍兴出土的一块楔形砖，小端面装饰着西王母与东王公，大端面装饰着“王元思”（应该是人名）三个字。这是一个用于垒砌拱券的专用砖，按照正常垒砌的方式，西王母和东王公画面面向墓室，人名却被隐藏了起来。粗看起来，墓主人（或制砖工匠）是想当一个“无名英雄”，实际上，大神西王母和东王公与“我”同处一砖，岂不是说“我”一定能得到大神的护佑？在绍兴出土的一方晋砖，一个侧面是简单的鱼吻纹饰，二端面却装饰着两位神情不同的武士。从实用功能上看，侧面的几何纹应该是面向墓室的，两位造型精彩的武士却被隐藏了起来。从视觉心理学分析，最为精彩的画面一般要安排到受众的视觉焦点或视觉中心位置，该砖却把最精彩的画面隐藏了起来，不展示给人看，而把最简单的画面展现了出来。

王元思西王母东王公　东晋　绍兴　拓本

精美细致的画像被叠压、隐藏起来，这种现象让人感到不可思议。这种情况多见于德清、湖州、安吉、长兴、嵊州等地的汉晋画像砖。这些画像砖大面上的花纹往往刻画得十分细密，以太阳纹、钱与植物组合纹（可能是代表摇钱树）为主，整体感觉有以画面精美、铸造精细著称的汉代青铜镜的神韵，我们不难想象其制模时所付出的大量时间和精力。

嵊州出土的一方永嘉四年的画像砖，大面上装饰着精美的三面神人、举刀神人及莲花纹的组合画面，画面饱满，刻画生动精到，形象对称分布，秩序井然。如此较展现于墓室的端面（或侧面）形象更精彩的画面却藏之于壁，为何？是秘不示人的神符灵咒还是避而不宣的宝典？

3. 浙江画像砖艺术“三谜”之神奇的印模组合

笔者在《中国汉画像砖造型艺术》中曾给予汉画像砖艺术这样的概括总结：“汉画像砖是中国模范艺术的总结、活字印刷的先驱。”这里“活字印刷的先驱”指的是以豫中地区汉画像砖为典型的灵活运用小印模的高超的艺术表现手法。通过对浙江画像砖的研究发现，浙江画像砖印模组合的神奇变换一样富有特色，令人惊叹！

凤鸟互物回纹钱纹回纹　汉代　临安潜川　拓本

胜纹互物回纹柿蒂纹　汉代　临安潜川　拓本

凤鸟互物回纹钱纹　汉代　临安潜川　拓本

以临安潜川镇牧亭村出土的一组东汉画像砖为例，我们来感受一下神奇的印模组合魔力。第一砖的纹饰图像从左至右有凤鸟纹、互物回纹、钱纹、回纹，由四个纹饰构成。第二砖由三种纹饰构成，分别为胜纹、互物回纹、柿蒂纹。第三砖也有三种纹饰：凤鸟纹、互物回纹、钱纹。大家应该注意的是这三方砖中的互物回纹、钱纹、凤鸟纹是完全相同的，再加上回纹、胜纹、柿蒂纹共六种纹饰，六种纹饰却能神奇地组合成三个大小有别、画面迥异的画像砖，真的不可思议。这三方砖的共有纹饰是互物回纹和钱纹，且均以互物回纹为画面中心。其实，三块画像砖均反映出商品交换（互物回纹）与利润（钱纹）的关系也就是商业获利的中心思想。那么，这三方画像砖究竟是如何实现主题统一且富有变化的呢？通过研究发现，这三方砖的厚度完全一致，长度却各自不同，正是利用凤鸟、胜等不同长度的小印模的组合来“填充”不同大小的砖面，同时，画面的艺术效果及其所反映的具体内涵又有了变化。实现这种效果只能通过各个小印模灵活组合才能完成。要实现小印模的灵活组合，从工艺上说有可能是先设计出不同砖体长宽格式的内部带有凹槽的框边，再把高度相同、薄片似的小印模通过凹槽推滑到框边中，多个小印模组成一个砖面的整体印模，然后压印形象，晾坯、烧制。

以上仅仅是从技术层面上进行推理分析，是否还原了印模组合的真正手法，还有待发现印模的原物才能验证。这种通过灵活的小印模组合转换来创造出不同的画像砖画面的画像砖制作技术，在全国范围都是鲜见的，与现代流行的构成主义、装置艺术创作手法惊人地相似。

第二节　浙江画像砖的艺术价值

“人间四月芳菲尽，山寺桃花始盛开。”浙江汉画像砖艺术是盛开在汉画延伸区域的一丛迟开的艳丽的桃花，既保持了主产区桃花的美丽和芬芳，又有着浙江地方独有的特色和韵味。这里的汉画既为以后的浙江乃至福建等地印石雕刻奠定了一定的技法基础，又为中国绘画技法从雕画相济蜕变到以线为主的骨法用笔做出了有益的探索和尝试。在魏晋南朝时期，浙江更成为传承和发展汉画像砖艺术的重要地带。

第一，浙江画像砖艺术是继河姆渡、良渚文化之后又一个新的文化亮点，也是散落在浙江各地的一粒粒历史文化珍珠，我们有必要把这些珍珠连缀成串，也把被历史遗忘的浙江图像文化史尽可能全面地展现出来。

第二，浙江画像砖吸纳了各个画像砖主产区的综合营养，又与本地民风民俗有机结合，是具有极强大生命力的民间吉祥文化图像库，许多图像直到现在还被一些民间艺术所沿用，有些纹样还与国际上一些经典纹样不期而合，如英国国旗的纹样就是浙江汉代画像砖中的一个常见纹样。

第三，魏晋南北朝时期的浙江画像砖艺术是民族大融合的产物，又吸纳了儒释道内涵和当地民风民俗，从内容到风格都体现出异彩纷呈的状况，为研究魏晋时期浙江民族文化艺术史提供了最为客观的图像和文字资料。

第四，浙江画像砖用图像阐释了由原始八卦演绎到成熟八卦的形态，演绎了蚩尤和九黎之族的故事，展现了黄帝发明的兽头图腾柱和大禹用来测量的立杆。没有哪个地方能像浙江一样对中国远古文明和早期智慧投入这么多的关注，并使之成为较为形象的图像，堪称图像的远古文明史。期待有识之士进行进一步解读。

第五，浙江画像砖长期以来未被重视，因此少为人识，多数人对其图像资料都较为陌生，因此有较大的图像开发潜力和较高的艺术研究价值。如两晋画像砖上的人物形象可以为研究浙江地区两晋时期的服装发展史提供珍贵的资料。

第六，浙江画像砖富藏300多年的佛教形象信息，是研究佛教传播、佛教中国化发展、佛教形象变迁史及艺术学的重要素材。

第七，浙江文字砖展示了从汉代篆书、隶书到三国两晋的楷书的发展演化过程，为研究浙江民间书法艺术发展史提供了可观的实物资料。

一、浙江画像砖的造型艺术特征

气韵生动、骨法用笔、应物象形、随类赋彩、经营位置、传移模写是我们自古以来认识、品评中国传统绘画的六个标准。对照绵绵不绝发展两千多年的浙江画像砖艺术，我们依稀看出显著的中华韵致。

中国传统绘画以线为主的造型模式，特色鲜明，有别于其他民族的造型艺术，甚至可以说，中华民族以线为主的造型特征从原始社会延续发展至今，是最突出的、最富特色的中华传统造型艺术遗传密码。从距今7000多年的河姆渡文化时期的五叶纹陶块到现今仍然存在于民居屋顶的屋脊砖，浙江画像砖中的线条表现仍然是那样的异曲同工。浙江画像砖对线条语言的表现，以凸起的阳线最为明显，阴线刻则极为罕见。从遥远的原始社会到南朝，浙江画像砖上演绎了中国白描艺术从青涩到逐渐成熟完美的整个过程，是白描艺术发展史上最可靠的图像资料。这里值得大书特书的是出土于余杭、嵊州的南朝《飞天》画像砖：这些飞天形象塑造精到，符合人体比例特征，形象优美，气韵生动。最让人拍案叫绝的是其极为精妙的线条表现，其线条疏密有致，流畅自然，富有粗细变化，是充分运用毛笔的速度疾徐转换及提按变化的经典白描艺术形式，是钉头鼠尾描、铁线描、高古游丝描密切结合的产物，是中国线描艺术不可多得的上品，在同时期及其以前罕有比肩者，后世亦不多见。

与敦煌艺术中的飞天造型相比，浙江画像砖的南朝飞天在造型的精美、精到程度上完全称得上鹤立鸡群。观赏《飞天》拓本，若不介绍创作过程，绝大多数人都会认为是用毛笔描绘的精品；若大家知道这是画像砖的拓本，相信多数人会目瞪口呆。大家可以想象，在木板（或者其他更难雕刻的材料）上雕刻如此精美的线条需要多么纯熟的技巧。不仅如此，其范本无论从艺术表现力还是技术难度上都堪称鬼斧神工。我们甚至可以说浙江南朝《飞天》画像砖是中华韵致的代表，更是“浙派”造型艺术的高峰！

二、浙江文字砖的艺术魅力

就汉画艺术而言，其他地方的画像砖多重图像而轻书法，浙江画像砖却是艺术形象与书法艺术并重，蕴含着高超的书法艺术。浙江画像砖中画像、文字齐头并进的局面也是其他地区画像砖所不具备的。

统计数据表明，浙江文字砖自汉到宋，连续发展演化千年有余，在画像砖历史和中国书法历史中具有重要的地位。不管从数量上还是质量上看，浙江文字砖的黄金发展期都在汉代、三国、两晋时期，而这一时期恰是篆隶转化和隶书的成熟固化期及正书、行书、草书的重要发展时期，同时也是书圣产生的重要时期。浙江汉晋文字砖出土万方有余，品种上千，涉及数万字，蔚为大观，不愧为历史文字、书法艺术的重要宝藏。从如此丰富的数量和品种中我们见证了广大的书法创作、汉字雕刻模印群体，正是这百花齐放、百家争鸣般的书法艺术的大繁荣盛景，才产生出辉煌壮丽的浙江文字砖的大局面。近日闻听有学者欲以浙江文字砖为基本素材编撰画像砖字典，窃以为可行！恐怕也只有在浙江才能做到，其他地区可望而不可即。以汉代书法艺术为例，碑刻多集中于北方，因为那里是国家的政治文化中心，也是上层名流的聚集地，名人碑刻自然出现在该地。山东人称“天下汉碑半济宁”，那么，“汉晋砖铭数浙江”应该是顺理成章的。

浙江文字砖中纪年砖、记名记事砖及吉语砖数量众多，书法造型多彩多姿，书法艺术风貌正、草、隶、篆俱备，几乎囊括了中国书法艺术的所有种类，严整、尚意并存，芸芸大观，是中国书法艺术的宝库。书圣王羲之成长于浙江，于兰亭创作出天下第一行书应该并非偶然！

参考文献

[1] 徐湖平主编．中国美术分类全集·其他地区画像砖［M］．成都：四川美术出版社，2006．

[2] 陆心源辑．千甓亭古砖图释［M］．杭州：浙江古籍出版社，2011．

[3] 金翔编著．故鄣砖录［M］．香港：中国美术出版社，2007．

[4] 张恒，陈锡林．古剡汉六朝画像砖［M］．杭州：浙江人民出版社，2010．

[5] 马时雍．杭州的考古［M］．杭州：杭州出版社，2004．

[6] 杭州市文物考古所，余杭区博物馆编著．余杭义桥汉六朝墓［M］．北京：文物出版社，2010．

[7] 李国新．浙江省汉晋画像经典图像赏析［M］．开封：河南大学出版社，2013．

[8] 王明发．画像砖［M］．沈阳：辽宁画报出版社，2001．

[9] 顾森．秦汉绘画史［M］．北京：人民美术出版社，2000．

[10] 朱存明．汉画像的象征世界［M］．北京：人民文学出版社，2005．

[11] 田余庆．秦汉魏晋史探微［M］．北京：中华书局，2004．

[12] 张笑荣．古甓新辉［M］．香港：中国美术出版社，2011．

[13] 会稽甓社编．会稽甓萃［M］．杭州：西泠印社出版社，2013．

[14] 杨絮飞，李国新．汉画学［M］．开封：河南大学出版社，2013．

[15] 杨絮飞．中国汉画图像经典赏析［M］．开封：河南大学出版社，2013．

[16] 李国新．汉画像砖精品赏析［M］．郑州：大象出版社，2014．

[17] 李国新．画像砖艺术鉴赏［M］．杭州：浙江大学出版社，2006．

[18] 王琳．金伯兴题记经典砖拓二百品［M］．天津：天津古籍出版社，2009．

[19] 李如森．汉代丧葬礼俗［M］．沈阳：沈阳出版社，2003．

[20] 姚义斌．六朝画像砖研究［M］．镇江：江苏大学出版社，2010．

[21] 陆思贤．神话考古［M］．北京：文物出版社，1995．

[22] 王志邦．浙江通史·秦汉六朝卷［M］．杭州：浙江人民出版社，2005．

[23] 郭必恒．中国民俗史·汉魏卷［M］．北京：人民出版社，2008．

[24] 吴山．中国历代装饰纹样（1—4 册）［M］．北京：人民美术出版社，1995．

[25] 周耀明，万建中，陈华文．汉族风俗史第二卷［M］．上海：学林出版社，2004．

[26] 杭州师范学院学报中国汉画研究专辑［J］．2006 增刊（全部）．

后记

“直把杭州作汴州”，2003 年秋，我们从河南开封来到浙江临安工作，怀着对家乡故土文化的热恋，开始对浙江这第二故乡历史文化的学习和探索。一个雨天的归家途中，忽见路边有一堆黑乎乎的带有纹饰的砖头，因久受汉画艺术熏陶，入眼即知那是汉画像砖。询问老乡后得知，画像砖来自用墓砖垒砌的土灶，此后便对浙江的画像砖产生了兴趣。我们发现浙江农林大学内外汉画像残砖几乎随处可见。

带着对浙江文化的浓郁兴趣，我们开始奔波于全省各地，临安、杭州、绍兴、湖州、嘉兴、宁波、温州、舟山、安吉、德清、长兴、上虞、余姚、嵊州……参观各地博物馆、多次进行实地考察、遍访画像砖收藏名家、认真研读古今画像砖研究著作，使我们对浙江画像砖终于有了相对清晰的认识。我们发现，浙江这个在大部分专家学者眼中并不是画像砖主产区的地方，画像砖资源是那样丰富，画像砖的历史价值和艺术价值是那样高。2013 年，出版专著《浙江省汉晋画像经典图像赏析》。同年获得了教育部科研课题“民间画像砖精品的整理与研究”，国家哲学社会科学课题“汉画学的构建与研究”及浙江省社科联科研课题“浙江画像砖艺术抢救挖掘与研究”。

在这里要感谢永和甓社社长张笑荣先生、安吉博物馆金翔先生及浙江诸位画像砖收藏研究专家，是他们在画像砖素材、信息各方面给予了大力的支持和帮助。

两年多来，三个课题共研，历尽艰辛，其中的孤寂自不待言，陶醉于传统经典的画像砖艺术中乐趣也随时生发。如今，浙江画像砖艺术课题研究即将结稿，长出一口气的同时又心怀忐忑，功课究竟如何，尚待大家评说。

李国新　杨絮飞

2015 年盛夏于竹影松风阁